毛泽东、周恩来与溥仪

王庆祥　著

人民出版社

目　录

再 版 前 言

　　今年是中国共产党成立 90 周年,也是辛亥革命 100 周年和九一八事变 80 周年的极有纪念意义的年份,因为这三件大事都是中国近现代历史上最重大和最有影响的事件,它们与两个响亮的伟大名字——孙中山和毛泽东紧密关联,特别是与中国从资产阶级旧民主主义革命向新民主主义革命过渡和伟大的抗日战争紧密关联。

　　辛亥革命、中国共产党成立和九一八事变开始的抗日战争,它们树立的革命理想、革命事业和革命传统,至今仍以其强大的生命力影响着全国人民和一代代青年,且已经汇流为伟大祖国的伟大精神。《毛泽东、周恩来与溥仪》一书就存在于这种精神的光影之中,而得以一版再版畅销发行,今又重印,更具非一般的特殊意义。

　　溥仪显然也是这三项重大历史事件的核心人物之一。溥仪是清朝历史上、也是中国历史上最后一代皇帝,同时他也是辛亥革命的对象,并在革命中被打倒而宣告退位。然而,在这之后他并没有完全离开中国政治和历史的舞台。他利用历史的影响和中国旧军阀,甚至利用对中国怀有各种政治企图的帝国主义、特别是日本法西斯军国主义势力,借以恢复从他手上失去的清朝政权。结果反而被日本军国主义所利用,成为他们侵华的帮凶,出卖了我国东北的大好河山,沦为抗日战争中的革命对象。正处于从 26 岁至 40 岁人生成熟时期的爱新觉罗·溥仪,作为伪满洲国康德皇帝,随着抗日战争的最后胜利,成为国家罪人。他经历了伪满垮台后的逃亡、被俘、囚苏和引渡,最终在抚顺战犯管理所经历了10年的成功改造,成为合格的新中国公民。

溥仪能够得到如此人生圆满,而连他自己也深感意外地远离了刑场和绞架,则因为他有幸遇到了中国共产党。他在以毛泽东、周恩来为代表的党和政府的关爱和帮教下,实现了古今中外历史上的唯一,天地间的奇迹。

究竟应该怎样对待溥仪这样的历史人物?毛泽东的相关理论和实践,周恩来的大量而感人的具体工作,正确回答了这个问题。本书的目标就是要梳理毛泽东、周恩来对这个问题的回答。

1949年12月至1950年2月毛泽东首次访苏会谈中,郑重提出了引渡溥仪等日伪战犯的要求。斯大林支持了新中国,决定将溥仪交给毛泽东。经周恩来与苏方商定:1950年8月1日在黑龙江省绥芬河火车站,将溥仪与随从人员以及伪满大臣移交中国政府。溥仪登上回国列车后想到马上将被枪决,彻底绝望,曾在回国途中上吊自杀,后被监押卫兵及时发现救下。在绥芬河火车站中方代表接收时,溥仪立即伸出双手准备戴手铐。然而,他完全想错了!

毛泽东把溥仪引渡回国,绝不是要处决他。对此,毛泽东的思考、中国共产党的政策,是非常明确且始终一贯的。

1956年4月25日,毛泽东在中共中央政治局扩大会议上演讲《论十大关系》,一锤定音,敲定了溥仪的命运,也为他择定了后半生的道路:对"被俘的战犯宣统皇帝"等,"不杀头","让他们给人民办点事情……给饭吃……给予生活出路,使他们有自新的机会。这样做,对人民事业,对国际影响,都有好处"。

1956年2月初,在全国政协二届二次会议期间,当周恩来在一次宴会上把溥仪的七叔载涛引荐给毛泽东后,毛泽东肯定"溥仪在抚顺学习得不错,读了不少马列主义的书",建议他"带家属"前往抚顺探亲。随后,周恩来就把此事交给北京市长彭真,迅即落实。

1956年11月15日,毛泽东在中共八届二中全会上讲话,明确提出溥仪等人是"大蒋介石",对他们的处理方式,只能是逐步改造,而不是简单处决。

1957年1月27日,毛泽东在省、市、自治区党委书记会议上谈到历史回归:"辛亥革命就走了回头路,革掉了皇帝,又来了个皇帝,来了军阀。有问题才革命，革了命又出问题。"由此引发思考，革命绝不是从肉体上消灭一个旧皇帝，而是要从思想根源上挖掉培植皇帝的土壤。

1959年9月14日，新中国成立10周年之际，毛泽东作出第一个特赦溥仪的决定，无论溥仪本人、同监战犯、还是管理所各级干部都没有料到。

1960年5月9日，毛泽东接见伊拉克、伊朗和塞浦路斯外宾时，运用溥仪"改造好了"这一事例，来说明"统一战线和团结"这一条中国革命的基本经验。继而又不止一次把中国末代皇帝推荐给拉丁美洲国际友人，他们也都接受建议，前往北京植物园与溥仪见面。

1961年4月1日，毛泽东会见以米尔莱为团长的古巴青年代表团时说："阶级是可以改造的，溥仪也可以改造。"继而介绍溥仪特赦前后状况，认为"溥仪是改造比较好的一个"，对改造溥仪很有信心。至此，溥仪已作为探索中国社会主义道路的鲜明例证而走向世界了。

1962年1月31日，毛泽东邀请溥仪在家中小酌，原民国北洋政府教育总长章士钊、追随孙中山投身反清革命的同盟会成员程潜、同盟会和辛亥革命首倡者之一仇鳌以及毛泽东世交与远亲王季范等革命家或社会贤达陪席。在"湘味家宴"餐桌旁，毛泽东给溥仪提了"结婚成家和修改好回忆录"两条建议，溥仪记住且照办了。

1962年9月24日，毛泽东在八届十中全会上再次谈到对宣统皇帝"还给工作做，绝不采取不理他们的态度，更不采取杀头的办法"。

1963年11月15日，毛泽东会见阿尔巴尼亚总检察长阿拉尼特·切拉谈及司法工作又举出溥仪说，在无产阶级专政条件下，人是可以改造过来的，"我们把一个皇帝也改造得差不多了"。

1963年11月26日，毛泽东会见古巴诗人、作家和艺术家比达·罗德里格斯再次谈到溥仪：他的经历证明，人是应该教育的，是可以改造的，是能够变化的。这是社会革命和进步不可忽视的基本方面。

1964年2月13日，旧历正月初一。在毛泽东亲自主持的春节座谈会上说，"对宣统，要好好团结他"。听说溥仪每月只有180多元薪水，遂委托章士钊"拿点稿费"送给溥仪改善生活，"不要使他'长铗归来乎食无鱼'，人家是皇帝嘛！"

1964年6月23日，毛泽东会见智利新闻工作者代表团时，再谈到"中国的皇帝"。先说溥仪的工作和生活,又与皇帝时代相比较,"可见人是可以改造的。但不能强迫,要劝他自觉,不能强压"。

1965年8月8日,毛泽东会见贡代·塞杜为首的几内亚教育代表团和几内亚总检察长法迪亚拉及夫人,法迪亚拉说,他曾与张鼎丞、董必武谈过,知道中国重视战犯的改造,已把最后一个皇帝改造成为公民,使他能为人民的事业而工作。毛泽东说,对"犯了罪的人也要教育,动物也可以教育嘛……为什么人不可以教育他有所进步呢?这是方针和政策问题,还有方法问题。"

"文化大革命"开始后,尚未忘记当年"康德皇帝"以惩罚在自己身上留下累累伤痕的原伪满皇宫一"童仆",以写信方式最早批判《我的前半生》,扬言"呼吁全国工农兵"参加批判,勒令溥仪把全部稿费退还国家。溥仪第二天就把数千元稿酬送交全国政协机关,但这并不能结束批判。那位"童仆"提出的问题愈来愈多,占用的篇幅愈来愈长,吹出的调子愈来愈高。正当溥仪和《我的前半生》都处在四面楚歌境地,一张印着毛泽东与一位亲属中晚辈谈话内容的红卫兵传单闪出来,肯定溥仪已经"改造过来了"。对于溥仪那样复杂的历史人物,无疑起到巨大的政治保护作用。1966年国庆节,溥仪仍受邀登上天安门观礼台参加国庆纪念活动,这同样是一种政治保护。

1967年10月17日凌晨2时15分,溥仪的生命时钟终于停摆。他最后的春秋是在毛泽东保护之下和周恩来更具体地关照之中度过的,上缴的稿费退还了,夫人李淑贤的住房问题、生活问题解决了,他安心地合上了双眼。然而毛泽东并没有忘记溥仪,20世纪的世界也没有忘记这位当过皇帝的公民。

1971年10月8日,毛泽东与年近八旬的埃塞俄比亚皇帝海尔·塞拉西一世正在人民大会堂北京厅亲切交谈。海尔·塞拉西提出要见一见宣统皇帝,毛泽东告诉他,这位皇帝已在4年前病逝。塞拉西闻讯扼腕长叹,惜乎夙愿难偿。其后塞拉西由周恩来陪同着意参观了中国明清两代帝王的宫廷和溥仪青少年时代居住过的紫禁城。

这一切都充分证明:中国共产党的改造政策,是有始有终的,已经历政治成熟期。溥仪由皇帝到公民的转变,并不仅仅是一个人的改造,而是一项政策的成功和意义深远的胜利。毛泽东的话表明,溥仪的出路在中国,爱新觉罗家族的出路也在中国。

毛泽东周恩来与溥仪交往的史实,是新中国首代领袖与中国封建社会末代皇帝,在他们共同经历的各个历史时期中相互交往的完整记录,是中国现代史中最重要的篇章,它凝聚了百年历史风云,反映了广袤大地上翻天覆地的社会变化,还集中了人民及其领袖的斗争艺术,这是胜利者改造旧世界创造新世界成功的艺术。在新旧社会交替演进中显然是最具典型意义最生动的历史情节。

在爱新觉罗·溥仪身上可以体现百年辛亥革命、90 年中国共产党的道路和抗日战争的伟大成果,能够看到现代中国的发展和演变历程。由此说来,《毛泽东、周恩来与溥仪》的再版,确有其历史意义和现实价值。我感谢人民出版社乔还田先生慧眼识珠,早在 20 年前就让我得到机会,把本书呈现在亿万中国人民面前。今又再版,真诚希望能有更多读者一阅,也希望听到万千朋友们不吝赐教。

2011 年 6 月 12 日写于长春

序　言

对压迫者剥削者的改造问题

廖　盖　隆

　　王庆祥是研究中国近现代史上的一个特殊人物爱新觉罗·溥仪,即研究溥仪怎样从清朝末代皇帝、日本傀儡满洲国皇帝被改造成为一个拥护社会主义的爱国者的专家。他把他的新著《毛泽东周恩来与溥仪》交给我看,并要我写一篇序言。我毫不怀疑,正如有相当大一部分是根据王庆祥关于溥仪的著述改编而成的 28 集电视连续剧《末代皇帝》曾经大受欢迎、并在电视台反复播放一样,这本书一定会受到广大读者的欢迎。人们从这本书中将会了解到,溥仪是在中国革命和中华人民共和国的两位伟大领导人毛泽东和周恩来的亲自关注并且直接做了许多工作的情况下,才被改造成为社会主义的新人的。

　　毛泽东、周恩来之所以关注并且直接进行改造溥仪的工作,当然可以说是为了把他们都曾经当过他的臣民的这个末代皇帝改造好。但是他们这样做决不仅仅是为了改造好一个末代皇帝,而且更重要的是为了解决中国革命中的一个重大问题,即解决把数千万过去的压迫者、剥削者改造成为社会主义劳动者的问题。

　　马克思主义创始人历来主张要尽可能地用最合理、最人道的方法进行阶级斗争,并且最好是用赎买的方法(即阶级和平的方法)来消灭剥削阶级。1871 年 4—5 月间,马克思在总结巴黎公社的经验时说:"公社并不取消阶级斗争,工人阶级正是通过阶级斗争致力于消灭一切阶级,从而消灭一切阶级统治(……)，但是，公社提供合理的环境，使阶级斗争能够以最合理、最人道的方式经历它的几个不同的阶段。"①恩格斯在 1894 年 11 月所写的《法德农民问题》一文中说："我们的党(指德国社会民主党——引用者)一掌握了国家权力，就应该干脆地剥夺大土地占有者，就像剥夺工厂主一样。这一剥夺是否要用赎买来实行，这大半不是取决于我们，而是取决于我们取得政权时的情况，尤其是取决于大土地占有者老爷们自己的行为。我们决不认为，赎买在任何情况下都是不容许的；马克思曾向我讲过(并且讲过好多次!)他的意见：假使我们能用赎买摆脱这整个匪帮，那对于我们是最便宜不过的事情了。"②

中国共产党人在长期领导新民主主义革命斗争的过程中，逐步地懂得了宽大地对待被俘虏的敌军官兵(尊重他们的人格，不搜他们的腰包，给他们治伤，愿去者发给路费、愿留者欢迎)，宽大地对待革命根据地内的地主、富农，给他们以生活出路(至于对中间阶级要争取、团结就更不用说了)，这是孤立和分化、瓦解敌军和敌对阶级，顺利地取得人民革命胜利的一个极为重要的条件。

土地革命战争时期，以毛泽东为代表的坚持正确路线的共产党人，就是这样做的。他们实行宽待俘虏，保护民族工商业、给地主、富农分一份土地等正确政策。然而"左"倾盲动主义、冒险主义者却反对这些正确政策。毛泽东在 1928 年 11 月写的党内报告《井冈山的斗争》中说："对小资产阶级(指对中小工商业者、小地主、富农)的政策，我们在今年 2 月以前，是比较地执行得好的。3 月湘南特委的代表到宁冈，批评我们太右，烧杀太少，没有执行所谓'使小资产变成无产，然后强迫他们革命'的政策，于是改变原来前委的领导人，政策一变。4 月全军到边界后，烧杀虽仍不多，但对城市中等商人的没收和乡村小地主富农的派款，是做得十分厉害的。湘南特委提出的'一切工厂归工人'的口号，也宣传得很普遍。这种打击小资产阶级的过左的政策，把小资产阶级大部驱到豪绅一边，使他们挂起白带子反对我们。"这就造成了所谓"中间阶级反水"的严重问题。1933 年"左"倾冒险主义统治的临时中央进入江西

① 《马克思恩格斯选集》第 2 卷，人民出版社 1972 年版，第 416 页。
② 《马克思恩格斯选集》第 4 卷，人民出版社 1972 年版，第 314 页。

苏区以后,更把毛泽东实行的给地主、富农分一份土地的正确政策,诬称为
"富农路线"和"一贯的极严重的右倾机会主义",改而实行地主不分田、富农
分坏田的错误政策。张国焘领导的川陕根据地,也竭力推行"左"倾冒险主义
政策,没收工商业,对地主富农以致对农民竭泽而渔,终于耗尽了川陕地区的
财力物力人力,因而不可能再在那里继续坚持下去。

　　从 1935 年 1 月遵义会议以后,特别是在抗日时期和全国解放战争时期,
以毛泽东为首的中国共产党,整个说来是坚持执行了正确的社会政策的,包
括争取团结小资产阶级、民族资产阶级和其他爱国民主分子的广泛统一战线
政策和对原来的压迫、剥削者给予生活出路的正确政策在内。但是在战争激
烈进行的 1947 年下半年,在许多解放区,又一度发生了对地主"扫地出门"和
乱打乱杀地主富农的"左"倾危险偏向。同年 12 月举行的中共中央会议,发
现了并及时纠正了这个危险的偏向。当时毛泽东进一步提出,对地主富农之
所以不能乱打乱杀,而要坚持少杀,严禁乱杀,并且要给他们以生活出路和加
以改造,这是因为一则,这样做可以取得社会同情,稳定人心;二则,为数达到
3000 多万的地主富农,这是国家的数量可观的劳动力,是一批不小的生产力。
他为中央起草在 1948 年 1 月 18 日发出的党内指示《关于目前党的政策的几
个重要问题》中说:"极少数真正罪大恶极分子经过人民法庭认真审讯判决,
并经一定政府机关(县级或分区一级所组织的委员会)批准枪决予以公布,这
是完全必要的革命秩序。这是一方面。另一方面,必须坚持少杀,严禁乱杀。
主张多杀乱杀的意见是完全错误的,它只会使我党丧失同情,脱离群众,陷于
孤立。……应在适当时机(在土地斗争达到高潮之后),教育群众懂得自己的
远大利益,要把一切不是坚决破坏战争、坚决破坏土地改革,而在全国数以千
万计(在全国约 3.6 亿农村人口中占有约 3600 万人之多)的地主富农,看作
是国家的劳动力,而加以保存和改造。我们的任务是消灭封建制度,消灭地
主阶级,而不是消灭地主个人。必须按照土地法给予不高于农民所得的生产
资料和生活资料。"

　　任弼时在 1948 年 1 月 12 日所作、随后经中央批准转发作为全国土改工
作的指导文件的讲话《土地改革中的几个问题》中,对于这点作了深刻的阐
述。他说:"我们对地主阶级的剥削制度是采取消灭政策,但对地主个人不采
取消灭政策。对一切地主除少数汉奸及内战罪犯经法庭审判定罪者外,均应

按土地法大纲给不比农民多也不比农民少的土地财产,强迫他们劳动,改造他们。因为地主在参加劳动后,是不小的一批生产力,我们不应抛弃这批生产力。还因为我们如果不分给以必要的土地财产,他们就会去抢、去偷、去讨饭,弄得社会不安,农民反受损失。即使是犯罪分子,只要其犯罪程度未至经法庭判决枪毙者,亦必须分给必要的土地财产,社会秩序才能安定。我们共产党领导的革命之所以优于一切历史上的革命,就是因为只有我们才能采取最为公平合理的政策,最大限度地发展社会生产力,达到人人有衣穿,人人有饭吃,人人有屋住,人人有事做,人人有书读之目的,而不使任何一个人得不到生活的满足。我们这样做,首先是使劳动人民得到满足,其次也使地主分子得到生活出路。"他又说:"共产党是坚决反对乱打乱杀与对犯罪者采用肉刑的。乱打乱杀与使用肉刑,是封建社会的产物。封建地主对待农奴,军阀对待士兵,才是乱打乱杀与使用肉刑。100多年以前欧美资产阶级举行革命的时候,他们就提出保障人权,废除肉刑的口号。资产阶级尚且提出这种口号,我们是共产主义者,是新民主主义者,我们领导的革命,比资产阶级领导的革命不知要高明多少倍,我们当然应当反对乱打乱杀,反对肉刑。"

经过纠正偏向,解放区的土地改革得到了比较健康的发展。全国解放战争时期老区的土改是如此,新中国成立后头两三年内新区的土改也是如此。当然,毋庸讳言,无论是新中国成立前或新中国成立后,由于土地改革、镇压反革命、"三反""五反"、批判这个或那个错误思想等项工作,都是采取发动群众斗争的方式,即在人民政权已经建立的情况下,仍然采取激化阶级斗争的方式来进行,因此不可避免地发生不同程度的扩大化现象,包括在土改中发生某些多杀人乱杀人的现象。但是新中国成立后,在少数民族地区的民主改革中是采取和平的方法进行的,这就是如同周恩来所说的,经过同少数民族上层分子协商,保证改革后他们的生活不降低,从而取得他们的同意以后进行的。事实证明,这是在人民政府领导下,缓解阶级矛盾从而达到解决阶级矛盾的更加健全的方法。新中国成立后初期,叶剑英对广东的侨乡也实行过和平土改,效果很好,对于争取广大华侨拥护新中国很有必要。但是可惜,这个正确做法后来却受到了错误的批评和"纠正"。

我国对民族资本主义工商业的社会主义改造,是采取在经济上赎买、在政治上工作上给予适当安排的和平方法进行的。民族工商业家始终享有选举权,被当作团结对象,社会主义改造完成以后,他们已被改造成为社会主义劳动者和拥护社会主义的爱国者。这是世界社会主义运动史上的一个创举。

就全体而论,我国对原来的压迫者和剥削者的改造政策是正确的、成功的,是完全符合马克思所说用最合理、最人道的方法进行阶级斗争的原则的。毛泽东在概述中国共产党的这个政策时说:"对于反动阶级和反动派的人们,在他们的政权被推翻以后,只要他们不造反、不破坏、不捣乱,也给土地、给工作,让他们活下去,让他们在劳动中改造自己,成为新人。他们如果不愿意劳动,人民的国家就要强迫他们劳动。也对他们做宣传教育工作,并且做得很用心、很充分,像我们对俘虏军官们已经做过的那样。这也可以说是'施仁政'吧,但这是我们对于原来是敌对阶级的人们强迫施行的,和我们对于人民内部的自我教育工作,不能相提并论。"(《论人民民主专政》)

毛泽东在这里说到了对于原来是压迫者、剥削者的人的改造带有强迫性(例如,假使他们不愿意劳动,人民的国家就要强迫他们劳动),又要很用心、很充分地向他们做宣传教育工作的问题。就是说,改造还应该是强迫和自愿相结合的。因为改造,最重要的是思想改造,而思想问题,是只能用说服的方法,而不能用压服的方法来解决的。但要说服人,就要尊重受说服者的人格(即人权),以平等的态度对待他们,把他们为什么要改造和如何改造的道理对他们讲清楚,还要针对受说服者的思想顾虑,解开他们的思想疙瘩。

周恩来对溥仪等做的宣传教育工作,就是一个极好的范例。1959年12月14日,周恩来亲切地接见了溥仪、杜聿明等首批在10天前被特赦的战犯中的11个人。他是同陈毅、习仲勋、张治中、傅作义、邵力子、章士钊、徐冰一起同这些被特赦人员见面的。他不但一一向溥仪等被特赦人员介绍了陪同接见的领导人,而且同溥仪拉起家常来,谈到满族旗人的礼节、服饰和相貌特征等。周恩来说:"你们出来几天了,有些问题先谈一谈好。""你们是标兵,要经得起考验,要给人以好的印象。"他严肃地说,我们的统一战线,不是不择手段,而是有原则的。我们是根据民族利益、人民利益来释放你们的。他向被特赦人员作了长篇讲话,讲了4个问题。首先是立场问题,指出他们首先要站稳民族立场,热爱新中国;其次是要去掉剥削阶级的立场,站到劳动人民这一边来,建立劳动人民的立场,过好社会主义这一关。第二是观点问题,要继续树立和加强劳动观点、集体观点和群众观点这几个观点。周恩来指出社会主义的原则是"不劳动者不得食",有机会劳动锻炼,对你们还有必要。10 年来你们参加生产劳动,改变了生活方式,要坚持下去。10 年改造,你们过着集体生活,有了一定的集体主义观点,应该加以巩固。群众观点,其实就是集体观点的延长。群众观点是中国革命最重要的问题。共产党并没有三头六臂,就是因为坚定地依靠群众,才把蒋介石的反动统治推翻了。我们搞经济建设,搞科学文化建设,也要依靠 6 亿 5 千万人民。第三是工作和生活问题。工作、生活、劳动、参观学习要好好安排一下。参观学习的目的,是为了帮助你们进一步了解国内情况。第四是前途问题。周恩来对溥仪等 11 位被特赦人员说:"走社会主义、共产主义道路,做新人,有奔头。你们做得好,仍然关押的人会感到更有希望。他们改造得好,也可以分批处理,这对社会有好处。你们是从旧社会来的,旧的社会联系多,可以用你们的亲身感受,帮助改造社会上的死角。溥仪先生可以起到我们起不到的作用。"(周恩来所说的当时仍在关押的那些战犯,后来已在 1960 年、1961 年、1963 年、1964 年及其后,全部被分批释放。)

1960 年 1 月 26 日,周恩来单独接见了溥仪和他的家属,包括他的叔父载涛,弟弟金友之,妹妹金欣如、金蕊秀、金韫馨、金韫娱、金志坚等。他的七妹金志坚是说过不愿看见溥仪的,这次也来了。这次周恩来主要是找溥仪征求他对工作和生活安排的意见的。周恩来亲切地对溥仪说,改造思想,第一要有客观环境,第二要靠主观努力。又说:现在民族平等了,各民族共同发展。满汉要团结得更好。你要努力学习,搞出点成绩来,这对你个人有好处,对人民有贡献,对满族也有好处。

1961 年 6 月 10 日,周恩来又一次接见了溥仪和溥仪的弟弟溥杰、溥杰的夫人日本人嵯峨浩等。他广泛地谈到了清朝的功过,溥仪、溥杰的责任,满族应有的地位,以及发展中日友好关系的必要等问题,从根本上解除了溥仪兄弟等的思想顾虑。周恩来说:"满族统治阶级入关统治中国近 300 年,奴役各族人民,虽然曾使中国一度强盛,但最终还是衰败了,这应由清朝的皇帝和少数贵族负责,满族人民是不用负责的,他们也同样受灾难。孙中山先生领导辛亥革命推翻清政府是对的。溥仪先生当时才几岁,他也不能负责。至于'满洲国'时代,溥仪、溥杰都应该负责,当然更大的责任应由日本帝国主义来负。溥仪、溥杰合作写的书(指溥仪的《我的前半生》)揭露了这一点。你们的书应该修改一下再出版,书里自我批评太多了。那些事情都过去了。""现在的问题,是应该恢复满族应有的地位。……事实上1949年以来已经开始这样做了。"周恩来又说:"清朝是中国最后一个皇朝,它做了许多坏事,所以灭亡了。但也做了几件好事:第一件把中国许多兄弟民族联在一起,把中国的版图定下来了,有900多万平方公里。第二件,清朝为了要长期统治,减低了田赋,使农民能够休养生息,增加了人口,发展到4万万人,给现在的6亿5千万人口打下了基础。第三件,清朝同时采用满文和汉文,使两种文化逐步融合接近,促进了中国文化的发展。清朝在确定版图、增加人口、发展文化三方面做了好事。康熙懂得天文、地理、数学,很有学问。俄国彼得大帝和康熙是同时代的人,因为俄国地处欧洲,手工业比较发达,他吸取了西欧的经验,发展了工商业。中国当时封建经济的统治比较稳固,工商业不发达,康熙只是致力于发展封建文化。清朝所做的坏事,历史已经做了结论,用不着多提,做的好事是应该讲一下的。"关于发展中日友好关系的必要,周恩来对嵯峨浩说:日本军国主义侵略朝鲜、中国,向外扩张,这是坏事。1894年、九一八、七七再加上满洲国使中国受了很大损害。解放10年来,有上万的日本朋友见到毛主席、刘主席和我,表示谢罪。我们说这已经过去了,中日两国有近2000年的来往,发展了文化交流,同近2000年比起来,50年时间是很短暂的,而且已经成为过去。我们应该往前看,应该努力促进中日两国的友好关系,恢复邦交,发展经济、文化交流。

周恩来以上的这些含义深刻的谈话,使溥仪等大大开阔了眼界,受到了难忘的教育。特别是1959年12月的那次讲话,溥仪、杜聿明等把讲话的精神归纳为爱国观点、阶级观点、群众观点和劳动观点,崇敬地称之为"四训",以作为他们今后的行动准则和前进方向。

说到思想改造,其实在社会主义改造过程中,人人都需要改造,剥削者要改造,劳动者也要改造,就是共产党人自己也需要不断地进行自我改造。周恩来就常常以"活到老、学到老、改造到老"这句话来和党外朋友共勉。

毛泽东说:"人民的国家是保护人民的。有了人民的国家,人民才有可能在全国范围内和全体规模上,用民主的方法来教育自己和改造自己,使自己脱离内外反动派的影响(这个影响现在还是很大的,并将在长时期内存在着,不可能很快地消灭),改造自己从旧社会得来的坏习惯和坏思想,不使自己走

入反动派指引的错误路上去,并继续前进,向着社会主义社会和共产主义社会前进。"(《论人民民主专政》)

毛泽东又说:"无产阶级和革命人民改造世界的斗争,包括实现下述的任务:改造客观世界,也改造自己的主观世界——改造自己的认识能力,改造主观世界同客观世界的关系。……所谓被改造的客观世界,其中包括一切反对改造的人们,他们的被改造,须要经过强迫的阶段,然后才能进入自觉的阶段。世界到了全人类都自觉地改造自己和改造世界的时候,那就是世界的共产主义时代。"(《实践论》)

中华人民共和国成立初期及其后,我国被定为地主分子、富农分子、反革命分子、坏分子这四类分子(当然都不包括他们的子女)的人,共计有2000多万人。1978年12月中共十一届三中全会以后,他们中的绝大部分被摘掉了"帽子";剩下不足10万人的"帽子"也已在1984年底前被全部摘掉。这个事实证明,中国共产党对压迫者、剥削者改造的政策是完全成功的。

所以在中华人民共和国,被改造成为社会主义的新人的,不是仅有一个溥仪,而是有2000多万个大大小小的"溥仪"。我认为,在社会主义改造过程中,十分强调对人的思想改造,包括对几千万原来的压迫者、剥削者的思想改造,并且在这方面取得了辉煌的成功,这无论如何应该说是以毛泽东、周恩来为代表的中国共产党人对于世界社会主义运动所作出的一个重要的贡献。

1

创 举

　　人世间有了战争,处理战争期间被俘人员的问题便与之俱来。在古代战争中,处理战俘的方式一般比较简单,或者把他们杀死,或者强制他们从事奴隶劳动。最近一个世纪以来,在一些国际会议上制订了公约①,对战争中被俘人员的处理有了严格的限制,由此开始区分战俘和战犯了。战俘是指按照公认的战争法规与惯例进行战斗而被俘的参战人员,交战双方不可避免地都有战俘问题。根据国际公约的规定,战俘有权得到人道主义待遇和保护,有权得到住宿、饮食及卫生医疗等生存条件的保障,交战双方可视具体情况在战争期间协商交换俘虏,或在实际战事停止后予以释放、遣返,不得迟延,更不准随意加害。对于战争罪犯就不同了,战犯是指发动战争的侵略国或战败一方中违反公认的战争法规与惯例的战争犯罪分子。他们或者参与决策,使用化学、细菌、原子等非常规武器而使战争极度残酷化,造成极为巨大的生命

---

　　① 关于战俘待遇的国际性公约,计有 1899 年的海牙第二公约附件、1907 年的海牙第四公约附件、1929 年日内瓦外交会议制订的战俘待遇公约和 1949 年重新制订的《关于战俘待遇的日内瓦公约》等。

和财产损失;或者攻击和杀害平民,恣意抢掠、强奸、放火,犯下危害和平的严重罪行;等等。对他们是审判和量刑的问题。

第一次世界大战以后,一些国家的本国法庭对战争犯罪分子进行了审判,如法国法庭和莱比锡德国帝国法庭等。在法国法庭受审的战犯大多为被俘的德国士兵,而在莱比锡受审的也都是次要战犯,诸如残酷对待战俘的中士哥年以及向运载伤病员的救生船开枪的中尉第特玛尔、波尔特之流,且判刑极轻,仅象征性地判一两年徒刑而已。由协约国引渡到德国的前德国帝国军队领导人、政府首脑和战争犯罪的直接负责者,无一人被押上莱比锡法庭的审判台。尽管如此,毕竟开创了审判战犯的先例。

由 1919 年上半年召开的巴黎和会签订的《凡尔赛和约》中,还规定了设立特别国际法庭,审判和惩处头号战犯威廉二世及其他战争罪魁的条款,但未能付诸实行。威廉二世即霍亨索伦,生于 1859 年,1888 年即位为德意志帝国皇帝和普鲁士国王,在位期间正是德国进入垄断资本主义统治时期,他推行容克—资产阶级的侵略扩张政策,是挑起第一次世界大战的祸首。1918 年11 月,奥匈帝国等相继投降,在国内外强烈声讨中,威廉二世及其太子逃往荷兰。继尔,荷兰政府拒绝了协约国的引渡要求,加之协约国中的主要国家如美、英等也无意惩办威廉二世,以致让他逃避了正义的审判,颐养天年直到1941 年死去,享年 82 岁。

第二次世界大战以后,战胜国先后组成纽伦堡国际军事法庭和东京国际军事法庭,对德、日法西斯战犯进行审判。前者自 1945 年 10 月开庭至 1946年 10 月宣判,判处原德意志帝国元帅、空军总司令和纳粹党副总裁戈林等 12人绞刑,判处原纳粹党副总裁、不管部部长、秘密内阁会议委员赫斯等 7 人无期徒刑或有期徒刑;后者自 1946 年 5 月开庭至 1948 年 11 月宣判,判处原日本总理大臣东条英机等 7 人绞刑,判处原日本参谋本部参谋总长梅津美治郎等 18 人无期徒刑或有期徒刑。这就开创了专设国际法庭审判战犯的先例。

与此同时,世界上一些国家还单独设立法庭,对德、日、意战争罪犯进行了 2000 次以上的审判,其中美国、苏联和中国的审判较为重要。1946 年 12月至 1949 年 3 月,美国在纽伦堡组织了全由美国法官组成的 12 个法庭,对包括德国部长、大使和海陆军元帅在内的 185 名战犯进行审判,分别判处绞刑、无期徒刑或有期徒刑。1949 年 12 月,苏联远东军事法庭在伯力对使用细菌武器的原关东军司令官山田乙三、原关东军医务处长梶冢隆二、原七三一细菌部队队长川岛清等日本战犯进行了审判。中国的审判实为两次：40年代后期，国民党政府在北京、上海和重庆等地组织十大军事法庭，对抗战年代俘获的以及战败投降的日本战犯进行了审判；1956年中华人民共和国政府又在沈阳和太原

远东国际军事审判法庭，设在东京原日本陆军省内

被告席上的东条英机（中）正在接受首席检察官季楠（右）的提问

成立特别军事法庭，对苏联引渡的和俘获的日本战犯进行了审判。

也有一位与第二次世界大战亚洲战场的开辟纠缠着的重要人物轻轻避开了法庭，他就是日本第124代天皇裕仁。裕仁生于1901年，因父皇——大正天皇健康状况恶化而于1921年就位摄政，1926年继天皇位。他在位期间经历了第二次世界大战的全过程，作为日本的最高决策者，裕仁曾在战后对驻日美军司令麦克阿瑟元帅说过，他"对因为日本推行战争而发生的一切问题和事件负有全部责任"①。当东条英机等战犯被纷纷逮捕的时候，日本共产党首先提出把天皇作为战犯起诉并废除天皇制的口号，既而在社会各

---

① 参见麦克阿瑟元帅对日本外务大臣重光葵的谈话，原载《读卖新闻》1955年9月14日，转引自河原敏明著，柯毅文、颜景镐译：《日本天皇——裕仁》，军事译文出版社1986年版，第170页。

溥仪在东京法庭上为审判日本战犯作证,摄于1946年8月

界甚至在将军和皇族中都响起了要求天皇退位的呼声。苏联、澳大利亚、新西兰、菲律宾和中国等也强烈主张废除天皇制,其中一些国家的报纸和广播则呼吁把天皇作为战犯审判。结果呢? 东京国际军事法庭首席检察官当庭宣布:"检察当局决定对天皇不予起诉。"在以后的几十年中,天皇仍然是天皇,仅仅把天皇神格的面纱扯掉了,决策实权也交出去了。他作为日本国家的象征,也是研究海洋微生物及腔肠动物的学者,直到1989年病逝,享年88岁。

两次世界大战使世界人民特别痛恨战争罪犯,正是他们在战争期间亲手制造了一桩又一桩惨无人道、罄竹难书的罪行,然而,憎恨、审判和处罚并不能最终地解决战争带来的对立。于是,在某些资本主义国家首先出现了志愿从事罪犯矫正工作的人士,他们中间有牧师,有监狱学者,也有来自社会底层的体力劳动者。虽然有人已在这项工作中获得了很大的成功,也只能说是个人努力的结果。至于改造战争罪犯的一系列的理论、路线、方针、政策,则是由中国共产党及其代表人物最早提出来的。

一场大规模的战争过后,追究责任往往要抓出数以万计的大大小小的战犯,他们的罪恶有轻有重,犯罪的条件也千差万别。与其从肉体上通通消灭他们不如改造他们,用正确的方法把消极因素转化为积极因素,把战争隐患转化为致力于和平和社会进步的一份力量。

早在20世纪20年代我国土地革命战争时期,毛泽东就提出了给地主、富农分一份土地的政策,到抗日战争时期又明确提出建立广泛的统一战线和对原来的压迫者剥削者给予生活出路的政策,解放战争时期毛泽东在为中央起草并于1948年1月18日发出的党内指示中进一步指出:要"教育群众懂得自己的远大利益,要把一切不是坚决破坏战争、坚决破坏土地改革而在全国数以千万计的地主富农,看作是国家的劳动力而加以保存和改造。我们的任务是消灭封建制度,消灭地主阶级,而不是消灭地主个人。"

中国革命的胜利,把处理日本战犯、国民党战犯、伪满战犯、伪汪战犯和伪蒙战犯的问题提上了日程。以毛泽东为首的中国共产党人运用革命年代改造原来的压迫者和剥削者的实践经验,把"改造"二字作为处理战犯的基本原则,取得了历史性的成功。

针对日本战犯的处理,周恩来早在1955年就作过指示:一个不判处死刑,一个不判处无期徒刑,判刑也要极少数。20年后再算账,就会看到20年前工作的伟大、光荣。

实际上,10年后毛泽东就算过账,那时已经看得很分明了。他在1964年会见外宾时曾介绍过我国改造日本战犯的情况,他说:"那些打中国的将军们,大多数被苏军俘虏的,被我们俘虏的。日本战犯中有中将、少将,有校级军官,一共1100多人,经过教育除一个人外都不反对我们了,而变成中国的朋友。在日本国内他们还进行宣传,反对他们的垄断资本主义和美帝国主义。"不久,毛泽东又说:"在敌人放下武器缴械投降以后,敌人中的绝大多数是可以改造的。但要有好的政策,好的方法。要他们自觉改造,不能只靠强迫、压服。"这已经是战犯改造工作的经验之谈。那几年毛泽东在各种场合多次谈论改造罪犯、改造战犯这个题目,他说在这方面"我们有几十年的经验,不只15年,过去在根据地也有一些经验"。他认为只要监狱管理者懂得要"把改造人放在第一位,不要把劳动和生产放在第一位,不要赚犯人的钱",就一定能够改造罪犯的思想。

毛泽东坚信人是可以改造的,这一论断已被1000多名由战争狂人变成朋友的前日本战犯证实了。

仅以前日本战犯藤田茂为例。

藤田茂,男,1889年生,日本广岛县人。出身武士家庭,在军官世家中自幼接受军国主义思想和武士道精神的培养。到20世纪30年代,他带着对日本天皇的无限崇拜和强烈的民族优越感,率部侵华,其间曾任日本陆军第二〇师团骑兵第二八联队大佐联队长、第十二军骑兵第四旅团少将旅团长、第五九师团中将师团长等职务。战争期间,他指挥部队在山西和山东境内"扫荡",推行"三光"政策,先后杀害我被俘人员和和平居民近千人,其中200人

"那些打中国的将军们，大多数被苏军俘虏的，也有被我们俘虏的。日本战犯中有中将、少将，有校级军官，一共一千多人，经过教育，连一个人也，都不反对我们了，而成为中国的朋友。"

——（1964 年 7 月 10 日，毛泽东主席在接见日本社会党友人谈话记录）

1964 年 7 月 10 日，毛泽东接见日本社会党友人谈话记录

是以活人作"靶"，对新兵进行"试胆教练"而虐杀的。同时还纵容部下强奸妇女 60 余人，烧毁、破坏民房 1.8 万余间，抢夺粮食 500 余吨，牲畜 1600 多头。他还曾下令使用毒瓦斯和细菌武器等国际法所不容的杀人武器。在长期战争中，作为侵略军的高级军官，养成了倔强、顽固、刚愎自用等性格特点。虽然战败被俘却丝毫不服输，气势汹汹，抗拒改造，公然向找他谈话的战犯管理所干部挑衅说："我是帝国主义者，你们是共产主义者，没有谈话的必要！"他态度骄横，言辞傲慢，干脆不承认自己是战犯，他说："我和我的部下不是战犯，而是战俘"，"必须无条件释放"。管理所组织战犯学习时他也声嘶力竭地提出抗议："对战俘进行政治教育，强迫思想改造，是违反国际法的，我们没有义务学习。"

针对他的思想状况，战犯管理所干部做了大量工作，终于使他认识到侵略战争的罪恶和军国主义的反动本质，从而走上接受改造的道路。1956 年 6 月 19 日，藤田茂被中华人民共和国最高人民法院特别军事法庭判处有期徒刑 18 年，他在沈阳法庭上的"最后陈述"中说："我在侵略中国期间的所作所为，是非正义的，是非人道的。这种恶毒的罪行，是为了日本一小撮统治阶级和垄断财阀的利益而进行的，并不像我曾经相信的那样，是为了日本人民的幸福。我对中国人民犯下了滔天罪行，并给日本人民带来了空前的灾难。侵略战争是违反道义的，是人类凶暴的敌人，绝对不能允许再度发生，也不能让后一代人再走这一条错误的道路。"服刑期间他的妻子从日本来华探亲，两人会

见的时候藤田茂就日本人民的前途给妻子出了三道难题,他要测验一下妻子的政治觉悟。结果令妻子很窘,一时未能答出。藤田茂遂劝妻子带着这些问题好好学习,以提高思想水平。这是一个动人的真实故事。

由于藤田茂表现很好,自宣判后仅服刑一年多就被提前6年(扣出判决前已经关押可以抵徒刑的10年多)释放了。那天他非常激动,说自己"在中国人民的真理教导下","由一个鬼变成了有良心的人",他表示:"无论在什么时候,任何地点,誓将献出我的一生,为反对帝国主义和侵略而进行斗争!"藤田茂回国以

战犯藤田茂在大会上做悔罪发言

后即加入"中国归还者联络会",并出任会长。该会以"反对侵略战争、维护世界和平、促进日中友好"为宗旨,出版回忆录、教育新一代,呼吁日中不再战。其间,藤田茂积极展开活动,一方面通过往日本自卫队中供职的老部下的关系把日中友好的影响扩散到军队中去;另一方面先后四次率团访华。他以自己为中日友好所做的贡献而受到周恩来的亲切接见和高度评价,直到1982年去世前,88岁高龄的藤田茂还念念不忘中国人民的恩情,特意嘱咐家人给他穿上周恩来赠送的中山服,这才溘然而去,长眠九泉。他的孙子藤田宽现已继承了爷爷的事业,1984年10月,藤田宽作为中日青年友好联欢的日方代表的一名成员,在会见原抚顺战犯管理所所长时激动地说:"我爷爷生前经常教育我,他的命是中国给的。我们绝不能让前辈的命运重演,一生要为日中友好而奋斗!"①

---

① 关于藤田茂的资料,参见《正义的审判——最高人民法院特别军事法庭审判日本战犯纪实》(王战平主编,人民法院出版社1991年版)和《从战争狂人到朋友——改造日本战犯的成功之路》(金源等著,群众出版社1986年版)两本书的部分内容。

第一批335名日本战犯接到免予起诉通知书（包括太原战犯管理所关押者）

改造日本战犯的成功是一项伟大的工作，但还不能说是创举。因为欧美等资本主义国家也有从事罪犯、战犯矫正工作而获得成功的事例。然而，中国共产党人和中国政府还成功地改造了一位皇帝，这却是古今中外没有先例的，是放之四海无不公认的创举。

伟大胸襟

公元 1908 年 12 月 2 日。

严寒笼罩着中国,笼罩着北京,笼罩着紫禁城,笼罩着太和殿。

殿前广场上的文武百官正朝着金銮殿内的御座叩拜,坐在御座上的人竟是 3 岁娃娃,他显然还不能依靠自身的把握坐稳这把龙椅,有位 27 岁的年轻人这时正单膝侧跪在龙椅的下面,伸出双手扶持着娃娃。

这里正发生着举世皆知的事件——中国历史上最后一次正式而隆重的皇帝登极大典。那娃娃便是中国末代皇帝爱新觉罗·溥仪,而侧跪着扶持他的年轻人就是摄政王载沣。随着这次盛典,宣统纪年开始了。

这时,在位于湖南省湘潭县的秀丽的韶山冲,有位意气风发的 15 岁的少年,正在油灯下拼命地读书。有一本书叫作《论中国有被列强瓜分之危险》,第一卷开篇写道:"呜呼,中国将亡矣!"这本专述帝国主义侵略和瓜分中国的书,在少年沉思的脑海里刻下了深深的印记。作为一个中国人,他为祖国的命运和前途担忧,决心走出家乡,去寻找中国人民的解放道路。1910 年夏,他进入湘乡县东山高等小学堂,广泛吸收史地知识,接触的进步书报也愈来愈多了。1911 年春,他又前往长沙,进入湘乡驻省中学。在这里,他研究了孙中山先生领导的中国同盟会的会章,熟悉了"驱逐鞑虏,恢复中华,创立民国,平均地权"这个反清战斗口号,还了解了黄花岗武装起义和七十二烈士的革命事

溥仪在父亲载沣扶持下登上皇位

迹,他开始站到清朝政权的对立面上去,并毅然剪掉脑后那根长辫,还写了一篇反清的文章贴在学校门前的墙壁上。

这位走上反清道路的青年正是毛泽东。

也在这时,还有一个 10 岁的英俊少年,由于过早地感受到世态炎凉、人情乖谬和家务繁难,思想渐趋成熟。他摆脱了对菩萨的迷信①,决定离开位于淮河和大运河交流处那块平原上的出生地——江苏省淮安市,远赴辽东,投奔亲人,以争取读书的机会。他拖着一根长长的发辫来到沈阳,凭借时任奉天府度支司制用课主稿的大伯父周贻赓和时任

溥仪的"阿玛"醇亲王载沣

① 周恩来说:"我小时候也迷信过菩萨……"参见《周恩来选集》下卷,人民出版社 1981 年版,第 356 页。

铁岭县银州镇税员分省补用通判的三伯父周贻谦的供养,先后在银岗书院和东关模范学校就读。虽然他身处清朝地方小吏的家庭环境,却在勤奋的学习中广泛接触了西方新学和许多新知识,他秘密阅读以救亡和反清为主旨的进步书刊,他亲眼见到了中国人在外国租借地内饱受欺侮的场面,开始对飘扬在领事馆门前的外国国旗、耀武扬威的蓝眼睛巡警、不时有钟声传出的尖顶或圆顶教堂,以及清政府的屈辱的官厅,油然而生出反感和一种鄙视之情。

这位已显出卓识远见的少年正是周恩来。

清朝隆裕皇太后和监国摄政王载沣,为溥仪确定了一个好听的年号——宣统,意在宣扬光大列祖列宗的文治武功业绩,使清朝能万世一系统治下去。然而,事实无情,3岁继位的溥仪,还不满6岁就退位了,就在那年爆发了伟大的辛亥革命。

3岁的溥仪成为宣统皇帝

就在那年,18岁的毛泽东在长沙入伍,成为辛亥革命新军中的一名士兵。

就在那年,14岁的周恩来在沈阳参加了反帝反封建的宣传活动,曾在一次学校组织的讲演会上发表禁烟救国的演说,提倡新思想和新文化。

退位后的溥仪继续盘踞紫禁城,享受民国政府的"优待条件",关起门来当皇帝,与张勋、康有为等人里勾外连,从事反动的复辟活动,直到1924年被冯玉祥驱逐出宫。嗣后又在天津日租界设立"行在",阴谋实现"大清帝国"的"中兴"。九一八事变后,他竟然寄希望于日本军阀,卖身而投靠之,堕落为民族罪人,并最终以战犯身份被押上被告席。

毛泽东和周恩来则在反帝反封建的旗帜下,坚定地走上无产阶级革命道路,而在他们的革命目标中,始终包涵着溥仪为代表的反动封建势力。

毛泽东在文章中第一次直接提到溥仪,斥其为祸根,呼吁除恶务尽,那是毫不客气的:

> 奥前皇卡尔避居瑞士,某报通信记者求见,见其侍臣,侍臣说: "皇帝的退位,本非得已,故愿望恢复帝制,惟目下暂时隐居,不问政治。"凡做过皇帝的,没有不再想做皇帝。凡做过官的,没有不再想做官。心理上观念的习惯性,本来如此。西洋人做事,喜欢彻底,历史上处死国王的事实颇多。英人之处死沙尔一世(1648 年),法人之处死路易十六(1793 年),俄人之处死尼哥拉斯第二(1918 年),都以为不这样不足以绝祸根。拿破仑被囚于圣赫利拿,今维廉第二亦拟请他做拿破仑的后身将受协约国的裁判,总算很便宜的。避居瑞士的卡尔和伏处北京的溥仪,国民不加意防备,早晚还是一个祸根①。

毛泽东撰写这篇文章的两年之前,发生了震撼全国的张勋复辟事件②,而发表该文 4 年之后,又有康有为为首的密谋甲子复辟的未遂事件③,再过去两年还有"复号还宫"的反动政治事件④,此后 5 年溥仪终于出关投敌,成为日本军国主义的小帮凶⑤,而对于中国人民来说已经酿成祸患,历史验证了毛泽东的预见。

不久,毛泽东又在《民众的大联合》⑥一文中,对在辛亥革命中被打倒的宣

---

① 参见《湘江评论》第二号,1919 年 7 月 21 日出版。

② 张勋,清末官至江南提督,民国年间历任长江巡阅使,江苏都督和安徽督军等职。1917 年 6 月以调解"府院之争"为名挟兵入京,驱逐民国总统黎元洪,并于 7 月 1 日拥戴溥仪登极,12 天后失败退位,史称"张勋复辟"。

③ 溥仪被逐出宫后,清室善后委员会在养心殿溥仪居处查获康有为的信等密谋复辟的有关文件共 21 件,因时间都在 1924 年,统称"甲子复辟文证"。这次酝酿中的复辟活动因溥仪出宫而中止。

④ 自溥仪被逐出宫后,康有为等封建遗老就提出了恢复溥仪的皇帝尊号并迎请还宫的反动政治要求,到 1926 年 8、9 月间以康有为致吴佩孚的一封长信为标志,又掀起"复号还宫"的复辟高潮。

⑤ 溥仪于 1931 年 11 月 10 日潜离天津出关投敌,1932 年 3 月 9 日就任伪满执政,1934 年 3 月 1 日"登极"为伪满康德皇帝。

⑥ 载于《湘江评论》第四号,1919 年 8 月 4 日出版。

统皇帝以及1915至1916年袁世凯帝制自为而搞出的"洪宪皇帝"①发出了议论。他写道:"原来中华民族,几万万人,从几千年来,都是过着奴隶的生活,只有一个非奴隶的是'皇帝'(或曰皇帝也是'天'的奴隶)。皇帝当家的时候,是不准我们练习能力的。政治、学术、社会等等,都是不准我们有思想、有组织、有练习的。"他认为,辛亥革命给人民增加了"一层觉悟":"知道圣文神武的皇帝,也是可以倒去的。大逆不道的民主,也是可以建设的。我们有话要说,有事要做,是无论何时可以说可以做的。辛亥而后,到了丙辰,我们又打倒了一次洪宪皇帝。虽然仍是少数所干,我们却又觉悟那威风凛凛的洪宪皇帝,原也是可以打得倒的。"

如果说这时毛泽东把溥仪作为革命的对象,是因为溥仪代表着反动的封建复辟势力,包括铲除溥仪本人,都是反封建斗争的重要组成部分;那么,在九一八事变以后民族矛盾上升了,毛泽东仍把溥仪看成人民的敌人,则因为溥仪已经沦为日本军阀的走狗了,这时反对溥仪及其傀儡政权,是中国人民反帝斗争的一个环节。

1936年8月14日,毛泽东致函国民党绥远省政府主席、国民党军第三十五军军长傅作义,请于绥远、西北和华北之域,实现国共合作,组成抗日联军,"为救亡图存而努力"②。在这封信里,因为曾言及伪蒙古军政府参谋部部长、伪蒙古军第一军军长李守信和伪蒙古军副司令卓什海对绥远地区的进犯与威胁,从而提到他们的上司——伪蒙古军政府总裁德穆楚克栋鲁普,由此又谈到比这位蒙古王公还大的日本帝国主义的傀儡人物溥仪,认为他们同为丑类,同为中华爱国军民的凶恶敌人。毛泽东写道:

迩者李守信卓什海向绥进迫,德王不睹溥仪,蒙古傀儡国之出演,咄咄逼人。日本帝国主义卧榻之侧,岂容他人鼾睡!

1944年3月3日至4日,周恩来在延安中央党校做了一次报告。这是他以中国共产党第六次全国代表大会主要负责人之一的身份,用"合乎历史实际情况的眼光"并延安整风时期的思想方法,对召开于10多年前的那次大会

---

① 袁世凯(1859—1916),清末出任内阁总理大臣,辛亥革命后窃取中华民国大总统职位。1915年12月称帝,年号洪宪,至1916年3月在全国人民的反对下被迫消帝制。

② 参见《毛泽东书信选集》,人民出版社1983年版,第43页。

深入研究之后提出的。周恩来总结了大革命时期党的领导方面的经验和教训,他认为,大革命后期,即 1927 年 4 月至 7 月,党一度依靠冯玉祥的武装力量,犯了机会主义路线的错误。冯玉祥原为直系军阀曹锟和吴佩孚的部将,曾任督办。1924 年 10 月发动北京政变,并将部队改组为国民军。同年 11 月 5 日取消清废帝溥仪的皇帝称号,将溥仪逐出皇宫。1926 年 9 月又宣布脱离北洋军阀参加国民革命。这些固然都是进步之举,但冯玉祥当时毕竟是代表大地主、大资产阶级利益的,是不可依靠的。周恩来说:

> 冯玉祥在北平驱逐溥仪出了皇宫以后,跑到苏联大吹自己,说自己是工农合种生出来的。共产国际对他也弄不清,相信他是农民军队的领袖。当时,武汉的环境是困难的,在敌人封锁、内部动摇的情况下,把最后的希望押在冯玉祥身上,所以对"马日事变"并不重视。在郑州打下后,什么人都跑到郑州去会冯玉祥了①。

冯玉祥(1882—1948)

结果,坐镇郑州的冯玉祥,一面应付来自武汉的国共人士,一面前往徐州与南昌的蒋介石见面,遂导致参加了蒋介石和汪精卫反对共产党的活动。尽管其间冯将军也保护过一些共产党员,特别自九一八事变发生以后,他赞成抗日,长期采取与共产党合作的立场,但他在国民党清党时期的政治态度是不可取的。周恩来的结论是,不能只看到冯玉祥曾驱逐溥仪出清宫。也不能只看到他访苏得到信任并在 1926 年回国时带回了斯大林赠送的一套酒具,而在大革命的关键时刻,应当坚定地依靠自己的武装力量,如叶挺的二十四师以及广大的工农群众武装。

周恩来早年论及处于最反动位置上的溥仪,采取的就是严格的历史唯物主义的态度。

---

① 参见《周恩来选集》上卷,人民出版社 1980 年版,第 170 页。

又过去一年半,日本裕仁天皇宣布无条件投降,溥仪的傀儡政权、汪精卫的傀儡政权和德王的傀儡政权同时坍台。显然,跟溥仪等战争罪犯算总账的时候已经来到了。不料,毛泽东和周恩来向正在进军东北的人民军队下达了"妥善保护"爱新觉罗家族的命令。此事外界无闻,是周恩来于1961年6月10日接见溥仪、溥杰及其夫人嵯峨浩一行时亲口说出来的。因为谈到嵯峨浩撰写的

鹿钟麟驱逐溥仪出宫

回忆录《流浪王妃》,周恩来忆起抗战胜利之际、也是伪满垮台之际的种种史实,面对嵯峨浩及其次女嫮生,他语调亲切地讲出一件令在场者惊愕且感动的事情:

> 战争结束,"满洲国"崩溃之际,我们曾下达命令,爱新觉罗家族现在东北,找到他们要加以妥善保护。但命令好像没有贯彻到基层,让你们受苦了。在此,再次向你们表示歉意①。

《流浪王妃》于1959年由日本文艺春秋社出版,当年再版九次,并拍成电影。嵯峨浩在这本回忆录中叙述了伪满垮台之际她跟随溥仪和溥杰逃亡通化及以后辗转流徙的痛苦经历。嵯峨浩说,他们是在从大栗子沟转移到临江县城时遇上共产党军队——东北民主联军的,当即受到监视。随后,爱新觉罗家族的人们又被分批押往通化市,乘卡车或压道车行进在冰雪山道上,时有车毁人亡的危险。在通化,溥仪的"皇后"婉容和嵯峨浩等被隔离在市公安局二楼某房间中,而溥仪的"贵人"李玉琴及其随行人员则被软禁在东北民主联军司令部内,她们当然全都经过了严密的人身检查。1946年2月3日发生

---

① 参见嵯峨浩:《流浪王妃》,北京十月文艺出版社1985年版,第175页。

溥杰与嵯峨浩的"政治婚姻"

了噩梦般的"通化事件"①,在枪弹和大炮的轰鸣中,溥仪的老乳娘因失血过多而死去,李玉琴受伤,婉容神志不清,嵯峨浩也吓坏了。嗣后,她们硬顶着零下30度的严寒,在遭到惨重破坏的建筑内又住了一个星期,才迁入居民家中。有一次,看管她们的士兵还曾在半夜闯进来把手枪顶在嵯峨浩的头上说:"不许动,动一动就打死你!"原来又发生了日本人袭击东北民主联军司令部的事件。事件平息后,婉容等爱新觉罗家族人员随部队行动,乘坐带通风孔的货车于1946年4月间回到长春,在已改为部队招待所的原厚德福饭店稍住几日,又随军撤离,被摇摇荡荡的"闷罐"列车运到吉林市。在公安局拘留所冰冷的板铺上,在连续数日疲劳的审讯中,嵯峨浩甚至想到过"就此结束婧生的性命,然后自杀",然而她必须活着,照顾景况更加悲惨的婉容。据说这位皇后因断绝鸦片而犯烟瘾,终日不是发狂似地呼喊"救救我! 救救我!"就是呻吟着翻白眼,在地板上乱滚。"看守和八路军的干部都争着跑进拘留所来看发狂的皇后"②,宛如上动物园往里瞧动物,进进出出来去不绝。当国民党军队轰炸并进攻吉林时,已不堪举步的婉容被捆在一把架着长木杆的座椅上,由6名日本俘虏抬着上了火车。到延吉下火车后,又被弄到一辆马车上游街,一面写有"汉奸伪满洲国皇族一行"字样的大白旗插在车辕子上。随后被收容

---

① 通化事件系由国民党通化县党部书记长孙耕晓策划,勾结原关东军一二五师团参谋长藤田等不甘于失败的日本军人,而发动的以推翻民主政府为目的的武装叛乱,很快被平定。

② 参见嵯峨浩:《流浪王妃》,北京十月文艺出版社1985年版,第103页。本节有关内容亦请参阅该书。

在延吉法院的监狱里,其时婉容已是垂死之人,得不到鸦片,又不能进食,加之无人照料,而于6月20日孤独地结束了悲剧生涯。嵯峨浩是在婉容死前数日随军撤往佳木斯的,在那里又受到"千方百计地审讯",直到弄清她并不曾帮助关东军干坏事,也不曾在宫廷享受奢侈的生活,才解除怀疑而在哈尔滨把她释放了①,皇族其他人员也陆续被释放了。这以后嵯峨浩利用日侨身份争取携女儿嫮生遣返,不料又陷入国民党的控制之中,先后被囚于锦州、葫芦岛、北京和上海,历尽磨难,最后通过日本军俘房收容所的联络组,与尚在南京的前侵华日军司令官冈村宁次,向南京国民党政府再三恳请,方允释放回到日本。

这虽然确属嵯峨浩的亲历,但囿于个人闻见,加之环境复杂,就难免与事实有出入。或以偏概全,或但闻其一不知其二。就在前文提到的那次会见中,周恩来直率地谈到自己的看法。他对嵯峨浩说,你写的那本《流浪王妃》,以及据书拍摄的电影,我已经看过了。你的著作揭露了日本军国主义的一些事实,很好,很勇敢。但有一些涉及八路军的事情不真实。我们已做过调查,当时党中央是有意争取伪满人员的,一些下级官兵还不知道。进到东北以后对你们和日本侵略者未加区分,从一个地方转移到另一个地方,走了很多处,那也是很自然的情况。你那本书和电影有些刺激中国人民的东西,暂时还不能在中国出版或放映。

显然,在伪满垮台之际,毛泽东、周恩来等中央领导同志,研究并决定了对溥仪、对爱新觉罗家族人员、对伪满首要分子等应该采取的政策,而且对进入东北作战的部队下达了"妥善保护"的命令。

为什么要保护一个高踞于人民之上的清朝皇帝?为什么要保护退位以后长期从事复辟活动的反动人物?为什么要保护卖身投靠帝国主义的民族罪人?这首先是鉴于当时复杂的历史情况而提出的。也是那次会见,周恩来还联系抚顺战犯管理所而对溥仪和溥杰等人说:"有一段时间把你们藏在抚顺,让大家担心了。这是为了保护你们。坦率地说,老百姓对爱新觉罗家族有多深的仇恨,我们当时也并不完全清楚……"②在伪满反动而丑恶的统治刚

① 参见嵯峨浩:《流浪王妃》,北京十月文艺出版社1985年版,第107—108页。
② 参见嵯峨浩:《流浪王妃》,北京十月文艺出版社1985年版,第175页。

刚结束的时候,对溥仪及爱新觉罗家族采取"妥善保护"的措施是必要的,否则势必使他们面对无限怨恨的士兵与百姓,其命运就难说了。一旦发生问题,显然不利于深入了解内情,而从政治上考虑更属有害无利。

作为溥仪的"福贵人",李玉琴也曾回忆那段流浪生活①。她谈到何长工司令员在通化亲切接见自己和嵯峨浩的情景,谈到东北民主联军对她的照顾和关怀。像何司令员那级干部显然能知道来自党中央的指示。部队在拉锯式战争的艰苦环境下,并没有抛弃溥仪的"皇后"、"贵人"以至"皇御弟夫人",这恰恰是尽了"保护"之责。当时的下层官兵,或为穿上军装不久的农民,

"福贵人"李玉琴

1989 年 10 月,李玉琴的回忆录
《中国最后一个"皇妃"》出版

或为反正的国民党战俘等,他们对"皇后"一类人,对像嵯峨浩那样的日本人,采取某些过激行动是完全可以理解的。据李玉琴讲,后来部队干部找她谈

①　参见李玉琴记述,王庆祥整理:《中国最后一个"皇妃"——李玉琴自述》,北方妇女儿童出版社 1989 年版。

话,逼她写出与溥仪离婚的违心声明,否则就不许她跟父母团聚。他们的本心也许不错,可这又是多么让人难以接受呀!再说婉容,她于1946年4月随部队返回长春以后,部队本来是要把她交还亲属抚养的。那时,婉容之父荣源已被押往苏联,她哥哥润良不肯接受,甚至看也不看妹妹一眼。部队也曾商之于李玉琴以及她的母亲,但李家实在无力负担鸦片成瘾的"皇后"。就在这种情况下,部队不得已又带上婉容在战火中转移。与其说她被部队抛弃,莫如说是同胞骨肉、是皇族本身抛弃了她……

"妥善保护"所表现的,恰是无产阶级的立场,恰是毛泽东、周恩来等中国共产党人的伟大胸襟。

现在,嵯峨浩已经作古。她在人生最后的时日里,遵照周恩来的意见认真修改了自己的著作,不仅重新认识了伪满垮台之际那一段浪迹天涯的生活,还补充了她在20世纪60年代初与丈夫在北京团聚的幸福晚年生活。新版《流浪王妃》在日本和中国都出版了。

3

引　渡

　　自从毛泽东和周恩来向进军东北的部队下达对溥仪和爱新觉罗家族实行妥善保护的命令以来，匆匆 5 年过去，这是溥仪在囚居地装模作样学习联共党史的 5 年，也是毛泽东和周恩来在中国广袤的山河大地上扭转乾坤的 5 年。当蒋家王朝被驱逐出大陆以后，毛泽东和周恩来决定把溥仪和他的难兄难弟们接运回国。这当然不是要把他们重新送上皇帝的宝座和大臣的交椅，而是要把他们作为战犯加以审判和改造。

　　1950 年 8 月 1 日上午，和煦的阳光洒满兴凯湖和绥芬河，一列押送伪满战犯的苏联列车长鸣一声开进绥芬河火车站，缓缓地停下了。两位中国人民解放军军官迅即登车，他们是奉命前来接收伪满战犯的，首先要单独会见前伪满皇帝爱新觉罗·溥仪。

　　战犯车厢中的溥仪愁肠百结，心神不宁。他刚刚结束在苏联的 5 年囚居生活，被引渡返归国门。因为深知中国人民、特别是东北人民，在经历 14 年亡国浩劫之后对自己怀有多么深刻的仇恨，自视引渡之日便是行刑之期，他怕死，蓄意避开此日久矣。

　　自从溥仪被苏军俘获并囚居赤塔和伯力以来，当时的中国国民党政府就向苏方提出了引渡溥仪的要求。1945 年 9 月下旬,溥仪第一次给斯大林写信,要求永远留居苏联,这封信是由溥杰起草的。两个月以后,溥仪在伯力郊外的红河子收容所,趁着向苏方贡献珍宝的机会再次提出留居苏联的要求。溥仪致斯大林的信曾在报纸上刊出,苏方藉以拒绝了中方引渡的要求。

溥仪被苏军俘获并押往赤塔,摄于 1945 年 8 月

溥仪在赤塔囚居时住过的房子

　1946 年 8 月溥仪前往东京国际军事法庭作证时,中国国民党政府电令派驻东京国际法庭检察官向哲浚,就近交涉引渡溥仪的问题。此事经《中央日报》报道①以后,引渡之说又不绝于耳。但最终还是遭到苏联政府的拒绝,作

① 参见《中央日报》1946 年 8 月 29 日。

证完毕,遂即把溥仪押回伯力。

　　曾有位住在纽约的远东问题专家,于1947年9月在西方一家报纸上撰述专论,认为苏联拒绝引渡溥仪,是准备将来把他送回东北,用于成立倾向于苏联的"缓冲国",就像日本利用溥仪一样。这是臆造。苏联之所以拒绝引渡,是因为当时"还是蒋介石的中国",而不是"毛泽东的中国",这是伯力收容所苏联军官别尔面阔夫于溥仪归国前向他透露的①,而溥仪当时对此毫不理解。所以,当收容所所长捷尼索夫在1946年末劝说溥仪直接给毛泽东写信以争取将来获得赦免的时候,竟被溥仪拒绝了。他那时还不相信共产党势必取代国民党,更不相信有一天自己的命运会操在毛泽东的手中。

溥仪在苏联关押期间,为了达到长期留居以躲避回国受到惩罚的目的,在支援苏联社会主义建设的名义下捐献出的部分手表和怀表

　　1947年夏天,溥仪第三次上书斯大林仍要求留居苏联,没有得到答复。至1950年春天溥仪最后一次提出留居苏联的要求,却被明确地回绝了。这显然是因为国际国内的政治形势已经发生了根本的变化,溥仪即将被引渡回国的事态已经明朗。

　　据抚顺战犯管理所建所时最早出任副所长的曲初同志回忆,1950年5月,国家司法部史良部长找他谈话,交代任务,还说明了因居苏联的日本战犯和伪满战犯即将引渡的内情。她说,毛泽东和周恩来在1949年12月16日至1950年2月17日访苏期间,与斯大林讨论了中苏相关的重大问题。当时我们刚刚建国,只

――――――――――

　　① 参见溥杰、万嘉熙、毓嶦:《溥仪在伯力收容所》,文史资料出版社1980年版,第40页。

有苏联等 11 个社会主义国家立即给予了外交承认,因此还面临着帝国主义的
封锁。为了尊重我国的国家主权,提高我国的国际地位,维护我国的合法权
利,增进中苏两国的联盟和友谊,扩大社会主义阵营的声望,决定把苏联在第
二次世界大战中俘虏、关押的,在中国犯有战争罪行的 1000 多名日本战犯和
伪满战犯全部移交我国,由我们作为主权国家自行处理,藉以迫使某些西方
国家最终承认我国政府。史良部长又说,是周总理委托司法部负责筹备接收
战犯的准备工作的,连抚顺战犯管理所的组建方案以及所址的确定,都是周
总理根据国内外形势亲自审处的①。7 月 21 日凌晨,押运 969 名日本战犯的
专列到达抚顺,10 天后溥仪为首的 60 多名伪满战犯也被送进中国国境。

斯大林虽然不能不拒绝溥仪长期留居的要求,仍没有对其置之不理,曾
亲派苏联内务部的一位官员找溥仪谈话,以解除其对回国的种种疑虑②。然
而,溥仪完全不信,他满腹狐疑,半疯半醒地回到绥芬河,并被苏联军官阿斯
尼斯大尉引到刚刚登上列车的两位解放军军官面前。

解放军军官和气地握住溥仪的手,笑容可掬地说:"你现在回到了祖国,
我们是奉周总理的命令来做接收工作的……"。

据当时担任东北行政委员会公安部政治保卫处执行科科长的董玉峰同
志回忆,他就是奉命前往中苏边界接收日、伪战犯时负责押解的带队干部,还
有一位参与接收的干部,即东北人民政府外事处处长陆曦同志,他代表国家
签字接收。临行,东北公安部汪金祥部长亲自交代任务,并强调说:周总理
要求我们必须做到"一个不跑,一个不死"。他们当即研究了执行总理指示的
具体方案③,那登车单独会见溥仪的一幕场景显然也是方案中必有的安排。

然而,那时溥仪对"周总理"丝毫也不了解,所以这三个字并不能消除他

① 参见曲初:《周总理、史良部长重视改造日、伪战犯工作》,载《震撼世界的奇迹》,
中国文史出版社 1990 年版,第 21 页。
② 参见金源:《奇迹写千秋》,载《震撼世界的奇迹》,中国文史出版社 1990 年版,第
16 页。
③ 参见董玉峰:《到中苏边界接收日、伪战犯前后》,载《震撼世界的奇迹》,中国文史
出版社 1990 年版,第 50—51 页。又据毓嶦回忆,登车的两位干部系黑龙江省公安厅郭厅
长和牡丹江军分区李政委(见《溥仪离开紫禁城以后》,文史资料出版社 1985 年版,第 329
页),恐不确。

的疑虑。接收以后,共产党还能让他继续活下去吗? 这个问号就像一片阴云,沉重地压住了他的心头。无论负责押解的公安人员怎样解释,让他放心,溥仪全都不信。他认为这些公安人员不可能知道政府的政策,他们仅仅考虑押解途中的责任,为了防止意外,才说些好听的话骗人。据目睹者说,溥仪当时已近疯狂,神经完全错乱,右颊上的肉和筋猛烈地抽搐着,毫无顾忌地在车厢中来回乱踱,嘴里还嘟嘟囔囔地叨念什么,以致别人经过他的座位时都赶紧低头,唯恐摄入怪模怪样。列车行驶到长春车站时,溥仪更加神魂颠倒,坐卧不宁,有人听到他自言自语地说道:"这里是我当满洲国皇帝的地方,现在人已到齐了,看来要公判我了。"

据当时担任东北行政委员会公安部政治保卫处处长的王鉴同志回忆,他最早接到董玉峰同志自押解战犯途中打来的电话,详细汇报了溥仪等人一路上的表现及思想动向。王鉴则立即报告给东北公安部汪金祥部长,汪部长又及时将这一情况报告中央公安部。部长罗瑞卿由是而得悉,总理周恩来亦由是而得悉。溥仪的一段思想波动就这样迅即传及国家的最高政府机关,周恩来的明确指示俄尔便电达沈阳:由东北战犯管理领导小组负责同志亲自出面,做好溥仪等人的思想稳定工作①。

这里提到的东北战犯管理领导小组,也称东北战犯管理委员会,当时成立不久,由东北行政委员会主席高岗兼主任,东北公安部部长汪金祥以及司法部长和卫生部长等都是领导小组成员。

周恩来的指示下达后,高岗、汪金祥等当即听取了有关溥仪和其他伪满大臣的思想情况汇报,决定在押解列车到达沈阳时找他们谈一次话,目的是防止发生逃跑、自杀等不测事件,同时,宣传党的政策,消除他们的疑虑。

8 月 4 日早晨,押运伪满战犯的专列暂停在沈阳南站货场临时停车处,王鉴亲领一辆东北公安部机关的大型通勤客车,按预拟名单,把溥仪和十几名伪满大臣接到沈阳市和平区南京街 81 号,此即东北公安部的办公楼。王鉴回忆这帮人下车上楼的情景很有意思:

　　首先下车的是溥仪,随后是伪满八大部的 10 多名大臣,其中有

————————

　　① 　参见王鉴:《溥仪回国后第一课》,载《震撼世界的奇迹》,中国文史出版社 1990 年版,第 58—59 页。以下引述该文的内容不赘另注。

伪满国务总理张景惠、外交部大臣阮振铎、交通部大臣谷次亨、军事部大臣于芷山等。下车后,溥仪领先上楼,仍然显示着他的"皇帝"尊严。伪国务总理张景惠尾随其后。再后,众大臣排成两行,君臣之分,明显可见。

这一下一上自然表现出他们的思想境界。当溥仪等人来到二楼会议室时,这里早已进行了精心布置:一方面让室内窗前和门后的警卫人员身着便服,使气氛平和;另一方面在室内放了一张长条桌,铺上白台布,上置水果、糖块、烟卷和茶水等,形成轻松环境,丝毫没有审问的样子。这一切都是为了贯彻周恩来的指示精神,避免引起溥仪等人的紧张和恐惧,以便进行工作。

这时,高岗刚刚听完有关溥仪等人的简要情况介绍,由汪金祥陪同来到会议室。他们在长条桌一侧的沙发上落座后,让溥仪等人依次自我介绍,还叫他们坐下。高岗向他们询问了被俘后的一般情况,指出他们犯有叛国投敌的罪行,希望能认罪服法,争取人民的宽恕。将近一个小时的谈话,既严肃又恳切。尽管如此,溥仪在这次会见谈话过程中神经仍是高度紧张的。据当时一直处在溥仪身旁的毓嶦回忆①,早在王鉴登上专列宣读名单时,溥仪就以为是到了拉出去枪毙的时候,他突然扑通一下跪在毓嶦面前,说起不着边际的疯话来,被大家拉拉扯扯地扶起。换乘通勤大客车以后,溥仪又攥住毓嶦的手念叨说:"完了! 完了! 我带你去见太祖高皇帝,我带你去见老祖宗……"进入会议室,溥仪竟视台桌和茶点为"催命宴",伸手抓起一只苹果就往嘴里填。当有人向溥仪介绍就在身旁的东北人民政府主席高岗时,他啃着苹果,不予理睬。高岗让大家谈谈在苏联五年生活的感想,溥仪嚼着苹果口气生硬地说:"我有什么想法你们都知道,又何必问我!"更可笑的是,他旁若无人似的从桌上抓起水果、糖块、香烟等往毓嶦的衣袋里塞,塞满后也不顾高岗正在讲话,着魔一般站起来大喊:"别说了,快走吧!"摆出慷慨赴死的架势,要求赶快行刑。在座的人都忍不住笑了,高岗也笑了,且悠然不迫地跟溥仪聊起天来。高岗向溥仪询问伪满时的宫中生活,以及吉冈安直其人其事等,还告诉溥仪说,他的叔父载涛应邀出席了一届二次全国政协会议,他的族侄宪东现

---

① 毓嶦即爱新觉罗·毓嶦,溥仪的族侄。其回忆内容见本书作者1981年采访毓嶦的记录。

在解放军中服务。又指着刚进屋的张绍继说:"你们看小张,都参加工作了,很好嘛!"张绍继是伪满总理大臣张景惠之子,跟溥仪等同时囚居苏联,仅提前数日归国,他的出现以及他对伪满各大臣家属情况的介绍,终于使溥仪和在座的伪大臣们放松了情绪。

最后,高岗向溥仪等人宣布说:"政府给你们找一个学习的地方,沈阳没有合适之处,所以还要送到抚顺去,大家不要胡思乱想,到那里休息一下,安心学习吧!"

王鉴回忆会见谈话结束时的一幕场景,则与一小时前"下车上楼"情趣各异了:

> 谈话结束时,不知何故,他们竟君臣不分,三三两两地离开了会议室。溥仪留在最后,看他那样子是想要几个苹果,当允许他拿了苹果,他才面带笑容离开。

正如王鉴所评论的,这次会见谈话确实在一定程度上消除了溥仪等人开始时那种惊恐万状的心情。返回专列以后,溥仪在火车开往抚顺的途中,向列车上的伪满战犯转述了会见谈话的实况,对稳定所有伪满战犯情绪起了很大作用。原伪满第二军管区少将参谋长肖玉琛当时正在列车上,后来他曾回忆溥仪转述会见谈话的前后情况,还讲到在场伪满战犯的心情,从而留下一段真实场景:

> 一个多小时过去了,小车回来了,溥仪等人奇迹般地回到车厢,容光焕发,满面春风。
>
> "我代表我们11个人,传达东北人民政府主席的指示……"溥仪以被俘以来从未有过的愉快心情,讲述了他们晋见东北人民政府主席的经过:"我们受到了热情的接待。桌上摆满了西瓜、香蕉、各类高级烟和糖果。我们列坐在桌子两侧。不久,政府高岗主席来到客厅,我们都站起来。高主席示意我们坐下。他微笑着对我们说:'你们一路劳累了,尝尝多年没有吃到的祖国水果和香烟吧。'我们一面品尝着水果和芳香的大中华香烟,一面恭听高主席的讲话:'你们都是中国人,但背叛过祖国,当然有罪。党中央决定对你们宽大处理,不会杀你们。你们到抚顺以后,要好好学习,努力改造自己,争取重新做人。不久的将来,你们可以和家人通信,免得他们挂

念。'高主席讲话之后,我代表大家表示,一定遵照政府主席的指示去做。"大家听了溥仪的介绍,心情感到无比宽慰①。

"一个不跑,一个不死",周恩来的要求完全实现了。

---

① 参见肖玉琛口述,周笑秋整理:《一个伪满少将的回忆》,黑龙江人民出版社 1986 年版,第 115—116 页。

4 "藏"在抚顺

继原伪满总务厅长官武部六藏、日军五十九师团中将师团长藤田茂等 969 名日本战犯,于 1950 年 7 月 21 日到达抚顺并被收入战犯管理所关押之后,原伪满皇帝爱新觉罗·溥仪、伪满国务院总理大臣张景惠等 60 余名伪满战犯,也于 1950 年 8 月 4 日押抵抚顺。

把溥仪等重要战犯放在与外界隔绝的抚顺,让他们安心学习,固然是为了改造他们,但人们长期忽略了毛泽东和周恩来当时就有的另一层考虑:保护他们。如果说五年前的保护政策,是鉴于伪满垮台的历史条件,为了保存溥仪及其家族的生命;那么这时的保护政策,则是根据国际国内新的政治形势而提出的。当时,朝鲜战争已经爆发,美军的飞机和大炮正向鸭绿江逼近,而在国内为了巩固新生的人民政权,一场急风暴雨似的镇压反革命运动已经孕育成熟。当此严重时刻,溥仪一类人物岂可不有所回避? 1961 年 6 月 10 日周恩来会见溥仪和溥杰时,当面谈到"有一段时间把你们藏在抚顺",这一个"藏"字说得何等准确又何等形象!

"藏在抚顺",这也是周恩来亲自做出的决定。当年,中央司法部史良部长布置工作时曾谈到周恩来决定的依据:

　　中央考虑,关内各地基本上是新解放区,东南沿海各岛和西藏等地还没有解放,新解放区内的土匪还没有肃清;而且,不但蒋介石时刻在妄想反攻大陆,美帝国主义又在朝鲜半岛蠢蠢欲动。鉴于东北地区基本上是老解放区,又靠近苏联,一旦有事可以随时转移。所以中央决定,在临近东北人民政府所在地沈阳东部之抚顺,也就是在东北司法部直属第三监狱(抚顺城监狱)成立东北战犯管理所①。

抚顺战犯管理所

　　周恩来还亲自决定了战犯管理所的领导体制。该所筹建初期,周恩来委托中央司法部负责。不久,史良部长提出建议,认为教育改造日、伪战犯是一项特殊的、政策性很强的工作,应由中央公安部(部长罗瑞卿)主管,司法部协助、配合。史良还提出,由东北人民政府主席高岗牵头,东北公安部部长汪金祥、司法部部长高崇民、卫生部部长王斌等参加,组成东北战犯管理领导小组,周恩来采纳了这项建议。继尔,东北战犯管理领导小组从东北公安部、司法部、卫生部和东北公安三师抽调力量,为战犯管理所配备了所长、副所长、管教科长、总务科长以及医务、看守、警卫和后勤人员等。战犯管理所的业务

---

　　① 参见曲初:《周总理、史良部长重视改造日伪战犯工作》,载《震撼世界的奇迹》,中国文史出版社 1990 年版,第 21 页。

领导归东北公安部政治保卫处,其经费开支和物资供给则由东北人民政府机关事务管理局负责①。至此,溥仪等战犯有了"藏"身之地。

刚来到抚顺的溥仪内心活动很复杂:一方面,将被处死的恐怖的阴影并未完全消散,"一连几夜心惊肉跳,草木皆兵",换岗的声音,同伴的梦话,都让他想入非非,既害怕政府惩治,又担心怀有历史仇恨的东北籍看守员擅自下手报仇②;另一方面,他又不愿放下皇帝的架子,被同伴视为"独特生活丑习",实例太多:

> 他继续保持着深居简出的帝王习俗,不愿与"微臣贱民"接触。平日,他除了跟他最亲近的学生毓嵒谈几句话,很少和别人交谈。就是跟他的岳父荣源、弟弟溥杰、妹夫万嘉熙也保持一定的距离。

> 溥仪过惯了"饭来张口,衣来伸手"的剥削阶级生活,懒得出奇。我们睡觉以前,总是要用洗过脸的水洗洗脚,而溥仪十几天甚至几十天懒得洗一次脚。大家都说他脚臭,他才同意让毓嵒替他洗洗脚。

> 我们每天起床后,都由两个值日的倒便桶。溥仪害怕粪便洒到自己身上,总是把便桶拎得高高的。由于便桶失去平衡,粪便经常洒到别人身上。所以有些人宁愿一个人倒粪便,也不愿意跟他一块抬便桶。在生活会上大家批评他损人利己③。

> 洗澡的时候,他每次都要抢先第一个下池子里,如有另外一人下池子里洗,他就出池子穿衣服。池子里若先有人洗,他就干脆不下池子,有时宁愿用洗脸盆接点温水擦擦身子了事。当我说他还没放下"皇帝"架子时,他还不服气地说:"我从来没有用过别人洗过的水,所以,我宁肯不洗,也从不用别人洗过的水来洗……"

> 溥仪每天出入房门时,总是等别人在前把门打开,他才跟着进

---

① 参见张实:《对抚顺战犯管理所前期工作回顾》,载《震撼世界的奇迹》,中国文史出版社1990年版,第39—40页。

② 参见溥仪:《我的改造——在全国政协座谈会上的发言提纲》,未刊。

③ 以上三段引文出自肖玉琛口述,周笑秋整理:《一个伪满少将的回忆》,黑龙江人民出版社1986年版,第118—119页。

溥仪在抚顺战犯管
理所住过的监房

出屋。当他自己出入门时,又总是用手帕和纸垫着门拉手,然后才
开门进出屋。他所以要这般地不嫌麻烦,就是因为他与众不同,高
人一等。一次,溥仪检查思想时曾说:"我从来没自己开过门,现在
别人用手开门,我就不愿再用手碰门。因为大伙都用手摸门拉手,
那就太脏了,所以,我要用纸和手帕垫着开门……"①

对于这样一位前皇帝究竟应该怎样改造?溥仪的一举一动连同监战犯
都看不惯,别说出身赤贫、身经战火的看守人员了。就在这时,管理所内发生
了日本战犯绝食事件。

据曲初回忆②,刚来到管理所的日本战犯,头戴战斗帽,身穿将校服,还有
佩戴司令官肩章的,一个个趾高气扬,盛气凌人,令管教人员很反感。更让人
气愤的是,当高粱米饭和白菜豆腐汤摆在他们面前时,原级别较高的日本战
犯竟敢拒绝进食。连我们的警卫战士也同样吃这种大锅饭呀,难道他们杀人
有功,还得特殊照顾吗? 等到下顿开饭时,那些人照旧摆着碗筷一口不动。
这件事触动了当时担任副所长的曲初同志,他回忆说:

---

① 参见李福生:《改造伪满皇帝溥仪琐记》,载《震撼世界的奇迹》,中国文史出版社
1990 年版,第 65 页。
② 参见曲初:《周总理、史良部长重视改造日、伪战犯工作》,载《震撼世界的奇迹》,
中国文史出版社 1990 年版,第 23—24 页。

于是，我心里犯了嘀咕，这群家伙老是不吃饭，一旦出了问题我要负责任。我便拿起电话请示东北公安部。不知东北公安部怎么把这些情况反映给了周总理。时间不长，东北公安部传来了周总理的明确答复，要求我们对在押的日、伪战犯在生活标准上要按国际惯例处理，并明确规定：要依据战犯原来的级别，参照我军的供给制标准，按将官、校官和校官以下三个级别，分成小、中、大灶三种待遇，全部供给细粮。周总理还要求，对在押的战犯既要看紧管严，外紧内松，做到不跑一个，不死一个，又要做到不打不骂，不侮辱人格，尊重他们的民族风俗习惯，注重从思想上对他们进行教育和改造。

遵照周恩来的指示，管理所明确规定了日、伪战犯的生活标准：日本将军以上，伪满皇帝、大臣、省长以上吃小灶；日本校官以上，伪满县团以上吃中灶；其余为大灶。此外还有两项照顾：照顾日本民族以大米为主食的生活习惯，大、中灶粗粮部分也都供应大米；照顾溥仪，除按小灶标准供应外，还随时为他做些适合口味的饭菜。饮食之外，在服装、监舍、医疗和文化生活等方面，也为他们提供了很好的条件①。

起初，管理所的一般干部、战士对此很不理解：为什么还要让那些大战犯吃那么好？为什么对一个汉奸皇帝还要特别照顾？"这是周总理的指示"，一些思想不通的人仅凭这句话，不再说什么，却仍不甚理解。不久又发生一件事，那是溥仪到抚顺20多天以后，管理所考虑有利于他的改造，把溥仪与其家族成员分开关押了。然而，溥仪生活不能自理，摆脱不了别人的伺候，遂以生活不习惯为由多次要求仍与家人同住。管理所领导根据周恩来的指示精神和溥仪的具体情况，同意了溥仪的要求，允许他和家人同住，洗衣服、补袜子等事亦允许别人代劳，这又是明显的照顾。过了一段时间再把他们分开，鼓励溥仪自己洗衬衣、补袜子、钉扣子、系鞋带，每有微小进步，都给予及时表

---

① 参见张实：《对抚顺战犯管理所前期工作回顾》，载《震撼世界的奇迹》，中国文史出版社1990年版，第43—44页。又据黄国城回忆（见上书第211页），对战犯每人每天的供给标准如下：大灶主食细粮1斤，粗粮5两，豆油2钱，菜金4200元（东北币，下同），相当于当时中等人家的生活水平；中灶主食全部细粮1斤半，豆油5钱，菜金10400元；小灶主食全部细粮1斤半，豆油7钱，菜金15400元。要求必须按标准花掉，不许节余。

扬,可见照顾的目的还在于教育和改造①。

遵照周恩来的指示,管理所干部贯彻有关国际公约和革命人道主义精神,尊重战犯人格,对其不侮辱、不虐待,尽量不给他们带来刺激和干扰。如规定只许外围警卫带枪,内部看守人员不带枪,采用"外紧内松"的管理方法。连刊有国内镇压反革命消息的报纸也暂时扣下不发,以免引起惊恐。对待溥仪尤为注意,因为他的思想负担最重,每听到监号铁门响,神经就非常紧张。人们偏偏又把他看作神秘人物,都想找机会

东北公安部发布的每天战犯伙食标准

战犯级别	将官和文官简任二等以上		校级和相当于校级的文职官员		尉级以下	
灶别	小灶		中灶		大灶	
项目	原东北币	合现人民币	原东北币	合现人民币	原东北币	合现人民币
菜金	15400元	1.54元	10400元	1.04元	4200元	0.42元
豆油	7.4钱		5钱		2钱	
海盐	11.1钱		7.5钱		3钱	
爆	2.5斤		2斤		1.5斤	
细粮	1.5斤		1.5斤		1斤	
粗粮					0.5斤	

"一睹圣容",为此管理所还规定禁止外界参观。不过,有些领导同志出于关心和好奇,提出一定要看看溥仪的模样。遇到难以拒绝的场合,管理人员总是想出巧妙的方式,既让领导同志满意,又使溥仪本人不易察觉②。

人们知道,当日、伪战犯押抵抚顺的时候,朝鲜战争已经爆发。至9月中旬,美国纠集了15个国家的军队,打着联合国的旗号,在朝鲜仁川登陆。半个月后战火烧到鸭绿江边,这不仅严重地威胁着我国的安全和经济建设,还直接威胁着临近中朝边界的抚顺战犯管理所的安全,这就是管理所北迁哈尔滨的背景。

---

① 参见李福生:《改造伪满皇帝溥仪琐记》,载《震撼世界的奇迹》,中国文史出版社1990年版,第64页。

② 参见张实:《对抚顺战犯管理所前期工作回顾》,载《震撼世界的奇迹》,中国文史出版社1990年版,第44页。

5

北迁南返

　　深秋时节,用报纸糊严了车窗的专列,奔驰在我国东北的中长铁路线上。人们或许能想到车内绝非一般旅客,但他们不会想到身着统一服装的人们中间还有一位当了战犯的"皇帝"。

　　抚顺战犯管理所北迁哈尔滨的决定是周恩来做出的,当时担任管理所日语翻译后来升任所长的金源曾谈及此事的来龙去脉:

　　　　为此,周总理给东北行政委员会发了一份专电,指示东北行政委员会立即将日本战犯和伪满战犯向北满地区转移,而且要求转移的速度越快越好。东北公安部部长汪金祥接到中央的密电后,于10月16日当天向抚顺战犯管理所下达了向哈尔滨转移关押战犯的命令。同时,东北公安部负责同志还向抚顺战犯管理所传达了周总理关于在转移关押战犯中和关押教育改造期间,要做到"不跑一个,不死一个"的指示。东北公安部根据中央的有关指示,又对管理教育战犯工作作了明确规定,要求战犯管理所在贯彻有关指示中,要做到形式上缓和,

　　实际上严格,必须做到"不跑一个,不死一个"①。

　　管理所干部战士当即行动,联系专列、采购棉衣、疏散家属、组织押送,把战犯分为两批于10月18日和19日先后登程,20日安全抵达哈尔滨,圆满完成了转移任务,再次实现了周恩来重申过的"不跑一个,不死一个"的要求。而且,跟上次从绥芬河向抚顺转移时一样,保密工作非常之好,连火车窗户都用报纸糊严了,一路之上没泄露半点风声,"要把战犯藏起来"的精神这时也没有变。

　　到哈尔滨后,大部分日本战犯关押在哈尔滨道里监狱,小部分关押在呼兰县城公安局看守所,而溥仪和伪满大臣被关押在位于道外七道街的哈尔滨市公安局看守所。

　　1950年10月25日,中国人民志愿军跨过鸭绿江入朝作战,政治形势更加严峻,而战犯管理所迁哈尔滨后环境骤变,又平添了许多困难。尽管如此,管理所的同志牢记周恩来的指示,对溥仪的照顾不变。当时东北地区划为九省,有一次九省主席在哈尔滨开会,提出要看看溥仪这位神秘人物,为了不刺激溥仪,管理所孙明斋所长精心安排了会见方式,既让各位省长都看了一眼,又没有干扰溥仪的日常生活规律。在伙食方面对溥仪也保持着小灶以上的标准,令他很感动。溥仪还曾主动要求,希望把供应给他的细粮和鱼肉改成粗粮和大众菜,省下精品支援抗美援朝。尽管溥仪态度诚恳,情真意切,管理所还是不同意降低他的生活待遇标准。1951年初,溥仪又主动交出身边秘藏的祖传国宝——乾隆田黄玉三连环玉玺。溥仪交出这件宝物的理由仍是"支援抗美援朝",他的思想已经开始变化了。②

　　当然,溥仪的思想变化是初步的,对政府的相信也是有条件的,距离坦露胸怀还相当遥远。日本战犯迁哈尔滨后则以为第三次世界大战就在眼前,态度更顽固,气焰更嚣张。周恩来的新指示就在这种情况下下达管理所,金源回忆当时的情形说:

---

　　①　参见金源:《奇迹写千秋》,载《震撼世界的奇迹》,中国文史出版社1990年版,第5页。

　　②　参见张实:《对抚顺战犯管理所前期工作回顾》,载《震撼世界的奇迹》,中国文史出版社1990年版,第44—48页。

乾隆帝田黄石三联印

乾隆帝田黄石三联印

　　大约是 1952 年春天，周恩来总理得知北迁哈尔滨的日、伪战犯，特别是日本战犯对我管教方针、政策不理解，甚至拒不认罪、抗拒改造时，曾明确指示：对这些战犯要进行悔罪教育。我当时担任战犯管理所管教科副科长，深深感到，周总理的指示话虽不多，但说到了点子上①。

　　悔罪教育不但震动了日本战犯，发生了许多主动坦白交代历史罪恶的生动事例，也在溥仪身上起了作用。当时任东北公安部政治保卫处执行科科长的董玉峰，每次到管理所都重点找溥仪谈话，他态度和蔼，循循善诱，竟被溥仪误认为是高岗的秘书了。起初，溥仪认为自己在伪满是傀儡，没有多少罪行可交代。董玉峰遂向他指出，仅由你这个"皇帝"签发的《治安维持法》、《保安矫正法》、《粮谷管理法》、《国兵法》等等上千种法西斯式的法律，就使东北 3000 万人民深受其害，千百万人头落地，怎能说自己没有罪责呢？溥仪闻言大吃一惊，向董玉峰深深鞠了一躬，表示认罪和忏悔。他的进步表现，在伪满战犯中产生了强烈影响②。

　　开展悔罪教育以后，改造日伪战犯的工作上了路，战犯的情绪渐趋稳定，然而由于长期关押，战犯的体质有下降趋势，这使管理所领导认识到，仅靠伙

---

　　① 参见金源：《奇迹写千秋——回忆对日、伪战犯的改造工作》，载《震撼世界的奇迹》，中国文史出版社 1990 年版，第 6 页。孙明斋在《改造日本战犯的回顾》一文中引录了周恩来指示原文："对这些战犯进行适当的悔罪教育。"

　　② 参见董玉峰：《到中苏边界接收日、伪战犯前后》，载《震撼世界的奇迹》，中国文史出版社 1990 年版，第 56—57 页。

食分灶和有限的文体活动还不够,这个问题很快反映到上边去了。管理所第一任所长孙明斋回忆说:

> 东北公安局李石生副局长到哈尔滨视察时,很重视这个问题。他还向我们传达了党中央和毛主席关于通过劳动改造罪犯的重要指示,并结合实际,说明应全面理解周总理关于对战犯要做到"下跑、不死"的指示精神。他说,管理所的任务是,应该把战犯改造好,而不是改造死。一定要避免非正常死亡,而要完成这个任务,关键的一环,就是要想方设法增强他们的体质①。

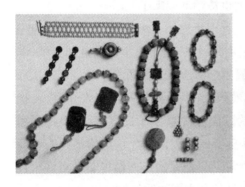

溥仪交出暗藏珍宝:手链

溥仪交出暗藏的珍宝:玉佩

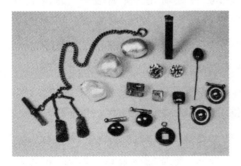

溥仪交出暗藏的珍宝:耳环

溥仪交出暗藏的珍宝:戒指

---

① 参见孙明斋:《改造日本战犯工作的回顾》,载《震撼世界的奇迹》,中国文史出版社1990年版,第129页。"东北公安部"约在1953年上半年改称"东北公安局",所属"政治保卫处"亦改称"劳改处"。

遵照毛泽东、周恩来的教导和上级指示，管理所决定为当地一家工厂手工糊纸盒，并开办了纸盒车间。战犯每天劳动最多不超过4小时，且不规定产品定额，收入全部用于改善他们的生活。溥仪在此劳动时还曾与宪钧争吵过。据当时负责调解的管教员李福生说，因为溥仪缺乏动手能力，糊不好纸盒，偏偏宪钧就要挑剔他，批评他，甚至使用了挖苦的词句，溥仪很不服气。宪钧系肃亲王之子，以族亲论乃侄辈；30年代借溥仪光当上伪满恩赐病院院长；在苏联关押时宪钧第一次见到溥仪，曾跪下哭着说："奴才这回可看见主子了！"而如今同为战犯，同被改造，他却不留情面了。由于李福生的细心调解，两人终于握手言和，溥仪的劳动兴趣也被调动起来了①。

随着朝鲜战局好转，形势渐趋稳定，管理所遵照上级指示，先于1951年3月25日已将669名校级以下日本战犯由呼兰县、哈市道里监狱迁回抚顺，继于1953年10月23日又将其余日、伪战犯全部迁回了抚顺。

虽然几经往返迁移，"运动"的规模很大，但外界没有任何人知道，在抚顺、在哈尔滨关押着当年率部侵华的伪满国务院总务厅长官、日军中将师团长等日本头面人物，关押着伪满的汉奸皇帝以及大臣们。这当然是因为管理所的同志认真贯彻了周恩来讲的一个"藏"字，把保密工作做得非常之好。自1950年至1954年担任管理所生活管理员的高震同志回忆说：

> 记得我外出联系工作为了保密，在抚顺时用"抚顺监狱"的名义，北迁哈尔滨时启用"松江省公安厅六处"的印章和介绍信。因有些部门不明内情，我去联系特供食品都要主管厅长的批示，才给予调拨。如1953年在哈尔滨市发生水灾后，我到松江省粮食厅批调"富强粉"和"砂子面粉"时，跑了三趟，均因不便公开真情而未办成。后经上级同意，松江省公安厅才批准动用"东北战犯管理所"印鉴和介绍信，我持件直接面见厅长才办妥。这批精白面粉是预备做精粉面包，供战犯在回迁抚顺的路上食用的②。

溥仪等人就这样一直被"藏"到回迁抚顺以后。当年的清室驻津办事处

　　① 参见李福生：《改造伪满皇帝溥仪琐记》，载《震撼世界的奇迹》，中国文史出版社1990年版，第62—63页。

　　② 参见高震：《回忆战犯改造中的后勤工作》，载《震撼世界的奇迹》，中国文史出版社1990年版，第224页。

留守官溥修,因为受命管理溥仪在天津的房屋财产,曾找到载涛打听溥仪的去处,被拒绝了。其实载涛毫不知情,他虽然参加了新中国的政治活动,但懂得打听这种消息会惹麻烦,故绝不与闻。那时仍在溥修家中为溥仪守节的李玉琴,也曾千方百计打听丈夫的下落,她找过全国妇联,先后给宋庆龄、周恩来和毛泽东写过信,后来又曾在中央人民政府门前守候,要求面见领导同志……这一切均告无效,得不到一丝相关信息①。与此同时,溥杰的妻女也在寻找她们的亲人,一封封信件从日本寄往北京和瑞士的红十字会,全都像泥牛入了海②。

现在清楚了,正是毛泽东和周恩来有意识地把溥仪等战犯深藏了几年,避开国际间的战争,也避开国内的政治运动,这是在当时历史条件下,首先保存其生命,再把他们改造成为新人的唯一途径。否则,即使政府不对溥仪一类人物处以任何刑罚,引渡后就把他们放到社会上去,难道能够活下来吗?溥仪归国途中神经错乱的表演,其实也是一种自知之明。

战犯迁返抚顺以后,根据中央的具体安排,管理所继续在战犯中开展悔罪认罪教育,由于我们已在朝鲜战场上取得决定性胜利,日、伪战犯的情绪也随之稳定下来了。管理所还办了制瓦厂,组织战犯参加力所能及的生产劳

在抚顺战犯管理所,溥仪等战犯每天做集体操

动。为了调剂战犯的伙食,管理所还聘用了几名高级厨师和面点师,一周之内饭菜不重样。战犯们的文化娱乐生活和清洁卫生状况也不断改善,每天做

---

① 参见李玉琴记述,王庆祥整理:《中国最后一个“皇妃”——李玉琴自述》,北方妇女儿童出版社1989年版,第315—316页。

② 参见嵯峨浩:《流浪王妃》,第127—128页。

集体操,每周有集体的文体活动,如看电影,合唱和舞蹈的自编自演,篮球、排球、羽毛球、乒乓球等球类运动,以及克郎棋、军棋、中国象棋和围棋等棋类活动等等。战犯们半天学习,半天劳动,业余时间参加文体活动,战犯们都感到有乐趣,很愉快。

溥仪从头学起

溥仪在温室内给蔬菜浇水

管理所内有些干部很不理解:对于杀人如麻的日本司令、将军,卖国求荣的伪满皇帝、大臣,何必吃得这么好,想得又如此周到? 曲初副所长向同志们解释说:

> 毛主席和周总理制定的改造战犯的英明决策,在世界上是没有先例的,战胜国对待战犯,不是处以绞刑就是关集中营,唯有中国例外。所以,我们要慢慢地理解党的政策。要知道,有中央的英明决策,还必须有我们大家的共同努力。只有这样,才会向全世界人民庄严地证明:中华民族是有气度的民族,我们不仅能够用武力战胜一切敌人,也能够改造一切邪恶势力①。

在毛泽东和周恩来的改造方针指导下,所有战犯都得到了仁至义尽的对待,而溥仪尤有偏得。当多数战犯被安排在制瓦厂劳动时,溥仪和曲秉善、阮振铎、宪钧四人定期到管理所医务室做些卫生工作,如在医护人员指导下清

---

① 参见高震:《回忆战犯改造中的后勤工作》,载《震撼世界的奇迹》,中国文史出版社1990年版,第222页。

扫室内卫生、普查战犯体重并记录、监舍内外消毒、学习中医中药基础知识等等。除溥仪外,另外三人都学过医,有基础,溥仪在宫里虽然也读过几本中医书籍,但基础不好。据当时担任管理所内科主治医生的温久达回忆①,过了一个阶段,医务室曾进行测验,曲秉善、阮振铎和宪钧的成绩都在 80 分以上,而溥仪还没打满 60 分。为了不致影响溥仪的情绪,评阅者有意把溥仪的成绩提高到 75 分,宣布时四人都很高兴。

就在这种气氛中,管理所的工作重心开始转移了。

①　参见温久达:《为日、伪战犯治病的片断回忆》,载《震撼世界的奇迹》,中国文史出版社 1990 年版,第 194—195 页。

6 侦讯

在冰冻三尺的日子里,抚顺战犯管理所所长孙明斋和管教科副科长金源来到北京最高人民检察署。30年后金源回忆此行的来龙去脉说:

> 约在1954年1月中旬,我随孙明斋所长到北京,向最高人民检察署汇报三年来管教日、伪战犯工作的情况。最高人民检察署副检察长高克林和谭政文亲自听取了我们的汇报。同时,最高人民检察署负责同志还向我们传达了周总理提出的要对日本战犯进行侦讯工作的指示,要求把他们在我国犯下的主要罪行基本查清楚。高检负责同志还说,中央已经决定,要对日本战犯和伪满战犯进行审理。随后,于1954年3月初,最高人民检察署便派来东北工作团,到抚顺战犯管理所,对关押的日、伪战犯进行起诉前的准备工作。据我所知,周总理还指派审讯专家谭政文为东北工作团团长①。

---

① 参见金源:《奇迹写千秋——回忆对日、伪战犯的改造工作》,载《震撼世界的奇迹》,中国文史出版社1990年版,第11页。

中央对于侦讯日、伪战犯本来早有部署，1951 年 10 月，由周恩来主持工作的中华人民共和国政务院就作出决定：由东北人民政府负责东北地区的调查工作，设立战罪调查委员会，搜集日本战犯和伪满战犯的罪证。但这

溥仪在战犯讨论会上发言

时，以"反贪污、反浪费、反官僚主义"为中心内容的"三反"运动已在全国铺开，1952 年 1 月 28 日，周恩来又在中央公安部的一份报告上批示："告最高人民检察署与公安部，在'三反'后，应有一部分人专门研究中、满、蒙、日战犯案，限期提出处理方案。"同年 8 月，最高人民检察署曾派出马光世、赵维之等 9 名同志组成的日籍战犯重点调查小组，进行了侦讯战犯的试点工作。同年 11 月初，当时担任政务院副总理的邓小平指示："政府拟组织战犯处理委员会，要检署会同公安部草拟处理战犯意见和委员会名单。"①一年以后，这项工作终于由周恩来亲自组建的东北工作团承担起来了。

最高人民检察署东北工作团成立于 1954 年 3 月 4 日，连同配合工作的临时抽调干部和抚顺战犯管理所工作人员，形成一支近千人的阵容强大的队伍，在辽宁省委和抚顺市委的支持下，采取个别侦察与认罪检举相结合、严肃审问与广泛调查相结合、系统侦讯与耐心管教相结合的方法，贯彻调查研究、实事求是的精神，坚持重证据、不轻信口供和严禁"逼供信"的原则，按计划、有步骤地展开了以搜集证据为内容的侦讯工作。如果说此前抚顺战犯管理所工作的重心在于对战犯的改造与教育，以解决认罪、悔罪问题；则此后一段时期工作的重心就在于侦讯、审判和宣判了，要解决处理的问题。

当最高人民检察署副检察长、东北工作团团长谭政文出现在抚顺战犯管理所干部动员大会上的时候，高墙之内的空气仿佛在瞬间凝固了。日本战犯

---

① 参见中央档案馆藏我国审判日本侵华战犯和伪满汉奸档案资料。

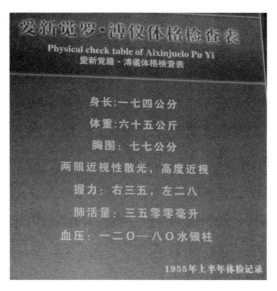

爱新觉罗·溥仪体格检查表

和伪满战犯将同时接受侦讯，手握实权的原伪满总务厅长官武部六藏和充当傀儡的原伪满皇帝溥仪将互相揭秘，这无疑是一幕历史的重头戏！

溥仪被传唤。侦讯员赵焕文高声宣读了罗荣桓于1954年3月21日签批的《追究犯罪的处分书》。当时，这位一生三次登极的传奇人物思想复杂，包袱大，负担重。在东北工作团印发的《工作情况简报》第二期上就刊出了溥仪的思想动态："溥仪在写自己罪恶材料时思想有所波动，感到自己罪恶太大，又是汉奸头子，处理时还不是头一名！"①他的这种思想倾向在跟管教员李福生谈话时也流露出来了，他声音低沉地对李说："李先生，我想到我的罪行特别严重，恐怕日本人在伪满时期的所有罪行，都和我所犯的罪行分不开。

对中医有兴趣的溥仪在管理所内的卫生室得到了发挥专长的机会

仅以叛国论罪，就可以判处我死刑。况且，我在伪满时'裁可'过许多法令。当时对犯人惩处最严厉的是触犯《叛徒惩治法》，犯这种罪的都要判处死刑。

---

① 该期简报于1954年4月23日印发，今藏中央档案馆。

所以,我想今天政府对我无论怎样宽大,恐怕也难以赦免我所犯的严重罪行。"①溥仪情绪颓唐,精神紧张,晚上失眠。据李福生了解的情况,溥仪常常是东听听、西看看,很注意观察别人怎样交代罪行,时而悄悄记下点什么。这是为什么呢? 因为他还想隐瞒重大罪行,最担心深知其底细的家族成员揭他的盖子;同时也想说几条不疼不痒的应付差事,却又苦于所知甚少,这是由于平日身处深宫,对具体事件并不能详察的缘故。他怕这怕那,归根到底是怕受到政府最严厉的惩治。然而,历史毕竟是历史:他在天津时主动联络日本陆相南次郎和黑龙会领袖头山满、投靠日本人是事实;他在伪满向日本人献媚并残酷虐待孤儿是事实;他在苏联编造假历史、统一写自传的口径,并密藏珍宝首饰也是事实;但都因家族成员的"叛逆"而暴露了。结局会怎么样呢? 别说溥仪心里没有底数,连东北工作团讨论溥仪的处理问题时意见也很不一致。例如,在1954年7月召开的第50次东北工作团团委会上讨论对汉奸的处理问题时,大家一致认为对伪满大臣等一般汉奸"必须处死刑",讨论到溥仪身上意见就分歧了,"只有一人谈到:他当皇帝是主动的,但后来完全是傀儡,日本人用的还是一般大臣。我的意见是放在应杀之列……"②1955年9月,中央收到最高人民检察院党组关于侦察日籍战犯与伪满汉奸工作情况和处理意见的请示报告。该报告提出了对62名伪满战犯的初步处理意见:拟起诉的共39名,其中,拟处死刑立即执行的有张景惠等21名,拟处无期徒刑的有伪满皇帝溥仪等8名,拟处有期徒刑的有正珠尔扎布等10名;其余23名免予起诉,立即宽释③。直到1956年2月,由东北工作团拟定的起诉、审判伪满战犯的名单中,还有溥杰(拟判有期徒刑15年)和润麒(拟判有期徒刑12年)的名字④。东北工作团乃至最高人民检察院提出的处理意见,反映了中国人民特别是东北人民对伪满汉奸的憎恨。在这样的气氛中,溥仪哪能睡觉安稳呢! 但不久开始审判日本战犯,其间透露的信息却让溥仪的心情渐趋平静了。

在960多名日本战犯中,被列为重点侦讯对象的共107人,东北工作团经

---

① 　参见李福生:《改造伪满皇帝溥仪琐记》,载《震撼世界的奇迹》,中国文史出版社1990年版,第77页。

② 　参见东北工作团编:《情况简报》,今藏中央档案馆。

③ 　参见中央档案馆藏我国审判日本侵华战犯和伪满汉奸档案资料。

④ 　参见中央档案馆藏我国审判日本侵华战犯和伪满汉奸档案资料。

管理所干部与溥仪谈话

审理提出了对其中70余名罪大恶极的战犯处以极刑的建议。金源同志这样回忆了他们带着给中央的建议赴京汇报工作的情形：

1955年末，东北工作团和抚顺战犯管理所负责人去北京汇报工作时，周总理在中南海亲自听取了他们的意见。周总理高瞻远瞩而又语重心长地对他们说：对日本战犯的处理，不判处一个死刑，也不判处一个无期徒刑，判有期徒刑的也要极少数。起诉书要把基本罪行搞清楚，罪行确凿后才能起诉。对犯一般罪行的不起诉。这是中央的决定。东北工作团和抚顺战犯管理所负责人回到抚顺以后，尽管已及时地将中央和周总理的指示精神，向工作团和管理所的全体干部进行了传达，但是，许多吃过日本侵略者苦头的同志思想都不通。于是，东北工作团的负责同志又二次进京向周总理汇报。周总理很耐心地对他们说：不是下面的思想不通，恐怕是你们的思想不通。你们的思想要通了，下面的思想怎么会不通呢。中央决定对日本战犯进行宽大处理，在20年以后，你们会看到中央的决定是正确的①。

周恩来的指示传达后，在东北工作团和抚顺战犯管理所的干部中间迅速统一了思想。

周恩来的指示当然不是局限于处理抚顺的日本战犯，而是针对着关押在抚顺战犯管理所、秦城监狱和太原监狱的总共1062名日本战犯、553名国民

---

① 参见金源：《奇迹写千秋——回忆对日、伪战犯的改造工作》，载《震撼世界的奇迹》，中国文史出版社1990年版，第13—14页。

党战犯和约 70 名伪满洲国战犯、伪蒙疆自治政府战犯、汪精卫伪政权战犯。中央是经过深思熟虑的,爱新觉罗·溥仪的命运首先包括在这份思虑之中。

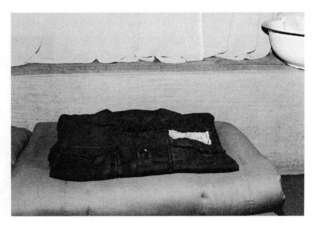

溥仪穿过的囚服

7

最高会议上的决策

爱新觉罗·溥仪遇上了新中国,他的命运不能不与中国共产党联系着,也不能不与中华人民共和国政府处理的日本战犯联系着。

1956年3月14日至15日,中国人民政治协商会议第二届全国委员会常务委员会举行第十九次会议,专门讨论战犯处理问题。周恩来以全国政协主席身份主持会议,并就处理战犯问题首先讲话。

"这些日本人现在是战犯,但20年以后就会成为朋友,会成为关心中日友好的朋友。"①当周恩来坚信不疑地说出这句话的时候,还有一句话藏在心头暂未说出:溥仪现在是战犯,不久的将来就会成为公民,会成为关心祖国社会主义建设的公民。

会议期间,公安部部长罗瑞卿作了关于战争罪犯处理问题的发言,最高人民检察院副检察长谭政文作了关于日本战争罪犯处理问题的补充发言,充分讨论之后由周恩来作大会总结。

---

① 参见[日]中国归还者联络会编:《我们在中国干了些什么——原日本战犯改造回忆录》,中国人民公安大学出版社1989年版,第205—206页。

在 12 天以后召开的第二届全国政协第二十次常委会上，又通过了《组织各界人士与战犯、战俘谈话的小组名单》，实行大规模的有组织的"谈话"，其范围当然不限于日本战犯，也包括国民党战犯和伪满战犯等。其实，在此前后的一个长时期里，毛泽东和周恩来都亲自委托一些人与有代表性的重要的战犯谈过话。

毛泽东曾委托程潜、张治中、傅作义、邵力子、章士钊等爱国民主人士，到秦城监狱会见杜聿明、王耀武、宋希濂等原国民党高级将领。张治中当面传达毛泽东的指示说："毛主席很关心你们的改造，也很了解你们争取做新人的愿望和取得的成绩。他老人家指示说：'对待国民党战犯，不审不判。愿留在大陆的，由政府妥善安排；愿到海外去的，来去自由，由政府提供方便。'"①这实际已经透露了中央将采取大赦或特赦的方式从宽处理国民党战犯的精神。

与此同时，邓小平、李先念、贺龙、聂荣臻、班禅额尔德尼·确吉坚赞、刘亚楼和王平等中央领导同志，先后到抚顺看望过溥仪。据金源回忆②，有一次，贺龙和聂荣臻两位元帅在辽宁视察军工生产，顺路来到抚顺战犯管理所，在一号会议室，先听取管理所所长汇报改造战犯情况，继而会见溥仪。元帅们开宗明义说："我们来东北走走，周总理让我们顺便来看看你们，有难处提出来，争取早日做新人！"金源同志还忆及这次会见的细节：

> 贺帅见溥仪身体很好，便乐呵呵地向他提出了一个问题：你说是你过去在皇宫内当皇帝时吃饭香呢，还是现在这里吃饭香呢？溥仪答道，我过去在宫内当皇帝，每顿饭至少有 48 道菜，婉容有时还要进贡十几个菜，虽都是山珍海味，但吃起来不知是什么味道。现在在这里，伙食标准虽不如从前，但有时候一顿饭就能吃一斤包子，香得很。贺帅又说，这是因为你现在生活有规律的缘故，也是你进步的表现。贺帅还说，过去当皇帝的，很少有长寿的。提起当伪满傀儡皇帝时，溥仪连忙说道，我有罪，我对不起党，也对不起人民，我一

---

① 参见文强：《在北京接受改造》，载《从战犯到公民——原国民党将领改造生活的回忆》，中国文史出版社 1987 年版，第 159 页。

② 参见金源：《奇迹写千秋——回忆对日、伪战犯的改造工作》，载《震撼世界的奇迹》，中国文史出版社 1990 年版，第 18 页。

定要好好改造。贺帅高兴地对溥仪说，你老老实实接受改造是对的。只要你好好改造，将来会有公民权的，会有前途的。聂帅也说，你好好学习改造吧，你会亲眼看到我国社会主义建设实况的。溥仪听了两位老帅的话如获至宝，回到监舍以后，一连几天同其家族在一起，反复推敲着两位老帅讲话的含义，他的几位家族成员也都深感溥仪会有新生希望的。

这新生的希望是确确实实的，因为它来源于毛泽东的思考和决定。1956年4月25日，毛泽东在中共中央政治局扩大会议上发表重要讲话，这就是若干年后公之于众的名著《论十大关系》，文中谈到镇反问题，一锤定音，敲定了溥仪的命运，也为他择定了后半生的道路：

　　什么样的人不杀呢？胡风、潘汉年、饶漱石这样的人不杀，连被俘的战犯宣统皇帝、康泽这样的人也不杀。不杀他们，不是没有可杀之罪，而是杀了不利。这样的人杀了一个，第二个第三个就要来比，许多人头就要落地。这是第一条。第二条，可以杀错人。一颗脑袋落地，历史证明是接不起来的，也不像韭菜那样，割了一次还可以长起来，割错了，想改正错误也没有办法。第三条，消灭证据。镇压反革命要有证据。这个反革命常常就是那个反革命的活证据，有官司可以请教他。你把他消灭了，可能就再找不到证据了。这就只有利于反革命，而不利于革命。第四条，杀了他们，一不能增加生产，二不能提高科学水平，三不能帮助除四害，四不能强大国防，五不能收复台湾。杀了他们，你得一个杀俘虏的名声，杀俘虏历来是名声不好的。还有一条，机关里的反革命跟社会上的反革命不同。社会上的反革命爬在人民的头上，而机关里的反革命跟人民隔得远些，他们有普遍的冤头，但是直接的冤头不多。这些人一个不杀有什么害处呢？能劳动改造的去劳动改造，不能劳动改造的就养一批。反革命是废物，是害虫，可是抓到手以后，却可以让他们给人民办点事情。……不杀头，就要给饭吃。对一切反革命分子，都应当给以生活出路，使他们有自新的机会。这样做，对人民事业，对国际影响，都有好处①。

───────────────

① 参见《毛泽东著作选读》下册，人民出版社1986年版，第736—738页。

毛泽东讲话的当天,第一届全国人民代表大会常务委员会第34次会议通过了《关于处理在押日本侵略中国战争中战争犯罪分子的决定》,毛泽东随即颁发中华人民共和国主席令,公布了这个决定。《决定》向世界宣告:中国政府将按照宽大政策处理日、伪战犯。

正当《决定》在国内外引起强烈反响的时刻,一条令人关注的内部消息又不胫而走,消息说中国末代皇帝溥仪已被释放回到北京!当时有位四川籍近代名人叫周孝怀的住在上海,听到消息后极为感动。上海市政协刚刚开过讨论处理战犯的会议,他便提笔给全国政协副主席黄炎培写了一封信,其中写道:

> 五天前,上海市政协召集处理战犯会议,我因头晕没有参加。有友传达柯庆施同志会场报告,才知道溥公(我不欲斥其名,你必能原谅)回北京了。同时在座的有个老朋友听了感动到眼泪直流。政府要大家提意见,别的人我不知道,对于溥公,我却有几件永远忘记不了的事实,写如别纸。请阅后转呈毛、周二公,以备参考。溥公处理定后,许其见客时,乞见示,我必到京见他一面。此公真是伤心人,丁巳误于康、沈,辛未误于罗、郑,皆自诩为臣,共推为学者、为诗人。旧书真有毒,可叹①!

此信写于1956年5月中旬,执笔者周孝怀戊戌年间已是一位壮士,"百日维新"刚露败迹,他较早得知慈禧囚禁光绪并下令缉拿维新派人士的消息,当即冒险给"六君子"之一的刘光第报信,刘却决心为新法献身而拒绝逃走,周遂目睹了菜市口刑场悲壮的一幕。半个世纪以后,这位历史上的风云人物,又在新中国的条件下出面,为溥仪说情了。

周孝怀认为:1917年张勋复辟那段历史,溥仪受了康有为、沈曾植等人的愚弄;1931年溥仪出关投入日本人怀抱,则是误在了罗振玉、郑孝胥等人手中。在他看来,溥仪是位"伤心人"。至于周孝怀"写如别纸"的"永远忘记不了的事实",主要指两件事:其一为1930—1931年间,溥仪在困境中捐款、全力支持朱庆澜将军为陕西和长江灾区募捐的义举;其二为溥仪出关后身陷日人圈套,在旅顺时曾接见周孝怀,其时溥仪已经无可奈何,但头脑尚清醒,不久出任伪满执政,绝非溥仪本愿。显然,这是周孝怀在为溥仪开脱责任,这

---

① 参见周孝怀致黄炎培原函,今藏中央档案馆。

种做法很不足取。但是,此事证明对溥仪的处理问题在社会上是有广泛影响的。

黄炎培接到周孝怀的信以后,即于1956年5月21日致函周恩来,除说明系按周的愿望向毛泽东和周恩来转呈其信及材料外,自己还表态说:周写的材料"确是值得一看",又说:"闻溥仪索阅《资本论》,说明他思想或许有了飞跃的进步了。"周恩来当天阅毕并批示:"即送主席、彭真阅。"5月29日彭真批示:"政文同志:此件可抄存溥仪档案中。原件退总理办公室。"于是,周孝怀的信和材料、黄炎培的信,连同中央领导同志的批示,便由最高人民检察院副检察长谭政文安排,抄存于溥仪的档案之中了。

周孝怀获悉的消息不确,溥仪并未释放,仍在抚顺关押。这时,却有大批日本战犯根据中央先行处理的部署被释放了。

1956年3月,周恩来曾在最高检察院的一份报告上批示:免予起诉的战犯要分三批释放。

1956年3月8日,周恩来总理在最高人民检察院的报告中批示:"免予起诉的战犯要分三批放"。遵照这一指示,最高人民检察院于1956年6月21日释放第一批在抚顺战犯管理所羁押的日本战犯295名;7月15日释放第二批战犯296名;8月21日释放第三批战犯306名。

1956年3月,周恩来在最高检察院的一份报告上批示:免予起诉的战犯要分三批放

同年6月28日下午3时35分,接运被释放的第一批335名日本战犯回国的日本轮船"兴安丸",缓缓驶离塘沽新港码头。回国者在开船前宣读的《告别词》中说:"我们决不忘记我们在中国度过的愉快的生活和你们所表示的仁慈。我们离开你们是很难过的事情,但是我们不会总是感到难过,因为我们现在满怀着向新的人生路途进军的喜悦和感激之情,我们的心里充满了美好的希望。"①

① 参见《人民日报》1956年6月30日。

同年 7 月 28 日下午 4 时 30 分,第二批被释放的 328 名日本战犯和被假释的武部六藏,乘日本"兴安丸"轮船离开塘沽新港回国。回国者的代表在启航前宣读的《告别词》中说:"我们过去曾经手拿着侵略的武器渡过这个海,侵入中国,今天我们同样地渡过这个海,但却是作为一个爱好和平的人回到自己的祖国。"①

同年 9 月 1 日晚 11 时 30 分,日本"兴安丸"轮船载着第三批被释放的 354 名日本战犯,离开塘沽新港码头。回国者的代表在《告别词》中说:"我们将离开过去被日本帝国主义和我们杀害的 1200 万中国烈士的英灵和他们的家属而健康愉快地回祖国去,和等待着我们的家人拥抱团聚。然而,被我们杀害的那些人们却长眠地下,永远也不能回来。日本帝国主义和我们所犯下的滔天罪行与烈士家属的悲哀和憎恨是永远也不会令人忘怀的。"②

至此,先后有 1017 名职务较低、罪行较轻、悔罪表现较好的日本战犯,由中国红十字会转交日本红十字会释放回国了。与此同时,另外 45 名罪行严重的日本战犯,也由我国最高人民法院组织特别军事法庭进行审判:6 月 9 日至 19 日在辽宁省沈阳市开庭公开审判铃木启久等 8 名日本战争犯罪案;6 月 10 日至 19 日在山西省太原市开庭公开审判富永顺太郎战争犯罪和特务间谍犯罪案;6 月 12 日至 20 日在山西省太原市开庭公开审判城野宏等 8 名日本战争犯罪和反革命犯罪案;7 月 1 日至 20 日在辽宁省沈阳市开庭公开审判武部六藏等 28 名日本战争犯罪案。审判是严正的和宽大的,审判结果,对 45 名案犯分别处以 8 至 20 年有期徒刑。

1956 年 7 月 2 日上午,左前胸带着"981"号白布犯人名签的溥仪,经传唤大步走上证人台。"我今天在祖国庄严的法庭上,在我们祖国人民面前,对日本帝国主义分子伪满总务厅长官武部六藏以及他的辅佐者古海忠之操纵伪满政权、奴役我国东北人民的罪行作证。"③溥仪的证言在坐满了旁听席的大厅内回荡……

① 参见《人民日报》1956 年 7 月 29 日。
② 参见《光明日报》1956 年 9 月 3 日。
③ 参见王战平主编:《正义的审判》,人民法院出版社 1990 年版,第 89 页。

据李福生回忆①,溥仪接受了 1946 年在远东国际军事法庭作证的教训,那时为了开脱自己而未能充分揭露日本帝国主义侵华罪行,这次决心在法庭上予以彻底的揭露。他准备证词很用心,连吃饭、走路和睡觉前的时间都不放过。因此,证词的说服力很强,以致被告人古海忠之在法庭上向溥仪深深鞠了一躬,流着泪说道:"证人所说的证言完全是事实。"溥仪作证后也很激动地说:"我虽是一个中国人,但我从没做过对中国人民有益的事情。现在,我终于对祖国、对人民做了一件有益的事情,我心里感到特别高兴。"

溥仪在沈阳特别军事法庭作证

历史证明:我国政府对日本战犯的宽释和审判非常成功。这是毛泽东和周恩来的成功。他们关于处理日本战犯的认识以及提出的理论和政策完全符合实际,他们把握全局缜密思考,从历史到现实,从战争到友好,从受害到犯罪,从国内到国际,都想到了。周恩来曾为草拟一份处理日本战犯问题的发言稿而提出若干原则意见,保存在档案中的相关记录②,足以证明周恩来考虑问题的政治性和科学性。

---

① 参见李福生:《改造伪满皇帝溥仪琐记》,载《震撼世界的奇迹》,中国文史出版社1990 年版,第 96 页。

② 藏中央档案馆。

周恩来认为,发言稿中关于处理战犯的内容,要按照这样的逻辑来写:既不失其严肃性,又合乎情理,对群众要有交代。

首先,要实事求是说明目前我国政府关押的战犯的来源:一是苏联逮捕的日本战犯中与中国有关的,由苏方移交给我国;二是日本投降后又参加了蒋介石和阎锡山的反革命内战而被我军俘虏的日本战犯。不要让群众产生错觉,好像在中国的日本战犯就是这些。事实上,日本侵略我国战争中的大部分和主要部分的战犯,在日本投降以后,曾经远东国际军事法庭和当时的中国政府作了处理。

其次,目前关押的日本战犯中,多数仅有一般罪行,且在关押中表现不错,只有少数罪行严重。

再次,目前日本国内的处境和战后中日两国人民友好关系的发展表明,十年以来情况有了很大的变化。

据此,人大常委会决定:日本战犯中次要的、罪行轻的和悔罪表现好的,免予起诉;日本战犯中罪行严重的,依法起诉,从宽处刑。

这些原则意见,反映了当年毛泽东和周恩来处理日本战犯的基本思路,自然也是稍后处理国民党战犯和伪满战犯等的基本思路。

8

从通信到探亲

鸿雁飞越蔚蓝色的大海,把一封刚上高中二年级的17岁女孩的信,从东京日吉嵯峨家传到北京中南海西花厅。中华人民共和国国务院总理周恩来展信细读,他很快就被洋溢在字里行间的人间亲情感动了:

尊敬的中国总理、伯伯、先生:

我是伪满罪犯爱新觉罗·溥杰的大女儿,名叫慧生。这封信是我背着所有的亲人写给您的,因为我太想念我的阿玛①了。相信伯伯一定能理解一个17岁女孩的心情。

我的中文很不好,但我还是要用我在日本学的中文给您写信。我的阿玛久无音讯,我和妈妈都很担心。我不知给日夜想念的阿玛写过多少信,寄过多少照片,但却从没收到过一封回信,只好望洋兴叹!

虽然中日两国体制不同,人们的思想各异,但骨肉之情在中国和日本都是一样的。若周总理也

---

① "阿玛"即满语"爸爸"的意思。

有骨肉孩儿，自然能理解我和小妹思念父亲的情份，更会体察拉扯我们姊妹长大成人而又望眼欲穿想见到丈夫的我母亲的一颗心。您一定知道我此时急切而又痛苦的心情！

现在，日本与中国没有外交关系，但我的家庭却是由中国的阿玛和日本的妈妈组成的，我们全家人都真心实意地期待中日友好，这是任何人也阻挡不了的力量！妈妈恨不得一下子飞到阿玛的身边，我也盼着早日团聚，正是为了这些，我现在拼命地学习中文，我希望自己能为中日和好做点事情，能够为架设中日友好的桥梁添砖加土。

谢谢，拜托了！请伯伯能将这封信连同照片一起转交给我亲爱的阿玛，并衷心希望能允许我和阿玛通信……

溥杰的大女儿慧生，当时与母亲嵯峨浩和妹妹嫮生一起住在东京姥姥家，她期待着中国总理能帮助自己与父亲取得联系，这期待没有落空。周恩来完全理解慧生的思父之情并赞赏她的中文水平，更为深受侵略战争之害的中日两国人民要求友好的呼声所震撼。他把信连看两遍以后对身边的秘书说："我就喜欢这样的孩子！年轻人嘛，干什么都要有勇气。慧生这孩子，就有中国满族青年的血气，将来有机会，我愿见见她。"根据慧生的意愿，总理立即把来信和照片转给溥杰，并特别指示抚

溥杰的长女慧生

顺战犯管理所，说他允许溥杰与住在日本的家属通信。由国家总理直接批准一件涉及本国罪犯与无外交关系国眷属通信的具体事项，这也是历史上的第一次。总理还让秘书回信告诉慧生，说他准许溥杰与日本眷属通信。不久，日本红十字会就把来自抚顺的溥杰的信传到东京日吉嵯峨家，信是写给慧生的：

爸爸现在中国抚顺，一切尚好，勿念！……此信得以发出，还要

感谢女儿慧生,因为是周恩来总理把慧生写给他的信读后转寄给我了,听说连总理都对慧生的中文水平赞赏不已……①

溥杰的信给嵯峨家带来无比的欢欣,只见慧生捧起阿玛的信,面对周恩来的照片扑通跪倒,饮泪泣诉:"总理伯伯,有朝一日回到中国,我一定去拜望您!"说着,取来一张自己的照片,用中文工工整整地写上一句话:"赠给最尊敬最信赖的中国总理周恩来伯伯。"准备回国时赠呈总理。

周恩来则由慧生想到溥杰,又由溥杰想到溥仪。他认为,在把伪字头战犯深藏了几年之后,应该考虑他们与家属联系的问题了,让他们能以某种方式感受到家庭的温暖,以利改造。周恩来指示最高人民检察院研究这个问题,并于1955年6月3日作出决定:允许伪满战犯与家属通信和接见②。

嵯峨浩(20世纪50年代摄于日本)

决定在这时做出,显与慧生给总理写信有关,但也不是偶然的。早在1952年中央就曾指示抚顺战犯管理所查找战犯的家属和住址,为取得联系预作[做]准备,不过当时的时机不成熟。而今国内外政治形势发生了重要变化:朝鲜战争两年前已完全结束,大张旗鼓地镇压反革命运动也趋于平缓,新中国的经济状况从恢复时期转入了第一个五年计划的发展时期。由于这些变化,也由于家属工作在促进战犯思想转化方面具有特殊作用,中央已于1955年2月10日作出决定,首先允许日本战犯同其国内亲属通信,嗣后两个月内,中国红十字会就先后转来日本战犯家属信件1200余封、包裹1000余件。只是伪满战犯的家属问题还没有提上日程,然而,伪满皇帝和大臣们也有自己的父母、子

---

① 参见[日]船木繁著,战宪斌译:《末代皇弟——溥杰》,中国卓越出版公司1990年版,第146页。

② 参见孙世强:《抚顺战犯管理所历史沿革与大事简记》,载《震撼世界的奇迹》,中国文史出版社1990年版,第259页。

女、亲朋,不应总是把他们封闭在密不透风的铁桶里。解决这个问题的时候已经来到了。

决定传到溥仪的监房,这位前皇帝感到兴奋和鼓舞。回首十易寒暑的铁窗生活,特别是归国以后的五年,他每天学习,逐步做到生活自理,参加劳动,接受侦讯,这一切不能不令他反思并正视前程。历史上那顶镶金嵌龙的皇冠对他来说确已失去了光辉,然而,他不能不想念亲人:老父亲载沣如果健在则年逾古稀了,年轻的妻子李玉琴又在何方?伪满年代一直跟随左右的几位妹妹,自通化大栗子沟一别也全无消息……这些都让他放心不下呀!他盼望亲人的信息,也希望亲人了解自己,现在终于可以写信了!

为了查明战犯家属的地址,管理所干部做了许多工作,因为战犯登记表上所填多为 1945 年被捕时的地址,以后变化甚大,不易查找。管理所干部首先帮助溥仪找到了住在北京的妹妹和弟弟的地址,溥仪的亲笔字迹迅速唤来亲人们的问候,他叙述从来信中看到的情况说:

> 从通信中出乎意外地知道了弟弟、妹妹们都有了工作。下一代子女不但上了小学、中学和大学,而且在共产党培养下,有的成了女运动健将,有的当上人民教师。我的七叔更当选为人大代表、政协委员,爱新觉罗家族的每一个成员都在祖国大家庭中过着欣欣向荣的生活,这是我完全没有想到的①。

溥仪不能不惦记年轻的妻子,但写给李玉琴的第一封信却因地址不详而退回了。正发愁的时候管教员李福生走进监房,他带来了李玉琴的详细地址并简要介绍了她的情况。李福生说李玉琴没有改嫁,并且参加了社会的临时工作,目前住在娘家,生活不错。溥仪很高兴,尤其感谢政府为他查明了妻子的下落,据李福生说这很不容易,是他们亲自到长春市各处查找,在当地公安部门协助下大海捞针捞到的②。当妻子以"亲爱的溥仪"开头的回信,终于在丈夫的盼望中到达时的场景,无须描述读者也是完全可以想象的。

通信的直接后果是探亲,既然亲人还健在,而且就在抚顺,岂有不想见面

---

① 参见溥仪 1957 年在抚顺战犯管理所写的自传,未刊。

② 参见李福生:《改造伪满皇帝溥仪琐记》,载《震撼世界的奇迹》,中国文史出版社1990 年版,第 83—84 页。

的道理？溥仪年轻的妻子李玉琴很快就跑来了。从 1955 年 7 月初到 1956 年末，先后探亲四次，得到管理所干部的多方关照。

1955 年初夏李玉琴把这张照片寄到了抚顺

　　如果说李玉琴还可以划归思想单纯的一类，溥仪在北京的族亲和弟妹们的情况就有所不同了，他们每人都经历了太多的磨难，对于探望当过汉奸皇帝的大哥，尽管正是心愿，又谁敢承担主动提出的责任呢？他们有顾虑是可以理解的。然而，时隔不久在这座著名的煤城，终于出现了几位显赫的清朝皇族人士的身影，他们中间有溥仪的七叔、在清末曾出任专司训练近卫军大臣和军咨大臣的贝勒载涛，还有溥仪的两位妹妹、当年中国第一王府——醇亲王府的三格格韫颖和五格格韫馨，是毛泽东和周恩来亲自为

他们解除了思想顾虑才来到这里的。

　　1956 年 1 月 30 日至 2 月 7 日，中国人民政治协商会议第二届全国委员会第二次会议在北京召开，载涛作为全国政协委员出席了会议。在一次宴会上，周恩来见到载涛，热情地打了招呼，并把他引荐给毛泽东，说这是载涛先生，溥仪的叔父。毛泽东握住载涛的手，亲切地说："溥仪在抚顺学习得不错，读了不少马列主义的书，你可以带家属去看看他们嘛！"载涛被深深地感动了。

　　会议闭幕以后不久，北京市人民政府派人来到东城宽街西扬威胡同载涛的家，来人对载涛说："毛主席给了你一个任务，去看看你侄子吧，多年不见了。"原来毛泽东说完那句话以后，周恩来就把具体安排的事项交给了北京市长彭真，来人正是为了落实毛泽东的指示专程商量前往抚顺探亲的细节。他们根据彭真市长的安排商定：由载涛带领溥仪的三妹韫颖和五妹韫馨同去，这是因为韫颖的丈夫润麒和韫馨的丈夫万嘉熙也和溥仪关押在一起。韫颖回忆前往抚顺的情形说：

　　在去抚顺前，我七叔带着我到市政府拜访彭市长，彭市长还叮嘱我们："那边天冷，要穿暖和了。"市政府给我和五妹各发了100元购置衣服。记得我当时买了件蓝色灯芯绒外衣，黑色灯芯绒裤子，还买了一身棉毛衫……。彭市长还说："你们是去看亲戚，可以买点吃的带去。买点点心，政府可以给钱。"经与七叔商量，认为入口的东西不能带，"怕责任太重"，就没买。本来彭市长让我们自己去抚顺，但我们都认为，还是由政府派人带着才妥当。市长便派公安局的丁科长陪同我们去。丁科长这人真好，一路上照顾我们，给我们安排舒适住处、逛公园等等，体贴周到①。

　　"入口的东西不能带"，"还是由政府派人带着才妥当"，几句话说出了载涛等人无尽无休的思想顾虑。若不是国家主席拍板，国务院总理关照，北京市长安排，这次探亲是决然不能成行的。后来在抚顺会面，因为没有尝到北京小吃，溥仪颇感遗憾，他离开家乡整整30年了，世事沧桑，感慨系之。韫颖很后悔没听彭真市长的话，给亲人们带点北京的点心。

　　载涛、韫颖和韫馨等人是在1956年3月9日到达抚顺的，次日一早即前往战犯管理所，会见了溥仪、溥杰、郭布罗·润麒、万嘉熙、毓嵒、毓嶦、毓嶂等爱新觉罗家族成员。当时担任管教科科长的金源回忆说：

　　　　载涛等人来到管理所，见到了溥仪、溥杰等人便说道："我这次来看你们，是毛主席派我来的。周总理还根据毛主席的旨意，让彭真市长为我们做衣服，国家承担全部旅费……"载涛的话还没有说完，溥仪全家人都感动得哭了。这次会见安排在战犯管理所1号会议室。会见开始时，孙明斋所长和我、李福生同志等都参加了，后来我们觉得在场不方便，就主动离开了。他们在这间会议室里，又是说又是笑，整整谈了一个上午。下午，管理所派汽车载着溥仪、溥杰等人到载涛下榻的抚顺东公园专家招待所进行回访。载涛等人在抚顺住了好几天，同溥仪等人会见了好多次。溥仪后来激动地对我说道："毛主席、周总理日理万机，他们天天都为国家大事操心，工作

───────────

　　① 参见金蕊秀：《党和国家领导人对我们全家的关怀》，载《相遇贵相知》第二辑，辽宁教育出版社1987年版，第278页。

那么忙，还能想着我们，我真是想都没想到哇！"①

载涛讲述了他在新中国的经历，这也是溥仪没想到的。载涛说，1950 年 6 月 14 日，由民革中央主席李济深举荐，经周恩来报请毛泽东批准，特邀载涛列席政协第一届全国委员会第二次会议。周恩来在会上见到载涛颇有歉意地说："载涛先生，首届全国政协会议没请您参加，我把您这位几十万满族人民的代表给忘记了。"周恩来还真诚地邀请载涛向大会提交议案，为建设新中国出谋划策。在李济深和蒋光鼐的鼓励下，载涛提出了"拟请改良马种，以利军用"的议案，受到毛泽东和周恩来的重视，他们赞赏载涛的爱国精神和渊博的军马知识，决定任命他为中国人民解放军炮兵司令部马政局顾问，任命令由中央军委主席毛泽东于 1950 年 8 月 10 日下达。那年，载涛已经 63 岁了。四年后他被选为全国人大代表，不久又出任全国政协委员，经常出席讨论国家大事的最高层次的会议。他说："解放后我是准备隐居的，但想不到毛主席、共产党不嫌弃我，周总理礼贤下士，又把我请出来了。"②

韫颖也讲述了毛泽东和周恩来为她安排工作的过程，这又是溥仪没想到的。韫颖说，章士钊先生从《满宫残照记》一书中看到她在 30 年代从日本写给溥仪的一些家信，觉得很天真，有意思，就想见见这位"格格"。后来开会碰上载涛，打听到她的下落。韫颖当时住在交道口北兵马司 10 号，在街道上当居民组长，但尚未安排正式工作。章士钊遂约载涛改日带三格格来家里相见。1954 年的某一天，韫颖随七叔载涛来到东四八条章家，原来章士钊设了家宴，高朋满座。章士钊很高兴地对韫颖说："那本《满宫残照记》，我已呈给毛主席看了，上面有你写给溥仪的信，很有意思。过些日子你再写个自传，我呈给毛主席。"韫颖写完自传，章士钊又帮她改，这样写写改改，用了好些个半天才定稿，并用章家的花缎封面裱糊考究的公文札子誊抄，还贴上两张三格格的相片，一张结婚照，一张旗装照。过了一些日子，毛泽东给章士钊回信说，韫颖工作安排问题已经处理。不久，韫颖被安排为北京市东四区政协委

---

① 参见金源：《奇迹写千秋——回忆对日伪战犯的改造工作》，载《震撼世界的奇迹》，中国文史出版社 1990 年版，第 17 页。

② 参见郑怀义、张建设：《末代皇叔载涛沉浮录》，群众出版社 1989 年版，第 118—127 页。

员,并成为区政协机关的一名干部。后来她才知道,这件事也是周恩来具体经办的①。

溥仪热泪盈眶地听着家族中一个又一个动人的故事,他的心灵又一次被震撼了。他写道:

> 我感到,爱新觉罗族人最大的变化就是他们对共产党、人民政府和毛主席的爱戴与感激。他们要求我好好改造。我的妹妹们原来都是公主,自恃尊贵。现在也朴素了,懂得的事也多了,这也给了我一个教育。从这次和家族会见中,我明白了不但是我自己得到了挽救,我们整个的满族和满族中的爱新觉罗氏族也得到了挽救②。

载涛一行返京后,彭真市长亲往载涛家中了解抚顺探亲的情况。载涛汇报完毕,韫颖和韫馨也向彭真讲述了喜悦的心情,说她们买了暖和的衣服,感谢市长。彭真笑着说:"别感谢我,这是政府给的。"

当北京的爱新觉罗族人得到政府关照的时候,长春的党政部门同样不曾忘记溥仪年轻的妻子李玉琴。这时,李玉琴已去过抚顺两次,两人相互鼓励,说了许多动情的话。妻子依恋并期待着丈夫,而丈夫更向往有朝一日重建美满幸福的生活,两人的通信和见面积极地影响了溥仪的思想演进过程。就在这时,长春市委统战部根据上级指示为李玉琴安排了工作,使这位伪满宫廷的"福贵人",一跃而为国家干部,成了一名市级单位的图书管理干部。正当溥仪为此而高兴的时候,也是战犯管理所的干部们为此而高兴的时候,他们完全预料不到的事情突然在李玉琴探亲期间发生了。

已成为长春市图书馆干部的李玉琴多次前往抚顺探望丈夫

---

① 参见金蕊秀:《党和国家领导人对我们全家的关怀》,载《相遇贵相知》第二辑,辽宁教育出版社 1987 年版,第 276—277 页。

② 参见溥仪 1957 年在抚顺战犯管理所写的自传。

那是载涛一行返京以后,李玉琴第三次到抚顺。谁都不知道为什么,她突然向管理所干部提出三个问题:溥仪何时能获释? 政府准备怎样安排溥仪获释后的工作? 如果她有对不起溥仪的地方能否得到原谅? 管理所孙明斋所长答复说,溥仪的处理问题要由国家安排,管理所无权回答。孙所长还严正指出,这样提出问题是违背接见规定的。1956 年 12 月 25 日,李玉琴最后一次到抚顺来,终于当着溥仪的面正式提出离婚。她丝毫听不进管理所干部的劝导,态度坚决地说,她与溥仪从来就没有真正的夫妻感情,为了"过正常人的生活"必须离婚。于是,这件事又迅速地"通天"了。金源回忆说:

> 经所里几名领导同志研究,都认为这不单是溥仪同李玉琴的私生活问题,还关系到溥仪的继续改造问题,因为这期间溥仪特别想念李玉琴,他现在只有李玉琴这唯一的妻子了。于是,我们便径直向中央公安部一局请示。时间不长,公安部一局局长凌云同志传达了罗瑞卿部长的答复:宁可破例让溥仪同李玉琴在所内同房,恢复他们之间的感情,也不要轻易地允许他俩离婚,要尽量做好李玉琴的工作。撂下电话,我们几人便忙合开了,有的去准备双人床,有的到厨房去为他们安排晚饭。第二天,我问溥仪昨晚谈得怎么样? 溥仪哭丧着脸说道,我俩谈了一宿,李玉琴哭了一宿,不管怎么说,李玉琴还是要离婚。后来,溥仪又同在押的家族们商量,他们都说只好依了李玉琴离婚。随后,经抚顺市河北区法院正式办理了离婚手续①。

大约半年前,最高人民法院特别军事法庭开庭审理日本战犯的时候,中国政府允许被判刑的日本战犯家属前来探视,还订了这样一条规定:凡被关押已满 5 年者,如战犯本人和妻子都希望,允许同居。战犯管理所为此还特别布置了 10 来套房间。制定这种古今中外监狱史上未曾有过的监规,在当时的中国谁能拍板? 这回允许溥仪和李玉琴同宿,则不但对国内战犯来说没有先例,对国内一切在押犯人来说都是没有先例的,敢破这种先例,在当时的中国又谁能拍板? 当然是非毛泽东、周恩来莫属。

---

① 参见金源:《奇迹写千秋——回忆对日、伪战犯的改造工作》,载《震撼世界的奇迹》,中国文史出版社 1990 年版,第 16 页。

溥仪和李玉琴居室

溥仪和李玉琴居室

溥仪和李玉琴的离婚证书

　　尽管各级干部做了大量工作,法院最终还是判决了离婚。经过改造的溥仪已经认识到,不应把自己的幸福建立在别人的痛苦之上,处理问题不能光想自己,必须多考虑对方的利益和要求。于是,他同意了离婚,并迅速从低沉和悲观的情绪中摆脱出来,继续走向光明的前途。

$\mathcal{9}$

高墙内外

在距离抚顺车站约 5 华里的浑河北岸宁远街上,有一圈儿早在 1936 年修建的高高的围墙。正是溥仪当"皇帝"的"康德"年代,被称作"抚顺监狱"的高墙之内,关押过日本和朝鲜犯人,更监禁过无数中国的反满抗日爱国志士。日本投降后,高墙之内又成为国民党政府的"抚顺模范监狱",用以关押共产党员和爱国进步人士。1948 年 10 月国民党退出抚顺,高墙之内仍然是监狱,起初称为辽东省第三监狱,后来改称东北行政委员会司法部直属监狱。当然,作为人民政权的监狱,关押的对象完全不同了。这圈儿高高的围墙,正是两年后 1000 多名日本和伪满战犯抬头可见的人工屏障。任何时代的犯人都因这屏障而与社会隔绝开来,当他们还在接受惩罚的时候,又岂敢作超越屏障之想!然而,在 1956 年的美丽的春天里,战犯走出高墙的事实史无前例地出现了。这项事实的起点仍然在北京,金源回忆说:

大约是 1956 年春天,抚顺战犯管理所接到中央公安部的通知,让孙明斋所长和我(此时我担任教育科科长职务)到北京去开会。我们到京时,关押日本战犯的太原战犯管理所所长,关押国民党战犯的几个战犯管理所的所长都早已到会。当时,公安部一局局长凌云同志在会上向我们宣布了中央关于组织战犯到社会上参观的决定,并说明了这一决定的重大意义,还着重传达了周总理的重要指示。我记得总理指示的大意是,要组织战犯到社会上参观,接受现实教育。让他们到曾经犯罪的地方看看新中国成立后的变化。总理还要求注意他们在参观中的安全,同时要尊重他们的人格。我们参加会议的同志都认为,中央的决定和总理的指示,是打破旧监狱与社会相隔离,运用社会群众力量教育和改造罪犯工作的一次大胆尝试。根据周总理指示精神,中央公安部正式发出通知,决定从 1956年 2 月始,分三批组织战犯到社会参观学习,接受社会的实际教育①。

实际上,中央《关于组织战犯参观的具体安排》,早在 1956 年 1 月 10 日就下达了,这时抚顺正值严冬时节,行动不便,所以战犯们的参观活动推迟到立春第二天,即 2 月 6 日才开始。抚顺战犯管理所的干部根据中央明确的指示,确定了先在抚顺地区参观,继而乘坐备有卧铺的铁路专列开赴全国各地参观。到过的城市计有抚顺、沈阳、哈尔滨、长春、鞍山、天津、北京、南京、上海、杭州和武汉等。他们既到城市,也到农村,参观了大量的工厂、矿山、水利建设工程、科学文化部门、社会福利事业和农业生产合作社等,还游览了各地的名胜古迹。

根据中央要求,日本战犯、国民党战犯、伪满和伪蒙战犯近 2000 人,除年老和患病者外全部参加。抚顺的日本战犯遂被组成三个大队,分三批行动;而溥仪等伪满战犯自 1956 年 2 月至 1957 年 8 月先后四次走出高墙。

溥仪等伪满战犯的参观踪迹局限于东北,这是因为他们的历史罪行大体是在这一区域内犯下的,遵照周恩来的指示,要让他们到曾经犯罪的地方看看新中国成立后的变化。这里根据溥仪的自传②,概述四次外出参观的行程。

---

① 参见金源:《奇迹写千秋——回忆对日、伪战犯的改造工作》,载《震撼世界的奇迹》,中国文史出版社 1990 年版,第 8—9 页。

② 指溥仪 1957 年在抚顺战犯管理所写的自传,未刊。

1956 年 3 月 7 日,溥仪随抚顺战犯管理所参观抚顺龙凤煤矿

第一次参观

时间:1956 年 3 月 5 日至 7 日

地点:抚顺地区

参观项目:抚顺露天煤矿,石油第一厂、抚顺工人养老院、台山堡村农业生产合作社、龙凤矿、煤炭工业部抚顺工业学校、抚顺第二国营商店。

第二次参观

时间:1957 年 5 月 21 日至 27 日

地点:沈阳地区

参观项目:大伙房水库、东北工业陈列馆、沈阳第一机床厂、沈阳第二机床厂、沈阳风动工具厂、铁西区工人新村、东北体育宫、沈阳电缆厂、沈阳市容、沈阳市百货公司第一商店、沈阳国营贸易企业联营公司、北陵公园。

第三次参观

时间:1957 年 6 月 3 日至 13 日

地点:哈尔滨、长春、鞍山

溥仪访问矿工家庭

哈尔滨参观项目:哈百第一商店并副食品商店、斯大林公园、兆麟公园、儿童公园、哈尔滨公园、哈尔滨市容、东北量具刃具厂、东北电表仪器厂、哈尔滨亚麻厂、哈尔滨电机厂,朝阳乡金星农业生产合作社、东北烈士纪念馆、哈尔滨毛织厂。

长春参观项目：中国科学院光学精密仪器研究所、长春市儿童医院、长春市容、长春第一汽车制造厂、长春电影制片厂、中国人民解放军兽医大学。

鞍山参观项目：鞍钢大孤山选矿厂、鞍钢第九号高炉、鞍钢第二薄板厂、鞍钢大型轧钢厂、鞍钢无缝钢管厂。

第四次参观

时间：1957 年 8 月 28 日至 30 日

溥仪在抚顺战犯管理所组织的第二次参观活动中

1957 年 5 月下旬溥仪等人参观沈阳电缆厂

地点：沈阳市

参观项目：辽宁省东北农业展览会、沈阳陶瓷厂、沈阳重型机器厂、辽宁实验中学、沈阳化工厂。

周恩来让战犯走出高墙到社会上去参观，并非下了指示就撒手不管，他想得很细很细，管得很多很多。

当中央决定刚刚宣布的时候，在押战犯不敢相信，让有罪的人离开监狱参观旅游，这究竟是为什么？罪行较轻的乐观派猜测这可能是释放的前兆，而少数罪恶严重的悲观派反而紧张起来，担心到社会上参观会被受害者认出来而受到报复。有人则借用溥仪的大名公开说出内心深处的惶恐："溥仪的像，伪满时期到处挂，东北人哪个没看见过？"溥仪听了这话真有灾难临头之感，心情惴惴不安。说到底，溥仪等战犯怕的是今日的参观会和昔日的罪恶联系起来，而对此周恩来早已说在前头了，他特别要求管教干部,一定要注意战犯在参观中的安全,尊重他们的人格。

对罪犯也要尊重人格,关押、审讯或惩处他们的时候,绝不可以侮辱人格,而为了改造他们就更要尊重人格,这是周恩来的一贯思想。1950年长春电影制片厂拍摄了一部反特故事片《无形的战线》,其中有一个审讯被捕获的特务站长李某的镜头,审讯员对特务站长说:"你要知道人民的力量是反抗不了的!"说着便用拳头一拍桌子,摄制完成拿到北京去审片,周恩来批评了这个镜头,他认为审讯犯人不准耍态度,那样演是歪曲政策。后来把这个镜头改了,该片演出后受到公安部的嘉奖①。

战犯参观期间确实遇到了许许多多的受害者,有血泪的控诉,有令人感动的宽容,唯独没有报复。参观台山堡农业生产合作社社员家庭时,就发生了一个非常生动的故事,据管教员李福生讲②,那是1956年3月6日,他带着溥仪和原伪满大臣等7人访问刘大娘家。溥仪似乎觉得有愧,进屋后赶快往里边靠墙根的地方走,坐在炕沿上低头斜视屋里摆放的东西,总想避开刘大娘的目光。刘大娘全家五口人,两人在社里劳动,一人在工厂做工,一人上学念书,她本人操持家务。她说:"伪满时期,在家里查出有大米就是经济犯。现在社员家家不愁吃,不缺穿。你们不信,看看瓮里的大米。"她打开米瓮盖子又说:"这在早先康德年间能有吗?"溥仪这时再也忍不住了,他霍然站起又深深地低下头去,带着痛苦自责的神情说:"我就是您说的康德,伪满皇帝溥仪就是我。参观使我太感动了!我明白你们的美好生活是共产党给的,过去你们吃橡子面,被抓去当劳工,我罪该万死,我是大汉奸,今天向你们谢罪来了!"继而于镜涛站起来说:"我当伪满国民勤劳部大臣时,不顾人民死活抓劳工,阻碍社会发展,罪恶滔天,今天要向人民谢罪!"话音刚落,又有人站起来,几乎是抽泣着说:"我是管征粮的伪兴农部大臣黄富俊。"王之佑接着说:"我是给鬼子抓兵的伪军管区司令官。"于是,从伪字头的皇帝到伪字头的大臣、司令,一个个地都跪下来,请求老人惩罚。这突然出现的情况令刘大娘十分惊愕,半晌,她才缓慢地表明了态度,可以看出其间经历了多么痛苦的思想斗

---

①　参见关梦龄遗稿,李占恒整理:《一个军统上校的自述》,文化艺术出版社1990年版,第74页。

②　参见李福生:《改造伪满皇帝溥仪琐记》,载《震撼世界的奇迹》,中国文史出版社1990年版,第90页。并参见中央档案馆有关档案资料。

争,她通情达理地说:"事情都过去了,只要你们肯于学好,听毛主席的话,做个正经人就行了!"这几句话使战犯们由默默垂泪一下子转为放声痛哭。从此,溥仪把刘大娘希望他做"正经人"的话铭记在心,视为后半生做人的准则。

周恩来预期的效果出现了。

关于战犯参观的种种材料从全国各地源源不断地汇集于中央公安部大楼,经过整理编印,报送给周恩来总理,又报送给毛泽东主席,他们由此掌握并指导战犯在全国参观的行程。从现存档案部门的各种战犯参观简报看,自然是溥仪的名字最突出,还有其他一些为民众悉知的名字出现,这里略为摘要①:

原国民党川湘鄂边区绥靖公署中将主任宋希濂说:解放前曾听到一些反动政客们讲"共产党没有管理城市的本领",通过学习我已在思想上否定了这种说法,而这次参观更使我认识到共产党不仅有管理城市的本领,还能把城市建设得很美丽、很合理。这次竟像梦一般地来到天安门广场,多么庄严宏伟呀,使我兴奋,使我感动。

原国民党东北保安长官司令部中将司令、徐州"剿总"中将副司令杜聿明说:参观公私合营义利食品公司时,听资方代表讲自己是三代资本家,要在1957年来到之前把所有资产交给国家,自己要成为劳动为生的人,这使我很受感动。我有无隐瞒罪恶与资财呢?还应进一步清算和交代。假如不交代清楚,改造是没有希望的。我立誓要做一个新人,要把旧东西清除干净,建立新的观点,没有任何怀疑地倒向人民,走向共产主义。

原国民党第九兵团中将司令廖耀湘说:我虽是一个旧社会遗留下来的犯人,但我是一个中国人,对这种复兴祖国的伟大的神圣事业,不能不虔诚地热烈拥护。

原国民党四川省政府主席王陵基,原来把自己比作泡了几十年的蒜头,骨头都泡黄了,很难改造。这次参观并调押北京后,他却说"是向毛主席请罪服罪来了"。

原伪蒙疆自治政府主席、伪蒙古军总司令德穆楚克栋鲁普一向不肯认罪,还公然叫嚣说"内蒙受了共产党的利用"。参观以后他也转变了,开始承

① 依据中央档案馆藏:《战犯参观反映简报》。

认自己是蒙古民族的罪人,是帝国主义的工具。

　　原伪满国务院总务厅次长古海忠之走到农民家里参观时不断流泪,表示深感和平的可贵,自己罪恶的深重。他说,今后一定要为保卫世界和平而奋斗。

　　美国间谍唐奈和费克图参观官厅水库以后说,早知道这样,我绝不会干那些勾当,也就不来中国了。我们不能想象今后还会破坏你们的水坝。

　　……

溥仪等战犯认真阅
读刘少奇的《马克思列
宁主义在中国的胜利》
一书

　　参观不仅震撼了溥仪,还震撼了大大小小的溥仪,这当然也是毛泽东和周恩来所预期的。

　　组织战犯参加节日观礼,是打破高墙改造战犯的另一形式。有关指示是由中央公安部拟文于1956年9月下达到各战犯管理所的。国庆节那天,北京天安门广场东侧中央公安部大门前,在面向南池子口的地方搭起了特殊的观礼台,来自秦城监狱的杜聿明、宋希濂等战犯就坐着台上的靠背椅,观看海洋般的红旗队伍、震天动地的腰鼓秧歌,显示工农业社会主义建设成就的图案模型队,雄赳赳的首都民兵师,生龙活虎的体育大队和花团锦簇的文艺方队等,一直看到夜空中升起璀璨的焰火。与此同时,在抚顺市观礼的战犯,就集中在离主席台不远的来宾席上,溥仪那瘦高的身材令明眼人一望可知。从此，每逢劳动节、国庆节都有一次观礼。《周恩来的一生》①中有这样一段话：

　　　　对特赦释放前的末代皇帝溥仪，周恩来曾让他在公安部的一个
小楼上观看了国庆游行，使他看到新中国的变化。

　　如果这段话确有根据，则是值得注意的，证明中央对溥仪本人稍有不同于一般战犯的特殊政策。溥仪本人从来没说过这件事，或许当时要求他保密吧，但他曾经谈到在抚顺观礼的感想。1957 年 5 月 8 日，溥仪在抚顺战犯管理所接待缅甸联邦民族院议长肖恢塔时，愉快地谈到他在抚顺参观祖国建设情况的感想，引起客人浓厚的兴趣。他又带着骄傲的神情说：

　　　　我不仅在各处参观，还出席了抚顺市的劳动节和国庆节的观礼
活动。只有在共产党和毛主席领导下的中国，才能给予像我这样的
人以如此待遇。您知道：任何国家、任何朝代都绝对办不到的②。

　　允许溥仪在狱中会见来访的各国记者，对他来说这也是沟通高墙内外的途径。通过这条途径，全世界都了解了他的存在、他的生活和他的政治态度，而他也了解了这个世界的千奇百怪的观点。

　　1956 年 8 月 18 日，英国路透社记者漆德卫，作为第一个被允许采访溥仪的西方人，来到抚顺战犯管理所。他向溥仪问道："你是中国历史上的末代君主，对于现在的处境不觉得悲惨吗？"溥仪立即回答说："今天才是我一生中最幸福的日子，而清朝和伪满时代对我来说才是悲惨的日子。自从引渡归国，在人民政府的关怀和教育下，我认识了真理。过去作为封建统治者，我为了个人地位和一身安全，不惜出卖祖国和人民的利益，投靠日本帝国主义，给祖国和亚洲各国带来空前灾难。现在我认识到怎样做才够得上人的资格：一个人，要为大家和整体利益着想，祖国好了自己才能好，集体好了个人才能好。中国好了，也愿意全世界都好。有了这种想法，初步认识了真理，我才由鬼变成人，也才感到真正是幸福的！"

　　1956 年 9 月 27 日，法国记者布大尔一见到溥仪就发出了露骨的询问："你长期被关押在这里，政府对你一直没有审讯，你是否感到惊奇？"溥仪不紧不慢地回答说："在人类历史上，无论古今中外哪朝哪代，被捕获的帝王都活

①　参见南新宙著：《周恩来的一生》，中国青年出版社 1987 年版，第 499 页。
②　参见中央档案馆藏有关档案资料。

溥仪在抚顺战犯管理所接待来访

不成,而我不但活着,还活得很好,这确实令我感到惊奇。"

1956 年 10 月下旬,又有一位加拿大记者来到抚顺这圈高墙之内,他见到溥仪之后的口吻显然也是不友好的:"请您坦率点说,您被关押在这里,是否认为不公平?另外,请您明确点说,您是否赞成现政府?"溥仪语气坚定的答复掷地有声:"我被关押是罪有应得。至于问我对现政府的态度,当然可以明确回答:我认为现在的人民政府是中国有史以来唯一的真正为人民服务的政府,我坚决拥护!"①

这是高墙内外的交流,也是一个犯人与世界的对话,还包括讨论、辩论和斗争。

唯有毛泽东、周恩来,才有气魄作出历史的决定,让一位闻名遐迩的战争罪犯直接面对全世界讲话。

————————

① 溥仪在抚顺战犯管理所会见各国记者谈话内容,系依据中央档案馆有关档案资料、溥仪 1957 年写的自传以及李福生的回忆文章等综合撰写。

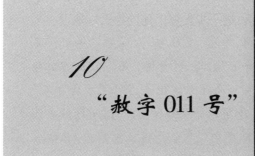

10

"赦字011号"

历史无情地把这样一幅音响画面呈现给世界:当新中国的曙光升起在东方的地平线上,旧社会残渣余孽的丧钟就振聋发聩地敲响了。从大张旗鼓地镇压反革命,到深入持久地开展肃反运动,在960万平方公里的大地上,严密搜索残害过百姓和破坏过革命的敌对分子,并给予狠狠的打击。杜聿明的下级部众中一些双手沾满鲜血的官员被枪毙了,跟随溥仪多年的侍从武官长张海鹏也被押赴刑场处决了。

然而,关押在战犯管理所内的帝王将相还活着,他们不能不感到大的威慑力量,也不能不为生命和前程而担忧。他们无不认为自己的罪行更大,血债更多,因此早已把自己的位置摆在了极刑刑场。但是为他们当时所不知的是,有一位举足轻重的人士,在那个重要的历史关头,认真研究了一条人们不易分辨的界限,那就是运筹帷幄、挥师疆场的敌方司令官与抢男霸女、杀人越货的敌兵连长的区别,那就是身处伪廷、称孤道寡的傀儡皇帝与秘送情报、残害无辜的伪满警长的区别。他的结论是:对前者一类可以不杀。因为他们"跟人民隔得远些,他们有普遍的冤头,但是直接的冤头不多","不是没有可杀之罪,而是杀了不利。"

作出上述结论的人正是毛泽东。自 1956 年 4 月 25 日他在中共中央政治局扩大会议上,发表论述十大关系的讲话并谈及这一结论之后,又于同年 11 月 15 日在中共八届二中全会上讲话,进一步发挥了他的论点。他说:

> 那些罪大恶极的土豪劣绅、恶霸、反革命,你说杀不杀呀?要杀。……我们杀的是些"小蒋介石"。至于"大蒋介石",比如宣统皇帝、王耀武、杜聿明那些人,我们一个不杀。但是,那些"小蒋介石"不杀掉,我们这个脚下就天天"地震",不能解放生产力,不能解放劳动人民。生产力就是两项:劳动者和工具。不镇压反革命,劳动人民不高兴。牛也不高兴,锄头也不高兴,土地也不舒服,因为使牛、使锄头、利用土地的农民不高兴。所以,对反革命一定要杀掉一批,另外还捉起来一批,管制一批①。

毛泽东的讲话,固然传达不到关押在狱中的犯人,但战犯管理所内的帝王将相毕竟都曾陶冶于时代的风云,都是长于纵观全局的人物,既然特别军事法庭对日本战犯的审判已经落下帷幕,难道他们还能看不清等待自己的命运吗?

1957 年是处理日本战犯工作全部完毕之后的一个新的年份,也是国内战犯曾经寄托希望的年份。他们把赴外地参观以及节日观礼等活动看成处理的前兆或吉兆,那是十分自然的。

夏天来了。6 月 8 日的《人民日报》,把一篇最重要的社论传遍全国,也传进了抚顺、太原和秦城等地的高墙。战犯们像往常一样集体学习了这篇题为《这是为什么》的社论,然而他们还来不及仔细地玩味、深入地思考,一场政治风暴骤然间席卷全国,这就是当时作为国内头等大事的整风反右斗争,它在此后数月之内压倒了一切。继尔,经济工作中又出现了各种各样的狂热,成千上万的人把"大跃进"理解为一步跨进共产主义新世界。

面对急风暴雨的形势,毛泽东和周恩来肩上的担子更重了!他们不仅要考虑国家和人民的命运,而且还要为关押在战犯管理所内的囚徒把握着命运。这时高墙之内,环境安宁,政策平稳,一切都有条不紊地照旧进行。

---

① 参见《毛泽东选集》第五卷,人民出版社 1977 年版,第 317—318 页。

原国民党国防部保密局长春督察处上校督察长关梦龄,当时也关押在抚顺战犯管理所,其间忆写经历,留下三卷书稿。据他讲①,赴外地参观时许多人已认准:参观归来之日,即释放还乡之时。而且,根据这种看法写成的体会文章也已登上墙报。不过,参观归来正是反右斗争如火如荼的时候,释放的想法随之而自消自灭了。有人以为政府有顾虑,这时候把战犯放出去,会成为右派分子的预备队;还有人为自己担心,如在社会上遇见大鸣大放也不免会瞎说,因此而戴上右派帽子还不如留在监房平安无事。于是,高墙之内的战犯们终于安下心来了。

抚顺战犯管理所内的国民党战犯,都是大批日本战犯释放后移监来的。从1958年起,在他们中间步步深入地开展了交罪和认罪活动,而对于伪满战犯来说,这一步骤的工作早在侦讯日本战犯期间就同时完成了。所以,这一时期两部分战犯的活动内容有所不同。

溥仪在抚顺战犯管理所内写自传材料(摄于1958年)

溥仪从1957年下半年起,直到1958年底,主要工作是撰写自传。这部45万字的自传稿本,不但全面而深刻地总结了他的改造生活,也为后来公开出版惊世奇书《我的前半生》奠定了基础。然而,写成这部自传并不是轻而易举

① 参见关梦龄遗稿,李占恒整理:《一个军统上校的自述》第7章相关内容,文化艺术出版社1989年版。

的。据管教员李福生讲①,溥仪撰写过程中"一直存在着激烈的思想斗争",
"经过反复教育,他终于同封建主义、帝国主义彻底决裂了"。起初,他不愿意
揭露和批判祖先的腐朽生活,觉得在感情上对不起列祖列宗;他不愿意暴露
投靠日本帝国主义卖国求荣的罪恶历史,感到这段经历太丑恶;他不愿意写
出在伪满宫廷虐待孤儿的事实,以为这太残忍了;连在苏联拘留期间隐藏珠
宝也不想写,或许还有为帝王者不暴露思想的遗风吧。管理所干部针对溥仪
的思想顾虑做了许多工作,使他认识了"自己的路自己走,自己的历史自己
写"的道理,清除了旧的观念,端正了写作态度,巩固了改造成果。同时,管理
所干部还为他的写作提供了必要的条件,例如让知情而文字能力又强的溥杰
帮助撰写伪满历史部分,当溥仪记忆不清时让其他战犯帮助提供线索,派人
前往辽宁省图书馆帮助查找资料,管理所领导还亲自审阅书稿帮助他推敲和
修改,一部闻名世界的奇书就此略具雏形。

《我的前半生》油印本封面

《我的前半生》未定稿第一册封面

---

① 参见李福生:《改造伪满皇帝溥仪琐记》,载《震撼世界的奇迹》,中国文史出版社
1990年版,第98—100页。

溥仪通过自传总结自己,还通过报告影响别人,当国民党战犯交罪认罪的时候,溥仪常和正在服刑的古海忠之作为日伪战犯中好的典型巡回报告。关梦龄在其书稿中就曾描述溥仪当年作报告的风采,并对其作用有所评价。他写道:

> 伪满的皇帝颇吸引人,我以好奇的心情对待这位清朝末代的皇帝。溥仪一口北京话,报告的内容很丰富,暴露的思想很具体,很实在,认识罪恶也很深刻。没听溥仪报告之前,认为他学习得不会好,可是听过他的报告,打破了我的主观想象。能把溥仪改造到这种程度,由他亲口说出认罪的话,真是共产党改造人类、改造战犯的卓著成绩。改造皇帝,可以说前无古人,后无来者,过去没有人改造皇帝,今后呢?没有皇帝便用不着改造了①。

听过报告的人议论纷纷,把溥仪改造得这么好,出乎大家的意料,论对罪恶的认识,人们承认,即使是国民党战犯中改造最好的,也比溥仪相差很远。

战犯的改造生活,这两年要比前些年更加丰富多彩,溥仪置身其间,活得很快活。原伪满第二军管区少将参谋长肖玉琛忆写了当年的几个生活场景:

> 每逢星期六晚,伪满战犯、国民党战犯和日本战犯举行联欢。王之佑的清唱、溥杰的《日下追韩信》和李文龙的戏法,都是最受欢迎的节目。还有国民党的蔡省三、尚传道、段克文化装演出的京剧段子也颇有色彩;日本战犯的表演则另有一番风趣。一到春节,更是八仙过海,各显神通。能扎花的扎花,能做灯的做灯,每个监房都布置得整整齐齐,花花绿绿,充满了节日气氛;吃的虽没有山珍海味,但也少不了十个盘子八个碗,就是有一条禁令,不准喝酒。

> 1958 年开始,政府组织我们全体在押战犯进行力所能及的劳动。参加劳动的场所有电动机厂、无线电厂、农场、养鸡场等等。管理所领导要求我们自愿报名。由于农场的劳动量较大,大家都争先

---

① 参见关梦龄遗稿,李占恒整理:《一个军统上校的自述》,文化艺术出版社 1989 年版,第 311 页。

报名到农场去①。

后来,溥仪把抚顺战犯管理所亲切无比地称作自己的家,称作一所大学校,实在是很有理由的。

1959 年盛夏,也就是关梦龄听溥仪作报告的前后,他们无法预料又完全不能知情的一件大事,正在北京的一些会议上付诸讨论。

毛泽东和周恩来听取了关于国民党战犯、伪满战犯和伪蒙战犯的学习改造情况汇报后非常满意,随即研究了这些战犯的处理问题。一个伟大的建议就此产生,并迅速提交国家最高权力机关:

中国共产党中央委员会的建议

全国人民代表大会常务委员会:

中国共产党中央委员会向全国人民代表大会常务委员会建议,在庆祝伟大的中华人民共和国成立 10 周年的时候,特赦一批确实已经改恶从善的战争罪犯、反革命罪犯和普通刑事罪犯。

我国的社会主义革命和社会主义建设已经取得了伟大胜利。我们的祖国欣欣向荣,生产建设蓬勃发展,人民生活日益改善。人民民主专政的政权空前巩固和强大。全国人民的政治觉悟和组织程度空前提高。国家的政治经济情况极为良好。党和人民政府对反革命分子和其他罪犯实行的惩办和宽大相结合、劳动改造和思想教育相结合的政策,已经获得伟大的成绩。在押各种罪犯中的多数已经得到不同程度的改造,有不少人确实已经改恶从善。根据这种情况,中国共产党中央委员会认为,在庆祝伟大的中华人民共和国成立 10 周年的时候,对于一些确实已经改恶从善的战争罪犯、反革命罪犯和普通刑事罪犯,宣布实行特赦是适宜的。采取这个措施,将更有利于化消极因素为积极因素,对于这些罪犯和其他在押罪犯的继续改造,都有重大的教育作用,这将使他们感到在我们伟大的社会主义制度下,只要改恶从善,都有自己的前途。

中国共产党中央委员会提请全国人民代表大会常务委员会考

---

① 参见肖玉琛口述,周笑秋整理:《一个伪满少将的回忆》,黑龙江人民出版社 1986 年版,第 150—151 页。

虑上述建议,并且作出相应的决议。

中国共产党中央委员会主席　毛泽东
一九五九年九月十四日

毛泽东代表中共中央提出建议的第二天,又邀集各民主党派、各人民团体负责人、著名无党派人士和著名文化教育界人士举行座谈会,毛泽东在讲话中通报了新中国成立 10 周年特赦问题的有关情况并作了说明。

9 月 17 日,第二届全国人民代表大会常务委员会第九次会议,根据毛泽东的建议,通过了关于特赦确实改恶从善的罪犯的决定。随后,刘少奇发布中华人民共和国主席特赦令。

第二天,《人民日报》在头版显著位置上,发表了毛泽东的建议、人大常委会的决定和刘少奇的特赦令,同时配发了题为《改恶从善,前途光明》的社论。这张报纸立即在全国各地战犯管理所内引起轰动,一双双盼望的眼睛盯住了《特赦令》的第一条:"蒋介石集团和伪满洲国战争罪犯,关押 10 年而确已改恶从善的予以释放。"这天正赶上中秋佳节,往年这一天,总不免因月圆人不圆而惆怅,今年则大不相同了。

中国政府在报纸上向全世界公布了特赦战犯的消息

抚顺战犯管理所的各个监房都在开会,围绕一张报纸,人人都争先恐后地发表感想,都说想特赦、盼特赦,溥仪呢? 他这时的思想可太复杂了。

特赦,意味着不经起诉而出狱。对于这两个字,溥仪和其他人一样为之激动、振奋,他细细地体会着毛泽东的建议,玩味那洋溢于字里行间的几乎是不可理解的大度与宽宏,他在一份手稿中写下一段话:

特赦,是谁提出的呢?是共产党中央。建议要赦的是谁呢?是过去对人民犯下滔天大罪、屠杀无数共产党员的国民党反动派和汉奸,是帝国主义的帮凶分子。建议的署名者毛泽东主席,他的妻子、两个弟弟和一个妹妹,就是被国民党杀害的,他的儿子牺牲在美帝国主义对朝鲜的疯狂侵略战争中……

然而,当有人悄悄整理衣物准备出狱的时候,溥仪却有几分失望。别人都不愿放过这个热门话题,他却只出两只耳朵,不参与议论。当有人问他"能否首批获赦"时,他总是照直回答:"有谁也不能有我。""我不行,我的罪恶严重。论表现我也不比别人强。我还不够特赦条件。"①

不但溥仪自卑,别人的看法也差不多,都认为只有官小的、罪恶小的、接受改造态度又好的,才有可能首先被特赦。最乐观的是那些参谋长和校级军官,他们甚至已经做好了获释的准备,而溥仪显然是"首恶必办"的首要对象,即使全部战犯都放了,怕也轮不到他头上。9月22日那天有帮记者来到战犯管理所,大家都注意到记者总是把镜头对准溥仪,有人因此猜测是否有可能先放这个官居"皇位"的人呢?但大多数人认为记者无非出于好奇,照相多不等于释放早,这说明不了什么问题②。

盼望特赦的战犯们终于挨过了入狱以来最漫长的两个月。11月30日那天下了一场大雪,战犯管理所从次日起就组织战犯扫雪,到12月3日不但把院内和道路的积雪全部清除干净,还把大俱乐部布置一新,接出许多条电线,安放了录音机、摄影机,还用汽车拉来许多条长凳,人们心中明白,这是要开特赦大会了。

当天晚上,金源副所长找溥仪谈话。这些天来,孙明斋所长等领导先后找他谈过话,有位领导曾问他想没想过谁可能首批获赦?他想了一阵,说出了组长的名字,领导又问还会有谁?他又说了最近一次学习评比中成绩最优的一个,还说了学习委员会的一个。领导没有再问下去,微笑着对他说:"我相信这正是你心里所想的。"溥仪并非完全绝望,他坚定地认为,最后一批特

①　参见李福生:《改造伪满皇帝溥仪琐记》,载《震撼世界的奇迹》,中国文史出版社1990年版,第101页。

②　参见肖玉琛口述,周笑秋整理:《一个伪满少将的回忆》,黑龙江人民出版社1986年版,第155—156页。

赦对象中会包括他的。这回金源又找他谈话,尽管大家对这个时刻的举动相当敏感,溥仪却想得不多,在一份手稿中,他对那次谈话的内容和当时的心情作了简明记述:

　　12月3日的晚上,副所长又找了我去。又问起我对特赦的想法。我的回答仍是那一句:"我是没希望的,但我决心争取以后……"。

　　"假如你被特赦呢?你怎么想?"

　　"那是人民批准了我,认为我有了作人的资格。但是,现在是不会有这事的。"

　　这天夜里,我一想起所长的那句话"假如你被特赦呢?"我的心脏突然快速跳动起来。但随后又对自己说:不会吧?

　　第二天上午,抚顺战犯管理所首批特赦战犯大会隆重召开,由辽宁省高级人民法院的代表宣读给特赦人员的通知书。"中华人民共和国最高人民法院特赦通知书——1959年度赦字011号",换句话说就是国内得到特赦的第一名战犯,溥仪怎么也想不到居然会是自己!"该犯关押已满10年,在押期

溥仪在特赦大会上

间经过改造,确实改恶从善,符合特赦第一条的规定,予以释放。"当法院代表宣布对溥仪等"自即日起给予中华人民共和国公民权"时,溥仪再也难以自制地痛哭失声了。

　　不料,特赦溥仪,许多人根本不服。有的公开在讨论会上提出:"共产党为什么说话不算数?不是首恶必办,而是首恶必赦!"还有人叫溥仪的号,跟他比:"比学习、比劳动,他哪一点够得上改恶从善?要比官职、比罪恶,溥仪是管理所第一,满洲国第一!"在这种情况下,管理所孙明斋所长和金源副所

毛主席做出了第一个特赦溥仪的决定。1959年12月4日,在特赦战犯大会上溥仪激动地接过了特赦通知书

中華人民共和國最高人民法院
特赦通知書

1959年度赦字第 C11号

遵照一九五九年九月十七日中华人民共和国主席特赦令,本院对在押的伪满洲国战争罪犯爱新觉罗·溥仪进行了审查。

罪犯爱新觉罗·溥仪,男性,五十四岁,满族,北京市人。该犯关押已经满十年,在关押期间,经过劳动改造和思想教育,已经有确实改恶从善的表现,符合特赦令第一条的规定,予以释放。

特赦通知书

长又出来做了许多说服和解释工作:

听了大家的意见之后,领导讨论后,孙明斋听长说:"溥仪3岁当皇上,养尊处优50年。过去看书要人'陪读',出门要人打伞,连洗脚、穿鞋、开门、关门都要别人侍候;如今他不但能够自己料理生活,积极参加劳动,甚至亲手洗痰盂、倒马桶;更重要的是,在改造中他的思想一直比较稳定,真心实意地想改恶从善,这难道不是一个脱胎换骨的改造吗? 有些人表面上看学习劳动很好,但思想反复很大,对党的政策至今持怀疑态度,这

特赦战犯大会上的溥仪激动得举拳高呼

怎么能说比溥仪改造得好呢……"①

　　如此混乱了几天,大约 12 月 10 日,金所长做大报告,主要讲特赦问题。讲了改恶从善的标准,也谈了溥仪的问题。他说溥仪根除了封建主义的思想,有一次他的家人来看他,仍称他为"圣上",被溥仪批评了。这说明他对过去的称呼感到可耻。金所长又说,所有人说自己没有当皇帝的思想,当然你没有,你也不会有,具体人具体要求,要求溥仪的就是这个。还有一次,一些资本主义国家的新闻记者到这来采访,与溥仪见了面,他们想从溥仪嘴里得到一些东西,但是什么也没有得到,他们很失望地走了。这些都说明溥仪的立场坚定,改造好了②。

────────────

　　① 参见肖玉琛口述,周笑秋整理:《一个伪满少将的回忆》,黑龙江人民出版社 1986 年版,第 158 页。

　　② 参见关梦龄遗稿,李占恒整理:《一个军统上校的自述》,文化艺术出版社 1989 年版,第 322 页。

他们在特赦战犯大会上引吭高歌

　　首批特赦溥仪,不但出乎本人的意料,出乎同监战犯的意料,似乎战犯管理所的干部,乃至更高层的负责同志,开始的时候也没有后来的种种认识。是毛泽东和周恩来在研究战犯处理问题的汇报会议上,首先提出了溥仪的名字,并认真听取了有关情况以及溥仪本人学习改造的情况,他们据此作出了第一个特赦溥仪的决定。

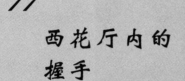

11

西花厅内的握手

　　毛泽东说:"一切反对改造的人们,他们的被改造,须要通过强迫的阶段,然后才能进入自觉的阶段。"溥仪在抚顺战犯管理所将近10年,正是强迫改造的阶段。如果说高墙、岗楼、电网和铁栅栏确实体现了"强迫"二字的话,那么,毛泽东、周恩来等人对溥仪的关心和爱护,却充满了友善和温暖,拨动了他的心扉,启迪了他的真诚,促其迅速走上自觉改造的道路。从"赦字第011号"发布的那一刻起,他的自觉改造的新阶段开始了,他不再生活于高墙、岗楼、电网和铁栅栏中间。然而,毛泽东、周恩来的教诲与勉励仍然不绝于耳,给他以温馨,给他以厚爱。

　　1959年12月9日,一个微有寒意的初冬的早晨,在新华社摄影记者的快门声中,溥仪从抚顺回到北京,由五妹韫馨迎回家里暂居。3天后有位北京市民政局的干部前来通知溥仪,说翌日下午将有首长接见,不要外出,等候汽车来接。究竟哪位首长接见?当时没讲,溥仪也不敢问。第二天的情况,溥仪在一篇私人信件中作了简明扼要的记述:

　　　　这是在12月14日,我坐着国务院派来的汽车,从前井胡同6号到了国务院西花厅。我的七叔载涛

溥仪在特赦返京的列车上

也在那里等我。我一进屋门就看见周总理了。总理起来和我握手。我心里是如何的感激、激动，我紧握总理的手，不知不觉地说："呀，周总理！"满肚子想说的话，激动得反而说不出来了。

周总理又为我介绍了陈毅和习仲

五妹韫馨去北京站迎接大哥

勋副总理，见了张治中、傅作义、章士钊等各首长，以及中央统战部副部长徐冰等。

在座还有最近释放的蒋介石集团战犯杜聿明、王耀武、郑庭笈、宋希濂、邱行湘、陈长捷、曾扩情、周振强、杨伯涛、卢浚泉等10人，也一一和我握了手。

我们坐下后，周总理对我们11个人，一一恳切地询问个人情况、家庭情况，并对我们勉励，指出我们前进的方向……

杜聿明等10位原国民党高级将领，也是12月4日首批获得特赦的，他们在北京没有家属，一出秦城监狱，就由北京市民政局安排住进了崇内旅馆。今天就是从旅馆把他们接到中南海西花厅的。

溥仪日记中记载了 1959 年 12 月 14 日周总理接见时的谈话内容

溥仪到达后,先受到周恩来以及陈毅等中央领导人的单独接见,随即被引进会客厅。徐冰向在座的杜聿明等人介绍说:"这位是清朝末代皇帝溥仪,他是在抚顺管理所第一批特赦的。"这一介绍立刻引来一道道惊奇的目光。在此之前,谁都不认识溥仪,而且无论如何也不会相信,眼前这位身穿一套蓝棉制服、戴一副深度近视眼镜的瘦高个儿老头,就是当年 3 岁登基的"小皇上"!溥仪挺谦虚,频频向大家点头致意。

下午 3 时整,周恩来、陈毅、习仲勋、张治中、傅作义、邵力子、章士钊等一起走进会客厅,全场起立,热烈鼓掌。周恩来示意人们就座,并与大家攀谈起来。他最先认出一位头发花白的老人,叫了一声"曾扩情"。此人系黄埔军校第一期毕业生,曾在周恩来主持工作的政治部内任少校科员,共同投身于轰轰烈烈的大革命。后来,曾扩情追随蒋介石打内战,在 40 年代末的国共决战中,以国民党四川省党部中将主任的身份被解放军俘获。转眼 30 多年过去,周恩来还能记得他的容貌,叫出了他的名字,令其激动不已。周恩来笑着说:"我在黄埔军校,年龄还不到 30 岁,有很多学生的年龄比我大,我当时感到有很大压力。"曾扩情答道:"我那时已 30 开外了,我这个学生还比老师大几岁哩。"周恩来来到黄埔出身的国民党名将杜聿明面前,指指陕西籍的习仲勋说:"他是你的老乡嘛!"继而询问杜聿明的年龄和身体状况,得知他才 55 岁,身体不错,遂勉励说:"你还年轻嘛,还可以为国家做不少事情。"杜聿明很惭愧地说:"学生对不起老师,没有跟着老师干革命,走到反革命道路上去了,有

负老师的期望。"周恩来很诚恳地回答道："不能怪你们学生嘛！要怪当老师
的没有教好。"面对宋希濂，周恩来亲切地询问道："看上去你身体不错，不到
50 岁吧？你的家庭都有谁？在哪里？"宋希濂回答说："感谢老师的关怀，我今
年 52 岁，但身体很好，我的后半生还能为人民做力所能及的事。我的妻子
1949 年就已病故，5 个孩子都在美国和香港，国内还有妹妹和其他亲属。"总
理关心地告诉这位鼎鼎大名的前国民党将军说："海外的可以先联系，国内的
可尽快见见面。你们的工作、生活、家庭可以一步步作安排。有什么要求和
困难，可以找中央统战部徐冰，他是副部长，负责安排你们今后的工作和生
活。"宋希濂感激地点了点头。当周恩来走到原国民党天津市警备司令部中
将司令陈长捷面前时，发现他神情紧张。原来，解放军兵临天津城下之际，陈
长捷拒绝起义，固守孤城，经几十个小时的巷战而被俘，因此自感羞愧。周恩
来非常理解他的心情，真诚安慰道："你原来是国民党的军官，服从上级的命
令，那是过去的事，现在可以立功赎罪嘛！"周恩来得知原国民党第 49 军中将
军长郑庭笈的妻子冯莉娟迫于生活 1958 年跟丈夫离婚时，立即追问"她是否
再婚了"？郑庭笈答："没有。"周恩来乃转向在座的其他人说："你们要动员他
俩复婚。"轮到原国民党第 18 军少将军长杨伯涛向总理介绍家庭情况了，他
说妻子未去台湾，在芷江原籍某被服厂当工人，自食其力抚养子女上学。周
恩来点头称好。嗣后不久，杨伯涛的老伴携子女迁来北京定居，郑庭笈也与
原配妻子冯莉娟破镜重圆了。

　　在座的原国民党高级将领是清一色黄埔学生，都与周恩来有师生之谊，
其中杜聿明、宋希濂、王耀武、曾扩情、周振强等，当年还曾亲承周恩来的教
诲，师生久别，重逢共话，一时半晌哪里说得完！

　　溥仪固然是被接见者中唯一与周恩来没有师生或部属关系的人，但他可
没因此而受到冷落。人们都注意到，今天的总理与昔日的皇帝话家常，那场
面可真不一般。他们说到满族旗人的礼节、服饰，以及不同于汉族的相貌特
征等等，周恩来真是一位广见博闻的领导人。不过，溥仪初次面对人人景仰
的总理，不免拘谨，谈话中间常常主动把话题引到自己身上，说自己是地主阶
级总头目，又给日本帝国主义当傀儡，一再检讨。周恩来笑了笑，温和地说：
"你过去已经检讨很多，不要再做检讨了有时间可以写回忆录嘛，为国家多做
工作。"陈毅也对溥仪说："我早年在北京读书时，还是你的臣民哩。"溥仪听总

理和副总理这么一讲,紧张的心情顿时松弛下来①。

很长时间以来,总理就在酝酿一个完整的计划,并于半年之前付诸实行了,这就是现已扩及全国各省市并取得辉煌成绩的文史资料工作。

溥仪听到"写回忆录"几个字也颇注意,他想起在抚顺撰写的那部长达几十万言的自传,便向总理汇报了。

周恩来倾听着,不时插入几句问话。虽然总理说得不多,但人们却看得出,这事已引起了他的高度重视。

与11位刚刚特赦的著名人士一一打过招呼后,以温和著称的周恩来,挥动受过伤的右手,操着淮安乡音,开门见山地说:"你们出来几天了,有问题要首先说说好,所以就叫你们来谈谈"。周恩来很自然地从特赦这个话题说开去,"过去你们过集体生活,这几天你们过的是个体生活,还是过集体生活好。"在这里,周恩来的意思是:10天前特赦人员还在监狱里过着集体的改造生活,释放后这几天是在社会上独立生活,考虑到大家的家庭、工作尚未安顿下来,还是仍由政府组织大家参观、学习,再过一段集体生活为好,当然不是说再回到监狱里去。周恩来对溥仪、杜聿明等首批特赦人员寄予很高的期望,所以他接着说:"你们是标兵,要经得起考验,要给人以好的印象。"继而话锋一转,周恩来以政治家的魄力,旗帜鲜明地道出了特赦战犯的本质。他说:"党和政府说话算话,我们的统一战线不是不择手段,而是有原则的。蒋介石才是不择手段,是唯我独尊,是个人主义。我们共产党是根据民族利益、人民利益来释放你们。"这几句并非寒暄的开场白过去,严肃的长篇讲话就开始了,在两个多小时里,周恩来举例于身边诸位,推理于革命进程,左右逢源,口若悬河,令人心服口服地讲了四个问题,这就是被溥仪和杜聿明等人尊称为"四训"的著名讲话。

---

① 参见杨伯涛:《回忆周恩来总理第一次召见》,以及溥仪日记和其他相关文章。

12

**周恩来
论立场**

　　淮安口音的周恩来的讲话,回荡在中南海西花厅内。

　　"立场问题是个政治问题,就是人们在民族斗争和阶级斗争中站在哪一边的问题。你们在这个方面要经得起考验,要给人以好的印象。"①就通篇讲话而言,周恩来讲立场问题的分量最重,因为改造溥仪、杜聿明,归根结底是要他们从旧日所持落后的或反动的立场上摆脱出来。

　　"首先,要站稳民族立场,热爱新中国。"周恩来语气坚定。关于民族立场,周恩来讲得很多,这显然是因为在座者对这个问题都在历史的关键时刻表明过态度,现在多么需要回顾和总结啊!"从鸦片战争到今天,经过将近120年的斗争,中国人民翻了身,取得了伟大的胜利,这一事实连帝国主义也是承认的。"讲到此处,周恩来那炯炯有神的目光忽然停留在溥仪身上:"溥仪先生,你也可以证明,现在我们的国家比你们过去搞得好吧?"溥仪答道:"那是不可以同日而语的,

　　① 参见周恩来:《接见首批特赦战犯溥仪等十一人时的谈话》,载《周恩来统一战线文选》,人民出版社1981年版,第396页。本节周恩来讲话内容主要依据该文并参考溥仪日记的相关内容,不另注出。

清朝到西太后统治时就完全卖国了,搞得江山残破,不堪一击。"周恩来又接过溥仪的话茬儿:"国民党统治20多年也没有搞好。今天中国六亿五千万人民站起来了,生于斯,长于斯,这样的国家不爱还爱什么?"

周恩来以民族问题为例,对照了旧社会和新中国的不同政策。当他谈到"过去是一个民族压迫另一些民族"的时候,再度面对溥仪既客观又尊重地说:"溥仪先生,你在清末登极时才两三岁,那时你不能负责,但在伪满时代你要负责。"周恩来继续说,宣统年间,自己是蓄着辫子到沈阳的,那时满族人的气焰很高。后来清朝亡了,许多满族人改名换姓,不敢说自己是满族了,多数同化了。周恩来还举出作家舒舍予和戏剧艺术家程砚秋为例,有声有色地描绘出旧社会民族压迫的悲惨情景。今天,在共产党领导下,各民族平等了,新中国是各族人民的大家庭。所以,多数人又把族籍恢复过来,敢承认是满族了。到第二次填报族籍时,自报满族的人就多了起来。

在场者有人发现,溥仪一边恭听总理讲话,一边簌簌地流下了眼泪。回首爱新觉罗氏御临大地的300年间,满洲贵族耀武扬威,横行中国;当清朝终于成为历史,昌盛的满族又一度面临灭顶之灾;新中国挽救了满族,爱新觉罗家族也兴旺发达起来了。这一切,不但是总理正在述说的真理,也是溥仪获释后亲眼所见的事实。既然他热爱自己的家族,热爱自己的民族,又怎么可以不热爱给家族和民族以挽救的新中国呢!

周恩来从满族讲到藏族,讲到数月前西藏发生的重大变化。那里的农奴制改变了,藏族将更加发展起来。

周恩来说,孙中山在民族问题上有缺点,一方面提出民族平等,一方面又称"国族",到蒋介石改称"宗族"这是大汉族主义思想。尽管孙中山对民族主义的解释不完全正确,但他的革命和进步是必须肯定的。

周恩来说,各民族在今天非经过一个一个承认不可。至于怎么同化是将来的事,将来民族都要同化,地球也要同化,但这是几百年以后的问题了。今天,各民族应当平等相处,互相帮助,特别是占全国人口94%的汉族,更有责任帮助少数民族,这样才能真正平等相处,使各民族都能发展。周恩来还举出在座者熟知的两人为例:一为龙云(字志舟),他从1927—1945年长期担任国民党云南省政府主席;一为黄绍竑(字季宽),也曾任国民党广西省政府主席。这两个人后来都宣布起义并参加了新中国的建设工作,不过他们在民族平等这个问题上有教训，龙云不承认云南的少数民族，黄季宽不愿划壮族自治区，这势必影响民族团结和社会发展。

周恩来又从国内的民族问题谈到国际的民族问题。他说："我们不仅主张国内各民族之间平等，而且主张国与国之间也应该平等。"周恩来指出，今天，世界上有社会主义，有帝国主义，还有民族主义。其中帝国主义是反动的，而民族主义有革命的一面，也有反动的一面。周恩来说，现在有些帝国主义国家和民族主义国家叫嚷反对中国，这不足为怪，我们要区别对待：对帝国主义的挑战，我们要反对；对民族主义国家，我们要争取。周恩来先以中印边界为例说，这本是历史遗留问题，清朝也没和印度划界，不大可能搞清楚。但帝国主义得寸进尺，侵占我们许多地方，在这种情况下，周恩来写信给尼赫鲁，希望双方能在习惯的边界线上各退20公里，不动兵，这一原则也适用于中国和老挝、尼泊尔等国处理边界问题。周恩来说，我们和印度这些国家并不是敌对的，何必兵戈相见？形势可能缓和，也可能闹。从我方说，完全可以缓和，我们坚守边疆，停止巡逻，避免冲突，印度再闹，他们就亏理了。那里都是高山，不能摆重兵，再闹紧张一些，也没有什么可怕，但是否闹下去，决定于他们的国内和国际条件。继尔，周恩来又列举印尼华侨受欺负的问题。他谈到5天前陈毅外长致信印尼外长苏班德里约，提出立即解决印尼华侨双重国籍问题、保护无印尼国籍华侨正当权益和安全遣返愿意归国的印尼华侨等三项建议，但印尼当局既不允许华侨加入他们的国籍，又搞排华。面对华侨受欺负的问题，周恩来说，我们主张撤侨，准备600万华侨回来，海南岛可以安置300万，云南、贵州、四川、广东、福建都可以安置，回来建设社会主义。总之，对中印边界争端，我们主张双方都从现存边界后撤20公里；对印尼华侨争端，我们主张撤侨。这样做，证明我们与民族主义国家并没有利害冲突，证明我们主张国与国之间平等相处的态度是真诚的。

作为曾在皇帝宝座上代表一个统治民族行使过最高权力的人物，作为一度扮演民族罪人可耻角色的人物，作为至今仍为200万满族人民所瞩目的人物，溥仪用笔、用心记下了周恩来的每一句话。周恩来固然面对11位特赦人员，溥仪却觉得是讲给他自己听的。要站稳民族立场，要热爱祖国，这当中包含着多么深刻的道理啊！

周恩来最后又举了台湾的例子。他说，民族立场是第一条，我们对蒋介石还留有余地,论罪恶不能调和,但在民族问题上,他对美帝国主义还闹点别扭。这里指发生在新中国成立之前的一件史实:美国国务院为把台湾从中国大陆分离出去,多次提出通过联合国把台湾置于美国的托管之下,因为蒋介石不同意,英法两国也不支持,美国的托管计划才未实现。周恩来说,蒋介石也反对托管,反对搞两个中国。总之,要坚持民族立场。祖国的领土是完整的,不容许帝国主义分割,损害我们的一根毫毛也不行。

这就是周恩来的辩证法,当然也是毛泽东的辩证法,归根结底是马克思主义辩证法。周恩来最擅长把事实、哲理和政治统一起来,当谈及民族主义也有革命性的一面时,周恩来有意识地举出几个有关蒋介石的例子,在这位人称独夫民贼的头号反动人物身上,找到了值得肯定的经历,主要是第一次国共合作和大革命期间轰轰烈烈的三件大事:一是打商团,1924 年 10 月,以汇丰银行广州分行买办陈廉伯和佛山大地主陈恭受为首的广州商团反革命武装,在英帝国主义的炮舰支持下,发动了反对孙中山广州革命政权的叛乱,孙中山授命时任黄埔军校校长的蒋介石指挥留守广州各军,迅速平定了商团叛乱;二是打杨刘,1925 年 5 月,广东革命政府东征期间,滇系军阀杨希闵和桂系军阀刘震寰,在英帝国主义支持下,勾结北洋军阀,占领广州电报局和火车站等处,发动了反革命叛乱,时任黄埔军校党军总指挥的蒋介石,与粤军等同时从东征前线回师广州,迅速取得了平叛的胜利;三是沙基惨案,1925 年 6 月 23 日,英帝国主义军队在沙面租界对岸沙基路开枪镇压香港、广州声援上海"五卅"运动的游行队伍,造成流血惨案,周恩来组织的黄埔学生军也参加了游行,当场牺牲 23 人,蒋介石知情后表示气愤,并向军事委员会呈交了充满革命词句的《军政意见书》。周恩来非常客观地说,这些不能不说是革命的行动,但后来他又走向反动了。

在座的 11 人中,有 10 位是蒋介石旧部,他们追随"委座"打内战,沦为战犯。然而,他们也有大革命时期北伐、东征的光荣一页,也有抗战年代与侵略者拼搏,血洒疆场,彪炳天地的历史记载。他们不相信有人还会记得这些,现在相信了:总理能记得。

溥仪则与蒋介石毫无渊源,如果追溯历史的话,他只有封建反动的历史,叛国投敌的历史,毫无进步或革命的内容。可是,他才 54 岁,还会有 60 岁、70 岁、80 岁,倘能创造出光荣的后半生,同样会受到总理的称赞。

"民族利益与劳动人民的利益是一致的。有了民族立场，还要进一步建立劳动人民的立场。"周恩来对立场问题的阐释由此又深入一步。他说，今天的人民包含工人阶级、农民阶级、小资产阶级和民族资产阶级。工人阶级是领导阶级，农民是集体农民，资产阶级和小资产阶级还有点尾巴。建立劳动人民的立场，就是要去掉剥削阶级的立场，逐步站到劳动人民这一边来。周恩来认为，劳动人民的立场，并不能自发地建立起来，而要经过长期的锻炼，要不断地加强思想改造。

周恩来说，认识了立场，这是一个问题；站得稳，站不稳，这又是一个问题。陈独秀、张国焘，就是站不稳立场而致叛变。由此可见，就是做了共产党员，也有不能善始善终的，大家要经常警惕。

周恩来分析了特赦人员的具体情况，指出他们过去在改造生活中，对立场问题有明确的标准，出来后是考验思想的问题了，要看改造成果是否巩固。

周恩来鼓励溥仪和杜聿明等人要多读书，读了书还要能够运用，特别要多读《毛泽东选集》，因为容易懂，且能与中国革命进程联结得起来。周恩来说，人民内部问题也要不断讨论，真理愈辩愈明，要用辩证的观点来解决。总理习惯地挥动受过伤的右手，微笑着向大家说："你们要不断争论，讨论，才能认识真理，去粗存真，求得对立统一。现在是你们新生的开始，今天是以新人资格来相见的。现在你们是新人，不是皇帝、总司令了，现在是以朋友相待了。"

周恩来继续说，是要民主革命阶段论，还是要不断革命论呢？当然是要不断革命论，要过好社会主义关，将来还要过共产主义关。可以做的事情很多，一个人，一个社会，都要不断革命。尼赫鲁说我们正处在"革命之火的时代"，美帝国主义则说我们"革命狂热"。不错，革命之火永远在我们这里存在。我们的国家不仅要有经济建设，还要有政治建设和精神建设。我们的时代是向前发展的，你们也要不断进步。

谆谆教诲，苦口婆心，多么民主，多么和蔼，多么亲切的总理啊！溥仪内心充满了对周恩来的崇敬之情。他从亲笔记录的周恩来讲话稿里，摘抄出许多警句，并反复誊录在日记上，用以鞭策自己。当然，今天来看这篇讲话，某些内容不免带有20世纪50年代后期的时代的辙痕轨迹，这不仅能为读者所理解，亦更突出了历史的真实。

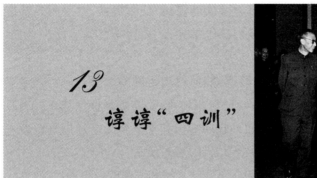

13 谆谆"四训"

　　周恩来款款而谈,殷殷切望,溥仪和杜聿明等洗耳恭听,铭刻心间。

　　讲完立场问题,周恩来又讲了三个基本的思想观点问题,即劳动观点、集体观点、群众观点。周恩来说,社会主义的原则是"不劳动者不得食",有机会去劳动锻炼,对你们来说还有必要。你们 10 年来已养成一定的劳动观点,但获释以后不易巩固,大家要注意,要坚持下去,不要抛弃。你们的眷属也能参加生产劳动,改变了生活方式,这是好事,要予以鼓励。家属也是社会的人,她们也能帮助你们。

　　周恩来又说,10 年改造有好的一面,你们过着集体生活,有了一定的集体观点,应该加以巩固而不能抛于一旦,不然个人主义思想就会抬头。因为你们不是一干二净,个人主义的东西还不少,要常常过集体生活。所以现在把你们组织起来,与政协联系,经常进行学习。周恩来还风趣地说:"我们都是集体生活嘛!家庭也是小集体。女人工作是好事,夫妻都在外边工作,礼拜天见面更好,天天在一起就要吵架了。儿子会与你争论,或批评你们,对此可要有思想准备。"

　　谈到群众观点,周恩来认为其实就是集体观点的延长,它们是一个问题的两个方面。周恩来说,群众观点是中国革命最重要的问题,共产党人并没有三头六臂,依靠毛主席的思想,依靠群众,用这两条就把蒋介石的反动统治推翻了。今天我们搞经济建设、搞科学文化建设,一切都要靠六亿五千万人民。

如何建立共产主义思想,换句话说,如何树立正确的思想观点? 就是要从毛主席著作、马列主义中学习劳动观点、集体观点,并加强群众观点。周恩来概括地讲完这几句,又把亲切的目光投向溥仪和杜聿明等:"你们有做新人的感情,就必须继续改造思想,努力学习,巩固这些观点。"

周恩来不但关心溥仪等11人树立正确的立场和正确的思想观点,而且还具体过问他们特赦后的工作和生活问题。他说:"工作、生活、劳动、学习、参观,要好好安排一下。参观学习的目的,是为了帮助你们进一步了解国内情况。"周恩来是这样部署的:从现在起两个月内由全国政协组织参观,听报告,作为内部文化娱乐场所的政协礼堂三楼各房间,也对特赦人员开放,可以自由看书阅报或参加其他文体活动。两个月之后再考虑工作安排问题,在此期间凡家在大陆的都可以返乡探亲,也可以把眷属接到北京来,具体事宜由统战部和政协负责。

鉴于有人提出想和台湾的亲友通信,藉以劝导他们为台湾回归祖国做些贡献,周恩来表示,个人写信要靠得住点儿,但希望从缓,不要太急、太挖苦,对他们要以民族利益为重,工作要做长,才有利。

周恩来最后又谈了溥仪等特赦人员的前途问题。他说,走社会主义共产主义道路,做新人,有奔头,你们做得好,狱中人会感到更有希望。他们改造得好,也可以分批释放,这对社会有好处。可是,要社会认为已经出来的人的确不错,那才能办到。你们是头一批释放的,彼此要互相勉励,允许你们互相来往。既要勉励自己,也要勉励狱中的人。在狱中的人个别至死不悟的也会有,但大多数经过改造能够分批得到特赦,使他们也有前途,出来跟着社会前进。你们这次出来33人,将来出来的会更多,都不要落伍。

周恩来给特赦人员和在押战犯指出了光明前途,同时又说明,道路自己选择,也可以走另外的路。他举例说,个别人想出去,偷偷摸摸,周鲸文就这样。我们公开让他走,走后写了一本《风暴十年》,原来他出去是为了一笔美金。我们不会为这一点儿事大惊小怪的,民主人士和共产党员中也有逃兵嘛! 如果还有这样想的人,可以向我们说。

周恩来把两种前途都摆在溥仪等人面前,话锋一转,实事求是地说明了当时严峻的国内外形势,说明了建设新中国必定碰上的种种困难,坦率地亮明了家底。他说,帝国主义垄断资产阶级想消灭我们,有的民族国家也制造麻烦,我们要在这样的条件下,把贫困的中国变成繁荣、富强、现代化的中国,还要赶超英国,这当然需要兄弟国家帮助,但主要依靠自力更生,依靠大家的努力。周恩来非常真诚地向特赦人员强调说,你们不要把现在想得那样好,北京的巷子里还有很多矮小房屋。全中国实现现代化,还需要几十年。精神面貌也不一致,有的还不和你们,过着个体生活,进步慢。想得那么好,又把自己搞糊涂了。当然,基本上是好的,毛病也有,不断在改。我们是替后人开路,第二个五年计划比第一个五年计划要快,不断总结经验,求得进步。

讲完前途问题,周恩来对溥仪等特赦人员提出两点希望:"第一,要相信党和国家。党和国家对你们是信任的,你们要用自己的力量,为国家为民族多做贡献。第二,倘有不如意的事,可以写信,可以与中央统战部联系,有话就要说,不要积少成多,结成疙瘩。"

周恩来的讲话,并没有就此打住。他又想到,溥仪、杜聿明这些人现已走到社会上来了,会碰上些什么? 能够做些什么? 可能接受哪些影响? 又可能产生哪些影响? 看来还是事先讨论一下好。他想了想,接着说下去:"你们是从旧社会来的,旧的社会联系多,可以用自己的亲身感受帮助改造社会上的死角。"总理停顿一下,对坐在旁边的溥仪微微一笑,"溥仪先生可以起到我们起不到的作用"。

周恩来对溥仪的社会能量有充分的估计,他深信,溥仪、杜聿明这些人都有自己的优势,能够成为改造社会的力量。他同样深信,溥仪、杜聿明这些人也有能力抵御来自社会和亲友的不良影响。周恩来深有体会而又语重心长地对溥仪等特赦人员继续说下去,你们在旧社会中几十年建立的复杂关系,是不可能一刀斩断的,拒绝他们不行,让社会改造他们更好。你们到社会上,到你们的亲友中,有两个可能:一个是你们影响他们,一个是他们影响你们。亲友中新的一代会批评你们,要不断斗争,人与社会才能进步。这是新的考验,好的影响要接受,坏的影响要挡回去,人的乐趣就在这里。要防止庸俗的"你捧我,我捧你。"说到这里,周恩来看一眼陪见的水利电力部部长傅作义

（字宜生），用赞扬的口吻说："宜生参加水利工作，一个方案，争论不止，这是高尚的政治生活。"陈毅插话了，他说，绝不允许把旧社会、旧官场的习气拿到今天来。对此，周恩来表示赞成说："陈毅同志尖锐地提出来有好处，放在新的环境里，这是进一步的考验。"

最后，傅作义、章士钊都讲了几句。章士钊说："在共产党和毛主席领导的新中国，对各位将军进行特赦，在我国历史上是第一次。希望各位将军要按照总理指示，努力实现做一个改造标兵的光荣任务。"

从历史到今天，从理论到实践，绵绵不绝的淮安乡音已经送走了两个多小时。周恩来看看表，遂问工作人员预备了晚餐没有？当听说"没有预备"时，略带歉意地转向受到接见的人："以后再说吧。"

溥仪眼含热泪向周恩来道别，在场的人看得出来，他的两只手握得是那么用力！两人似乎正想说点儿什么，曾扩情、陈长捷，还有原国民党第六兵团中将司令卢浚泉、原国民党青年军二〇六师少将师长兼洛阳警备司令邱行湘，这四个人走过来了，他们即将离开北京回到各自的家乡去。周恩来知道这些当年的黄埔学生是来向他辞行的，便用"后会有期"四字向溥仪礼貌道别，又一一与曾扩情等人握手，把他们一直送到客厅门口，并叮嘱说："你们一定要回家过年，骨肉团聚。"

周恩来这次接见、讲话，对溥仪、杜聿明等11人是极大鼓舞，而讲话中多次提到溥仪，客观评价他的前半生，更使他受到深深的感动。

接见过后，溥仪和杜聿明主动整理并归纳了周恩来的讲话记录稿，把其中提到的爱国观点、阶级观点、群众观点和劳动观点集中起来，十分崇敬地尊称之为"四训"，作为前进方向和行动准则，铭记心间，永志不忘。

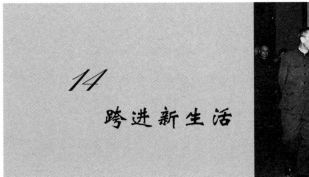

14

跨进新生活

接见过后,国务院的小汽车仍把溥仪送回西城区前井胡同6号五妹韫馨家中。过了不到10天,周恩来派的人又敲开了小四合院的黑漆大门,他带来了总理的口头建议:让溥仪长期住在妹妹家里不合适,生活也不方便,不如再来过一段集体生活。

溥仪欣然接受了总理的建议,并于1959年12月23日搬到东单附近苏州胡同南口的崇内旅馆,与杜聿明、宋希濂、郑庭笈和原国民党第二绥靖区中将司令兼山东省政府主席王耀武同住,他们每人都有一个房间,当然是政府出钱给租的,溥仪在214室。

首批特赦并留京的人员中,还有邱行湘、陈长捷、曾扩情、卢浚泉、杨伯涛以及原国民党浙西师管区中将司令兼金华城防指挥周振强等6人,住在大前门南边的虎坊桥旅馆。

遵照周恩来的安排,1位前皇帝和10位前国民党的将军被编成一个专门小组,周恩来还派了秘书担任联络人员,及时与负责这个小组的学习和日常生活的北京市民政局沟通情况。从此,溥仪在崇内旅馆度过了一段充实、愉快而难忘的时光。6天后即1959年12月29日,溥仪给抚顺战犯管理

所金源副所长写信,流露了跨进新生活的无限喜悦之情。他写道:

> 我这些日子,在民政局的殷兆玉同志、市政协林之月同志的引
> 导下,同杜聿明等10人一起,先后参观了农业展览馆、工业交通展览
> 馆、体育场、宣武钢厂、民族文化宫、民族饭店等地。以后每星期三、
> 六,我们就参观。参观回来,我们也进行漫谈。在春节以前,政府组
> 织我们参观和学习,听报告……昨天(28日)我们得到通知,曾到人
> 民大会堂听陈毅副总理讲国际国内形势,我真没想到坐在人民大会
> 堂和人民一起听中央领导人的报告,这才是我一生最光荣的,同时
> 更给我极大的鼓舞。

对溥仪和杜聿明等人,周恩来可不是板起一副说教式的政治面孔,只管
他们参观、听报告、学习、讨论,而是一位富有人情味儿的总理,真诚关心着他
们的日常生活。

住在崇内旅馆和虎坊桥旅馆的11位新公民谁也不会忘记,在一个风雪交
加的早晨,中共中央统战部联络委员会主任马正信急匆匆地来了。他问大家
有没有肥皂用?并说"这是总理想到的事情,他今天凌晨两点打电话给我,叫
我来问问你们,而且希望给大家多买一点带回去用。"又说:"请大家随我上街
再买点衣物,总理希望你们每人能够添置一件大衣。"据有关的文字记载,这
个真实的场面发生在1960年1月9日早餐前后。当天上午就给每人分发了
肥皂,而大衣则由几个人引领,前往商店试体采购,费用全是政府支付。起
初,溥仪和其他特赦人员一样,对总理关心买肥皂这类小事感到奇怪。后来
他们明白了:1960年初,正是国家开始进入经济困难的时期,在物资供应方面
很快便采用了以票证控制、定量分配的办法。溥仪在致金源的信中还叙述了
殷兆玉跟他一起赴商店买大衣的过程:

> 政府还发给我们每人一身大衣。昨天,殷同志和我到百货大楼
> 买衣服,因为快要过年了,买东西的人非常多。我穿的大衣须9号才
> 合适,可是9号却卖光了。殷同志还和该店负责人商洽,大概今天就
> 可以把9号大衣给我送来。

周恩来无微不至,给刚刚跨进新生活的溥仪和杜聿明等11人,创造了优
越的条件和环境,令他们十分满意。也是在给金源的那封信中,溥仪还写入
这样几句话:"每人生活费补助60元","有病时一切医疗费由组织上给","这

里洗澡、饮食都极方便,还有电视呢"!20 世纪 60 年代初,电视还远没有进入中国的千家万户,难怪溥仪也觉得很新鲜。当时,溥仪等人的旅馆房费及出门交通费一律由国家报销,伙食按包餐制,每人每天只交一元钱,却可以吃到两荤两素的四菜一汤。溥仪仍然保有在抚顺时的好胃口,饭量特大,这位昔日的"真龙天子"似乎并没有觉得生活掉价。他发自内心地感激党和政府的照顾,感激总理的关怀,一再表示要在实际行动中对祖国、对人民贡献一切力量。

转眼已是一月下旬,时有三两声爆竹震荡北京的小巷,再过几天就是春节了。

北京市委统战部和北京市民政局在崇内旅馆举行便宴,招待留京的首批特赦人员。宴会结束后,大家座谈特赦以来的感想。正谈得有趣,旅馆服务员告诉溥仪说有两位老先生在楼下求见。溥仪接过服务员手中的信封拆开一看,却不由得大吃一惊。原来这是两张向"皇上""请安"的红帖。恭恭敬敬的墨笔正楷字写在折叠的印花红纸上,一个落款赫然是"前大清翰林院编修陈云诰",另一个则是"前大清度支部主事孙忠亮"。溥仪不看则罢,这一看顿觉气不打一处来,对服务员大声说:"叫他们滚!我不见他们!"杜聿明、宋希濂和王耀武几个人赶忙跑出来,问溥仪为啥发这么大的火?溥仪便把红帖递给他们看。大家看了一阵都憋不住嘿嘿地笑了。如果说这种事着实令那些国民党将军发笑,那么,对溥仪来说则应该是能够理解的。在这位前皇帝 3 岁到 40 岁的漫长岁月之中,每年都要收到数以万千的红帖——一般是用黄缎为面、红纸为里而制作的相当精致的请安折子。然而,溥仪不能不感到意外的是,清朝已经灭亡半个世纪了,仍有思想如此顽固的遗臣。这也足以说明周恩来接见时所说的"社会死角",确实是客观存在的。旅店服务员见溥仪发了火,便回到会客室对来客说:"溥仪外出,不在房间"。以此替他挡了驾。这件事,第二天就传到了周恩来的耳朵里,总理哈哈大笑说,清王朝已被推翻几十年,解放也 11 年了,今天居然还有人怀念皇帝,来向皇帝拜年。如果溥仪不特赦出来,谁能相信还会有这种人,会在新社会发生这样的事①!

---

① 依据溥仪未刊文稿。又参见沈醉:《皇帝特赦以后》,载香港《新晚报》1981 年 3 月 12 日。

　　这显然并不是一桩普通趣闻,而是最富生动性和典型性的事例,不能不引起周恩来的深思。他说过,人的思想是不容易改造的。皇帝经过改造都不想当皇帝了,而过去的臣子却还没有忘记这个皇帝,还想当臣子,实在不可思议。周恩来由此想到一个大问题:必须帮助溥仪巩固改造的成果。逝去的10年,溥仪处于监押条件下,思想改造带有强制性;特赦以后环境变了,在新的情况下,如何保证思想不滑坡呢? 几天之后,也就是1960年1月26日,周恩来接见溥仪及其家族成员时,用谈心的方式当面鼓励溥仪要研究这个新问题,以下是两人的对话:

　　周恩来:……你后几年进步了,但不能说巩固。改造,第一是客观环境,第二是主观努力,现在环境变了。那时,你不那样做不许可,现在环境变了,可做可不做。而且,现在也不一定每个人都能把你当成平民看待,可能有的人还会向你下跪打躬。

　　溥仪:这次回来后还有两个老头,拿着用清朝官名写的信来见我,当时我说要出门,没空儿,没见他。我想,没法说服他们,没办法。

　　周恩来:在现在的环境下,一定要起变化,一定要认识这个环境,要战胜这个环境。

　　溥仪:自己的立场坚定,就可以帮助落后;自己如不坚定,就会受到影响。

　　周恩来:这一点不容易,共产党革命了几十年,有的还犯错误。

　　把溥仪和杜聿明等11人组织起来,仍过集体生活,安排他们参观、学习、听报告,出席丰富多彩的社会活动。周恩来所做的这一切,都是为了让他们认识新环境,在社会与自由而不是监狱和关押的条件下,巩固改造的成果,坚定正确的立场,重写自己的历史。

　　在同一次谈话中,周恩来还十分关心地向溥仪询问了这一时期参观、学习的感想,他显然是要直接向当事人验证自己的一项工作决策的效果,对话在亲切的气氛中进行:

　　周恩来:你们参观了吗?

　　溥仪:参观了很多单位:电子管厂、民族宫、民族饭店、清华大学等等。清华大学真了不起,学生搞尖端科学。

　　溥仪这次在北京参观深有感触。他向总理述说,也向前来访问他的国际友人述说,还向亲戚朋友述说。在不久后写给族侄毓嶦的私人信件上还有这样一段话：

> 我们政府还组织我们同蒋介石集团战犯这次被特赦的 10 个人，一起住在崇内旅馆，并一同参观了首都的工业、农业、学校、街道等等社会主义建设，亲眼看见首都建设的巨大变化，各种建设的飞跃发展，真是又惊又喜。感到在伟大的毛泽东时代，身为一个中国公民的无限骄傲自豪感①。

周恩来细听溥仪谈参观观感，颇为他的思想收获而高兴，对话继续进行。

周恩来：那你比我看得还多呢！农业机械厂也去过吗？

溥仪：没有。公社只看了一个。前几天还和宋希濂一起去动物园一次。

周恩来：过去也到过动物园吗？

溥仪：那是很早的事，我都记不得了。听七叔说，我两岁时去过一次。

周恩来：现在添了许多新动物、新设备，其中有些是外国朋友赠送的。

从动物园又谈到清宫，总理对溥仪说，他们没到过清宫的，都想去看看，你可以给他们指点指点。周恩来在这里讲的"他们"，当然是指住在崇内旅馆和虎坊桥旅馆的前国民党将军们。周恩来希望原清宫主人能给那些将军当个义务导游员，同时他更赞成溥仪能有机会，回到小时候登极的地方看看，这件事在几天之后就实现了。

1960 年 2 月初，溥仪和杜聿明等人在故宫尽兴地玩了一天。旧地重游，溥仪自有无尽的感慨。他曾对这方城的高墙表露过切齿的痛恨，然而，那养心殿外、坤宁宫前，又怎能不在溥仪的心头留下几丝温馨美好的回忆呢？当年，冯玉祥将军执行人民的意志，把这位中国的末代君主从这里逐出；而今，周恩来总理代表人民的利益，又建议这位不平凡的普通公民来此重游。30 多年人世沧桑，连同故宫今昔剧变，无不令溥仪惊异，作为历史的见证人，他在《我的前半生》一书中写道：

> 令我惊异的是，我临离开故宫的那副陈旧、衰败的景象不见了。到处都油缮得焕然一新，连门帘、窗帘以及床幔、褥垫、桌围等等都是新的。打听了之后才知道，这都是故宫的自设工厂仿照原样重新织造的。故宫的玉器、瓷器、字画等等古文物，历经北洋政府和国民

---

① 参见 1960 年 8 月 18 日溥仪致毓嵣的信，手稿。

党政府以及包括我在内的监守自盗，残剩下来的是很少了，但是，我在这里发现了不少解放后又经博物院买回来或是收藏家献出来的东西。例如，张择端的《清明上河图》，是经我和溥杰盗运出去的，现在又买回来了。

在御花园里，我看到那些在阳光下嬉戏的孩子，在茶座上品茗的老人，我嗅到了古柏喷放出来的青春的香气，感到了这里的阳光也比从前明亮了。我相信故宫也获得了新生。

刚刚跨进新生活的溥仪，得到了周恩来及时的、讲究方法的、富有思想性和人情味的教育和引导，大踏步地走向新社会了。

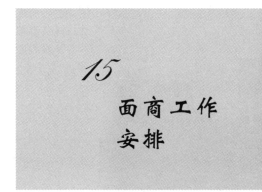

15
面商工作
安排

1960年1月26日上午11时30分至下午3时。

全国政协礼堂小会议室。

这就是周恩来接见并宴请溥仪及其家族成员的具体的时间和地点。三个星期以后,溥仪在给抚顺战犯管理所副所长金源的信中,还记述了当时的热烈场面以及自己的激动心情。他写道:

> 我们的周总理在政务百忙中,在政协礼堂接见我和我的家族:我的七叔载涛、四弟金友之(即溥任)、我的六个妹妹,和我们一一握手并一同进午餐。当我进入政协礼堂时,周总理已在那里等着我们,总理健壮的身体,慈祥和蔼的面孔,父母般的关怀与殷切问话的情景,深深印入我的脑子里,是我永远不能忘记的。总理对我们说了不少勉励的话。在和总理的谈话中,不能不使我感动得流了好几次眼泪。

溥仪很真诚,他在半年以后给族侄毓嶦写信,再度言及总理这次接见和宴请,其中也有"周总理……种种对我们的关怀、安慰、勉励,真是令我感动得几次流下眼泪来"等真情

1960 年 1
月 26 日,周恩
来与溥仪面商
工作安排的情
形,左为载涛

实感之言。

　　接见和宴会过程中,周恩来与溥仪及其家族成员亲切而不间断的交谈,
话题也是非常广泛的,但有一个主题,那就是跟溥仪面商工作安排问题。

　　溥仪的工作安排问题,是在半月前即 1 月 12 日提出的。那天,中共中央
统战部副部长平杰三、贺一平,中央统战部联络委员会主任马正信,北京市委
统战部部长廖沫沙,全国政协副秘书长申伯纯,以及全国政协机关秘书处长
史永、总务处长连以农等统战系统领导同志,在全国政协礼堂宴会厅设午宴,
招待溥仪、杜聿明等 11 位首批特赦留京人员。这实际是一次"工作午餐",杯
箸之间,领导同志就集中参观、学习结束后,留在北京工作还是返回原籍的问
题,逐一向特赦人员征询了意见。溥仪因为原在长春的妻子已经离婚,因此
只能选择留在北京。他在 1960 年 2 月 19 日致金源的信中这样记录了当时的
情景:

　　　　统战部首长关怀我们的生活、学习和工作,并根据个人的志愿,
　　给每个人适当的安排。我们 11 人中,有曾扩情、卢浚泉、邱行湘、陈
　　长捷回到自己家乡,各在本地找工作;杨伯涛、周振强回家后仍愿回
　　北京,政府发给每人来往的路费;杜聿明、宋希濂、王耀武、郑庭笈和
　　我则留在北京,将来政府给适当安排。

　　去留问题解决以后,确定工作岗位便很自然地提上了日程。要给中国末

代皇帝安排一个为人民服务的岗位,这是全世界都不曾碰到过的崭新问题。在中国,像这样的问题只能摆在周恩来面前了。

就在 1 月 26 日的接见和宴请之中,周恩来当面了解溥仪的知识基础情况、身体状况、兴趣和爱好等,千方百计要给他安排一个力所能及而又合适的工作。下面即是周恩来跟溥仪面商时的对话。

周恩来:今天和你谈谈,给你安排一下。你愿意在工业部门吗?想搞哪一种工业呢?

溥仪:想搞轻工业,或在公社中,都可以。

周恩来:你看,究竟哪一种更适宜?

溥仪:反正都是学习,现在我自己也说不清楚哪种适宜。

周恩来:你多大年岁?几月生日?

溥仪:正月生日,快满 54 岁了。

周恩来:按选举年龄,你已经 54 岁,还要学工业,比我先进了。学工业倒不难,车床活儿主要看你的眼睛怎么样。

溥仪:眼睛——700 度近视。

周恩来:操作精密仪器恐怕不成了,我看可以找找各部的研究所,找一个合适的工作。你过去喜欢化学还是物理?

溥仪:我什么也没学过,物理、化学完全不会。过去只学孔家店这一套。

周恩来:你写的那份"我的前半生"还不错嘛!

溥仪:那是我说,由我兄弟执笔写的。另外,阮振铎帮忙。

周恩来:那么,你的文学能力也不行吗?

溥仪:这恰恰能说明封建时代的特点。我小的时候贪玩不念书,老师也不敢管,后来长大了,简直就成了老师听学生的话。学《四书》、《五经》时,只念不讲,即使讲了,也不往心里去。虽然我从 6 岁一直念到 17 岁,但念得不行。英文学了 3 年也忘了,简单的话还能说。至于物理、化学,都没学。

周恩来:日文会不会?

溥仪:不会。溥杰会。

周恩来:轻工业活儿很细,可能更累。你再想想,主要看能否研究点什么?

溥仪:现在,党认为怎样适当,我就怎样做。

周恩来:你的身体怎样?要照顾你的身体。

溥仪：现在没什么病，在抚顺时检查过，仅有痔疮。

这时，周恩来转身对陪见的国务院副秘书长、总理办公室主任童小鹏，总理办公室副主任罗青长和中共中央统战部联络委员会主任马正信等3人说：给他找个医院，做一次全身检查。多活几年总好嘛！

溥仪：那当然！我现在新生了，希望多活几年，多给国家做事。

周恩来：你自己再想想，看在哪里工作合适？我看还是找找各部的研究所，一半学习，一半做工，既照顾你的身体，也学一点儿自然科学。可以让研究员教你，他们都很年轻，你受教不受教呀？我们可以告诉他们，要互相帮助，你可以教给他们历史知识，现在的青年多数不知道历史。到研究所去有政治生活，可以参加学习、讨论。住在集体宿舍里好，星期天再回到家里。先学几年，你愿不愿意这样做？这样，基础更巩固一些，有利于今后的发展。

溥仪：可以。

为了给溥仪安排一个合适的工作，周恩来绞尽脑汁，深思熟虑，调查研究，当面商讨。他考虑这一问题的出发点，首先要巩固溥仪10年改造的思想成果，他珍视这些成果，看作是人民和社会主义的一个胜利。

为了给溥仪安排一个合适的工作，周恩来仔细询问了溥仪的身体状况，调查了他的文化知识基础，研读了他写的长篇自传，了解了他的兴趣和爱好，分析了他的历史身份和当前处境。所念不可谓不周全，用心不可谓不良苦。

起初，北京市民政局提出了让溥仪在故宫博物院工作并参加轻微劳动的建议，周恩来立即否决了。他说，这样安排不妥，如果让溥仪在故宫劳动，游人一定会包围他，那让他怎样工作呢？这是显而易见的嘛！

在溥仪当皇帝的年代里，也曾有过"业余爱好"，他读过一些中医书籍，听过朱益藩师傅关于中医中药理论的"御前进讲"，实物考察过无数种类的中药或西药，在抚顺战犯管理所也曾专门学医，并参与医务室听诊、打针、量血压、针灸等医务实践活动。所以，周恩来跟他面商工作安排时，他也曾表示希望当个医生，又被总理当机立断予以否决了。

周恩来：你读了不少医书，但是你不要给人家治病，治好了没事，治坏了就会有闲言闲语，这样不好。

溥仪：其实也没读过太多的医书，主要是那时自己的身体不好，如果还照过去那样生活下去，我的生命也保不住了。

周恩来：你先检查身体,然后再联系几个研究所,看在哪里合适? 订个 3 年计划,把自然科学学会一点儿。

溥仪：我对算术一点儿也不行,连加减乘除也不大会。

周恩来：你在抚顺时,对自然科学方面的东西看得懂吗? 生产知识大概更差了。

溥仪：旧社会把我造成一个大废物,只知道坐享其成。

周恩来：在抚顺时搞过农业没有?

溥仪：只浇浇水,抬抬东西,还剥过蒜。

周恩来：搞过农业生产没有?

溥仪：农业生产归国民党战犯,不归伪满战犯。电机,原来由伪满战犯管理,后来也交给国民党战犯了。忙时曾帮助养猪,或到伙房帮厨。

周恩来：那你可以炒菜啦?

溥仪：做菜也不会。

周恩来：那你只好洗碗了。

溥仪：那会。

周恩来：我不晓得你的底子,最好找容易学的,可以先学点儿物理、化学、数学。

参见陪见的童小鹏在旁插嘴说:可以到农业研究所搞搞农业机械。

周恩来：农业机械是比较简单,但也不一定。……如果你觉得农业劳动在室外好,也可以。主要是学点儿科学,也可以在试验农场。

溥仪：最好搞简单的,由无到有,由浅到深。

周恩来：准备订个 3 年计划。……能学点儿本事最好。能不能改造,环境是客观存在,客观可能性和主观能动性要结合起来。《毛泽东选集》你看过几遍?

溥仪：没整遍看过,只是挑着看。

周恩来：我回去查查看,家里可能还有两部《毛泽东选集》,那就送给你一部。你要学嘛,当然要送给你一部。

溥仪：我的生命是属于党、属于人民的,我要尽一切力量做好工作,一定不辜负毛主席和总理的期望,一定不辜负。

作为在任总理和退位皇帝的谈心对话,内容普通,意义深远,是有资格永远载入史册的。这里未加铺陈，更不着力渲染，面对朴实无华的对话原始记录，读者自能体会当时的气氛，以及对话双方的表情和心理。

面商结束，周恩来立即与平杰三、童小鹏等人逐个分析国务院各部研究所的情况，最后决定把溥仪放在中国科学院植物研究所所属的北京植物园。位于首都西郊的这个绿色王国，空气清新，环境幽雅，是个非常美丽的地方。

安排既定，周恩来亲自跟中国科学院院长郭沫若打了招呼，同时，又让平杰三把他的有关意见转达给北京植物园。当时已确定，溥仪在北京植物园的劳动期限为一年，原则上半日劳动，半日学习，要照顾他的身体，劳动时间也可以缩短。周日休息，活动自由，最好能隔一个星期安排他进城看看，探亲或购物。他的生活遇到困难，要及时给予补助。

1960年2月10日，也就是农历庚子年正月十四日——溥仪的54周岁生日，中共北京市委统战部部长廖沫沙约见溥仪等5人，宣布了新的工作安排。2月24日，溥仪给金源写信，记述了这个隆重的时刻：

> 市委统战部廖部长（还有几位统战部与民政局的首长），在政协文化俱乐部，约杜聿明、王耀武、宋希濂、郑庭笈和我谈话，对我们的工作、学习、劳动进行了安排。我是到中国科学院北京植物园（香山）去工作，研究热带植物。杜聿明等4人是到红星人民公社去工作。我们每天是一半学习，一半劳动，有时到京听首长们的报告。政府仍照常给我们生活补助费。廖部长对我们作了最恳切的叮咛和勉励。

为了爱新觉罗
家族的团圆

　　还是从 1960 年 1 月 26 日这个溥仪难以忘怀的日子说起。这天按农历是己亥年腊月二十八日，再过一个夜晚就是除夕了。周恩来所以选定这一天找溥仪面商工作安排，当然也有别的考虑。

　　春节，是中国民间最隆重最盛大的节日，当它来临的时候，亲人们无论如何也要聚集起来，热热闹闹地吃顿年饭，甜甜蜜蜜地诉说亲情。对于爱新觉罗家族来说，溥仪的特赦返京，当然是一宗可以告慰先人并载入史册的大喜事，然而，他们能够尽情地、快乐地、毫无顾忌地度过这即将到来的春节吗？

　　1959 年 12 月 9 日溥仪从抚顺返抵北京时，等在新车站上迎接他的只有四弟溥任、五妹韫馨和五妹夫万嘉熙，还有溥俭和溥佳两位堂弟。别的妹妹、妹夫都没有来，是太忙吗？感情疏远？显然都不是。

　　溥仪在小朝廷当"关门皇帝"的时候，醇王府的格格们经常入宫"会亲"，溥仪只有和她们在一起才感到欢乐；溥仪在天津当寓公，弟弟妹妹们也聚在张园或静园读书，并陪伴大哥上街购物，到起士林进餐，或赴跑马场游戏；溥仪当上伪满皇帝以后,二弟以及二妹、三妹、四妹和五妹,又都聚到他的身边,而且,妹妹们全都由他"指婚"出嫁……他们兄妹关系实在很不寻常。

曾几何时,在历史的变迁中,溥仪一下子从皇帝宝座上跌落到囚笼里边去了,成了千夫所指的人民公敌。格格们也顿时失去了"金枝玉叶"的郡主地位,历尽劫难而后生。

当历史演进到 50 年代末的时候,兄妹之间忽然又能够手足相聚了。然而,时代的隔阂,历史的隔阂和政治的隔阂,使往日的格格们不得不十分谨慎了。

溥仪经历了漫长而孤独的宫廷生活,又经历了也很漫长的囚笼生活,特别是在抚顺,后期还经受了妻子离婚的打击,可以想象,他多么需要家族团聚的温暖啊!记述崇内旅馆那段生活的时候,他在 1960 年 1 月 3 日致金源的信中,深情地写下这样一段话:

> ……除参观学习外,我的几个妹妹(七妹韫欢还没有见)、兄弟、侄子等找我吃饭、欢聚,每天觉得时间过得那么快!

当时,亲属们对溥仪还不敢太亲近,像七妹韫欢根本就不见他,不认这个大哥!溥仪出关投敌那年,她只有 10 岁,此后再没见过大哥。长大以后,充满两耳的都是国人对大哥的唾骂之声,他不是"皇上",更不是大哥,是"奸贼"!多年来,韫欢再不想与溥仪联络通讯,或以为他早就死无葬身之地了。后来忽然听说当过"皇上"的大哥已经特赦回京,她没有什么激动,也不曾感到有什么高兴,因为对溥仪的怨愤之情一时还难以扭转。于是,她借口学校工作忙,不去车站迎接,其后也未去看望。

周恩来敏感地觉察了潜藏在爱新觉罗家族内部的隔阂,为了爱新觉罗家族的团圆,为了让已经获得特赦的中国末代皇帝享受到应有的天伦之乐,周恩来决定亲自出面做些工作。他选择了跟溥仪面商工作安排的机会,并把这个机会与除夕的前一天联结起来,其精心之处显而易见。

这天,周恩来邀请了溥仪的部分亲属。他们是溥仪的七叔、全国人大代表、全国政协委员载涛,溥仪的四弟、北京市西板桥小学校长溥任,溥仪的二妹、家庭妇女韫和,溥仪的三妹、北京市东城区政协委员韫颖,溥仪的五妹、北京市新街口食堂会计韫馨,溥仪的六妹、家庭妇女韫娱,溥仪的七妹、北京市崇文区精忠庙小学教导主任、区政协委员韫欢,唯溥仪的四妹韫娴因病未到。

　　受到总理邀请的,都是溥仪的同姓直系亲属,一奶同胞,有话好说。见面之后,周恩来还特意向溥仪解释说:"你的家族大极了! 今天请了你妹妹,没有请妹夫。因为时间来不及,春节后我要出去。"总理确实是在日理万机的繁忙政务中,抽出时间来安排这次会面的。节后不久,他就和陈毅等连续出访了尼泊尔、柬埔寨、越南和蒙古等亚洲国家。

　　"你的妹妹很多?"开始谈话后,周恩来向溥仪提出了第一个问题。

　　"一共6个妹妹:二妹、三妹同母;四妹、五妹、六妹、七妹同母。"溥仪答道。

　　由于接见通知是当天上午才一个个送达的,继而分别派车接他们来到全国政协礼堂,不免有人先来,有人后到。溥仪的弟弟妹妹无例外都是头一回见到国家总理,显得很拘谨,周恩来便分别和大家谈心,也开玩笑,把气氛搞得很和谐。

　　落座伊始,周恩来坚持坐在茶几一侧的小沙发上,而把中间的位置突出的大沙发留让溥仪坐,他说习惯了,请大家随便坐。可是,载涛迟疑了,一时未敢紧挨溥仪坐到中间的大沙发上去。如果在家里,或许这类事情就不会发生。这简单的举动,周恩来既没有视而不见,也没有开口批评谁,却转向载涛风趣地说:"你是他叔叔,怎么还不敢挨着他坐? 还怕皇上? 皇上没坐下你不敢坐下是吗?"说得载涛笑着坐到了溥仪身边①。

　　周恩来与溥仪聊了一会儿,韫和、韫馨和韫娱一起走了进来。她们每人都问候了总理,并向溥仪唤一声"大哥"。溥仪很感慨,脱口说了一句:"今天不只是我,连我的家眷也都一起来了呀!"原来,总理在此之前还没向溥仪透露他的邀请名单。

　　"老六在哪里工作?"周恩来转向韫娱问道。

　　"我在家里画画,但画得不好。感谢政府对我的培养和教育,我一定好好努力。"

　　周恩来了解到韫娱尚未正式参加工作,仅临时给安定门国画工厂画书签,便问她向谁学过画? 她说曾同七妹一起随故宫如意馆的一位画师学过几

_____

　　① 参见关于溥仪亲友座谈《末代皇帝》剧本的报道,载《北京晚报》1982年10月24日。

年绘画。总理就此发表评论说,如意馆是皇帝的御用画院,画师应制而作,以满足宫廷需要为目的,其作品往往缺乏生气。然而,画面典雅,技术纯熟,还是值得研究的。在民国时代,愿意学如意馆的画,又请得起该馆画师的,怕只有醇王府子弟了。为了提高现代国画的水平,今天也应该借鉴如意馆的风格,扬长避短嘛。这方面也需要人才,不过,如意馆的画师恐怕很难找到了。说到这儿,总理让陪见人员记下韫娱的工作问题。事过不久,她便被北京画院聘用了①。

"老五在哪里工作?"周恩来的目光又转向韫馨。韫馨很腼腆,让总理一问竟不知说什么好了,七叔载涛遂代她回答道:"她一直在饭馆工作,做了好几年。原来端盘子,现在管收账,得过好几个红旗啦!"

听了载涛的介绍,周恩来称赞韫馨说:"你这样出身的人,愿意在饭馆工作,很难得呀!"事后韫馨曾说,她当时并不太喜欢在饭馆工作,被总理表扬后真就安心下来,工作更努力了。

"你还不够 40 岁吧? 看来身体比较好。"周恩来又温和地向韫馨问了一句。

"42 岁了。"韫馨答道。

韫欢是最后到的,听总理称呼她"金志坚老师",这位在小学当教导主任的"皇姑"激动得很,想给总理鞠一躬,她的手却在这时被周恩来握住了。

这天,韫欢正在学校写总结,上午 10 时接到区政协的电话,说一会儿有人来找,请她别离开。11 时许来了一辆小轿车,校长让她上车,说有首长接见。韫欢一听慌了,因为刚参加大扫除,一身尘土,遂提出回家换件衣服,司机却说来不及了。上车后,司机告诉她:"今天是总理接见你们全家,总理已经到了,其他人也都到了,就差你。你这个地方真不好找,转了半天才找到,已经晚了,总理还请你们吃午饭呢!"韫欢几乎不敢相信自己的耳朵了,见到总理时更激动得忘了已经准备的问候总理的话。

"我是金韫欢,刚从学校来,来晚了……"

"请假了吗?"周恩来温和地问。

"是校长让我来的。"

---

① 参见凌冰:《爱新觉罗·韫欢》,宁夏人民出版社 1984 年版,第 161—162 页。

韫欢，这位 26 岁以前不曾离开醇王府花园的皇家格格，是位很有魄力的勇敢女性。北京解放前夕，她冲破封建家庭的束缚，先在四哥溥任开办的竞业学校帮忙，继而跟一位志同道合的女教育工作者一起，拿出积蓄，变卖首饰，兴办了一所"坚志女子职业学校"，专门培养谋求自立的失学女生。其间，她阅读了毛泽东的著作，并接触了共产党员，从而立下彻底摆脱封建家庭、走向新社会的坚强意志，遂为自己重新取名"金志坚"，她正是以这个最能表达心愿的名字走上新中国教育岗位的。总理叫出这个名字，是对她的了解、评价和奖赏啊！

韫欢后来回忆当时的场面，七叔、四哥和姐姐们都到了，唯独不见溥仪，顿时气不打一处来。心想：难道他还要摆谱吗？还放不下皇帝的架子？让总理耽误时间等他？然而，她怎能想象，28 年前留在小妹心目中 25 岁的英俊小伙的形象，已经变成了坐在总理和七叔中间的干瘦老头儿！她把这个"不相识的人"当作国务院或政协的工作人员了。显然，误会里也有政治隔阂的成分。这个现场发生的情况，又被周恩来敏感地察觉了，他看看溥仪，又看看韫欢，风趣地说："这真叫大水淹了龙王庙，自家人不认得自家人。还是让我来介绍你们兄妹认识一下吧！"韫欢这才在总理面前，与大哥握握手，嘴里却不曾喊出"大哥"二字，这一细节当然也逃不过周恩来的眼睛。

韫欢热爱教育事业，工作有成绩，还列席过全国群英会，周恩来不但了解这一切，还知道她的家庭生活比较紧张，带了个孩子够辛苦的，遂对她说："听说你是个优秀教师呢！也要注意身体，劳逸结合。"

"我也并没有做出什么像样的成绩，只是在努力学习。"韫欢平静地说。

"早听人家说七格格谦虚谨慎，看来一点不假。"周恩来在爽朗的笑声中继续说，"当然，谦虚谨慎比骄傲好，在成绩面前不知足才能不断前进。"

周恩来肯定了韫欢的长处，随后却把话头悄然转向新的方面。他说："先进思想同落后思想的斗争，不但在社会上有，在一个家族内部或一个家庭内部也有。因为即使是同一家庭的成员，经历和环境也并不完全相同，就有的人进步快一点，有的人进步慢一点。出现这种状况怎么办呢？后进的要向先进的学习，虚心请教，以求尽快赶上去。先进的也要把帮助落后当做自己分内的工作，不怕麻烦，不嫌弃人家落后，嫌弃是不对的。你不也是从落后变为先进，不也是在先进同志的帮助下进步的吗！你先进了几步，就嫌弃人家，就连自己的兄弟姐妹也拒绝帮助吗?"韫欢深知总理这番话是专对自己讲的。大哥改造期间,自己始终不与之联系,听到大哥特赦的消息也不去车站迎接,至今连看也不去看他一次,这还不是嫌弃吗? 实际是怕受连累,影响进步,以致兄妹相见不相识,闹了笑话。韫欢就此改变了对大哥的态度。

善于调解气氛的周恩来转而又问韫欢"还作画不作画"? 得知韫欢仍以画笔为业余爱好,总理连连点头说,这样好,即使没时间动笔,也可以经常注意绘画理论和实践的发展,观摩佳作,不断提高理论水平和欣赏能力。总理还说,希望将来能看到老六和老七姐俩的画作①。

周恩来利用与溥仪面商工作安排的间隙,又与韫颖攀谈起来。

"你是老三吧?"

"是,我行三。"

"你在区政协工作?"

"在东城区政协,每天上班,我分管发送学习通知。"

"你们那里有多少委员?"

"300 多位。"

"男委员有多少? 女委员有多少?"

韫颖没记清这个数字,一时答不上,觉得很窘,周恩来马上调解空气,轻松地对韫颖说:"我在全国政协,你在区政协,咱们是同事嘛!"气氛一下子活跃起来了②。

周恩来又把话题转到韫和身上。她是响应政府号召、数月前才走出家门的,办了个街道托儿所,开始为社会服务了。总理了解这一情况,并给予积极的评价。

"你的爱人在哪里工作?"

"在邮政局基建处,是土木工程师。"

"满族人吗?"

"汉族人。"

---

① 参见凌冰:《爱新觉罗·韫欢》,宁夏人民出版社 1984 年版,第 162—163 页。
② 参见金蕊秀:《党和国家领导人对我们全家的关怀》,载《相遇贵相知》第二辑,辽宁教育出版社 1987 年版,第 280 页。

"姓什么?"

"姓郑。"

"啊,是郑孝胥家的。"周恩来想起来了,韫和的丈夫郑广元,原名郑陨贲,伪满洲国总理大臣郑孝胥之孙,毕业于上海圣约翰大学,后来留学英国,也是一位知识分子。

"老五的爱人是谁?"周恩来又问韫馨。

"姓万。"韫馨答。

这一个"万"字在周恩来的脑海中马上反应过来了,五妹的丈夫万嘉熙在北京编译社从事翻译工作,其父万绳栻忠于清朝,忠于溥仪,也是地方上的一位名人。

"啊!是江西的万家,张勋的秘书长。万家和我们周家还有点儿表亲关系呢!"

周恩来是党和国家的领导人,也是一位普普通通的人,与爱新觉罗一家人聊天,让人倍感亲切。他说有一回见到老舍夫人胡絜青,一眼看出她是满族人,就问:"你是满族人吧?"果然是。说到这儿,总理又指着韫馨开玩笑说:"你可不像满族人,大概是吃汉人的奶太多了吧!"在场的人都笑了,谁也不再感到紧张或拘束,都很自然地把总理视为自家亲人了。

在午宴的餐桌上,周恩来亲自向在场的每位爱新觉罗家族成员让菜。溥仪在这种场合是最不会客气的人,无论有什么大人物参加的宴会,溥仪吃饭时,也有一种唯我独尊的架势,这大约是皇帝的习惯难改吧!总理可不计较这个,他是说话为主,吃饭为辅,主要话题便是在座者的"列祖列宗"。从康熙到宣统,周恩来就像历史学家那样,用唯物史观科学评价了清朝历代皇帝的功过。他说,康乾时代把中国现在的版图大体确定下来,他们对中华民族是有功的。至于溥仪,3岁登基当宣统皇帝,自己不能负责,后来又当伪满皇帝是有罪的。现在好了嘛,回到人民中间来了。

这时,桌面上除溥仪夹菜随便,其他人都显得拘谨。周恩来微笑说,你们醇亲王府的人太受家规拘束,又是请安,又是叩头,太麻烦了。现在我们还是不要那么多规矩好,谁要给我叩头,我会认为是骂我。总理见大家又在轻松的气氛中伸筷夹菜了,遂借题发挥,滔滔地讲下去。他说,著名京剧演员谭富英夫人就不买旧礼节的账,当儿媳妇的时候就反抗过大名鼎鼎的老公公,不给他请安,老公公毫无办法。反对一切旧的东西,包括陈规陋习,总是需要一些勇气的啊!

谈到冲破旧礼教,周恩来想起了卓文君的故事。他说,临邛富商卓王孙之女卓文君,不甘于寡居生活,爱上了文学家司马相如,两人私奔后,又因贫穷重返临邛,亲自动手酿酒叫卖。卓王孙深以为耻,不得不承认女儿的自主婚姻,分予财产,随其往成都婆家安居。爱新觉罗家族的人们谁都没有料到,借用历史故事,总理赞扬了溥仪的"进步",说他从溥仪在抚顺写的长篇自传中看到,这位经过改造的皇帝,"能够用革命精神向封建宣战","把家里头的老家底全抖搂出来,这是不简单的"。总理还就此对溥仪的亲属们说:"你们也许受不了,你们应当向他学习,你们可别扯他后腿。"①

周恩来既说到溥仪的短处,又强调他的长处;既指明其他家族成员的优点,又不放过他们的不足。正如溥仪在一封私人通信②中所说:"在午饭时,总理又和我及我的家族讲了许多的话,可以说对我家族每个人的教育都是很大的。"这就从根本上打破了爱新觉罗家族内部的思想隔阂。

周恩来的话尚未讲完,他又提到在座者无不尊崇的一个人物,那就是原醇亲王府的家长载沣。总理对这位统治中国达 3 个年头的清末监国摄政王,作出了历史唯物主义的公正而全面的评价。总理说,慈禧太后出于"垂帘听政"的需要,选定一个 3 岁的孩子溥仪承继光绪皇帝,并连带把无心从政的 27 岁的载沣推上了监国摄政王的高位,这段史实当然不应由载沣负责。载沣执政期间,忠于清朝,尽了最大的努力,而未能阻止中国封建专制制度的结束,这是历史发展的结果,并非某位个人的过错。总理肯定载沣在辛亥革命中的表现是好的,其间他辞去了监国摄政王的职务,并不主张以武力对抗革命,也不反对宣统皇帝"逊位"这些表现顺应了时代的潮流和人民的意愿,客观上有利于革命。总理说,难得的是,载沣在民国以后始终不曾参与遗老们复辟清王朝的活动。作为政治家和反对分裂祖国的爱国者,处在日伪统治下的载沣并不屈从日本人的劝诱,反对溥仪到东北当儿皇帝,在政治上同"满洲国"划清了界限,表现了民族气节、政治胆识和魄力,这是他晚年的最大成功。总理

---

① 溥仪致金源的信,1960 年 2 月 19 日。未刊。
② 溥仪致金源的信,1960 年 2 月 19 日。未刊。

面对溥仪说："本来想见见你父亲,后来听说他有病,没见着,他就故去了。你到东北去,他是反对的,不同意的。"离开政治方面的评价,总理又提出礼仪和文化方面的话题。他说,直到民国时代载沣仍在王府内实行繁琐的清朝旧礼,新中国成立后他却立即废除了封建礼节,可见其思想是开通的,随着历史而进步。总理继续说,载沣是位难得的满文专家,国学底子也很深厚,又是清末民初以至日伪时代历史的活见证,对天文学还有相当深入的研究。他既可以在文史研究方面

晚年的载沣

做出贡献,又可以在自然科学方面创造成果,新中国成立后,如果不是他已经瘫痪在床,本来是要请他出来,安排一定工作的。总理又十分知情地说,载沣一方面学习科学,另一方面又不尊重医药科学,相信命运却不相信中医或西医,有病不治,有药不吃,结果吃了大亏,使本来可以治好或减轻的病迅速恶化,1951年2月3日去世了,只活了68岁,实在是很可惜的[①]。载沣的儿女们听完总理这番话,有谁能不为之动情而心潮澎湃!

午宴结束时,已是下午两点多钟了。周恩来最后谈了团结问题,给在座者留下深刻印象。

载沣与子女在天津(左起:七妹韫欢、五妹韫馨、六妹韫娱、三妹韫颖、二妹韫和、四妹韫娴、四弟溥任)

---

① 参见凌冰:《爱新觉罗·载沣》,文化艺术出版社1988年版,第260—262页。

　　周恩来先谈民族团结问题。他说,民族最后要同化,满汉不分,但这是后代的事。现在要讲民族平等,各民族共同发展,满汉要团结得更好。总理转对溥仪说:"你要努力学习,搞出点成绩来,这对你个人有好处,对人民有贡献,对满族也有好处。你学得还不够,要努力学习。"总理又面向大家说下去,清朝的八旗制度后来腐败了,实际上削弱了自己。清朝被打倒了,满族倒复兴了①。

　　周恩来再谈家庭团结问题。他指指溥仪对在座的爱新觉罗族人说,你们家属要帮助他,一个家庭也有左、中、右,我家兄弟三个就是左、中、右都有。要争取前进,帮助落后。家里的人到一起最容易谈老事,比如谈过去看过什

在五妹韫馨家宅院内溥仪与亲人们合影

么戏,其实现在的节目比那时的戏好多了。画画也是现在的名人可以合作,过去哪成啊? 你改他一笔都不行。说到这儿,总理特别举出于非闇(1888—

―――――――――

　　①　参见《周恩来统一战线文选》,人民出版社 1984 年版,第 403 页。

1959）和陈半丁（1876—1970）为例，两人都是著名国画家，生前又都曾担任北京中国画院副院长。总理说，过去他们无法合作，50 年代以来却可以合作大画了。只有这样的社会，才能出现这样的事实，旧社会把人变成鬼，新社会把鬼变成人，情况都是有变化的。周恩来用发展变化的观点，教育了爱新觉罗家族的成员，要求他们正确对待溥仪。

因为周恩来下午还要参加会议，秘书一再从旁提醒，他才起身歉意告退。临走还说："邓颖超同志身体不大舒服，今天才没有来，以后还要请大家到家里去。我先走一步，你们兄妹团聚也不容易，不妨再继续谈谈吧！"

总理走了，溥仪兄妹依然沉浸在幸福之中。韫欢冲着那位起初看着不顺眼的瘦老头，终于亲昵地开口叫了一声"大哥"。在场的人们注意到，溥仪的两只眼角上悬着晶莹的泪珠，大家都很激动。

17

走向世界的
园丁

　　1960年2月10日,在北京市委统战部部长廖沫沙约见溥仪、杜聿明、王耀武、宋希濂和郑庭笈5人宣布了工作安排之后,中央统战部副部长、全国政协秘书长徐冰,全国政协副秘书长张执一,全国政协常委兼联络委员会主任委员邵力子,全国政协秘书处副处长连以农,北京市委统战部副部长夏英喆和联络委员会副主任龚引斌等,在全国政协机关餐厅设宴,为溥仪等5人饯行。一两天后,溥仪和杜聿明等分别走上自己的岗位。在一封私人信件中,溥仪详细记述了当时的活动,字里行间透露一种欢欣鼓舞的心情:

　　2月14日,民政局殷[兆玉]同志同我到科学研究院植物园[应为中国科学院北京植物园],去看一看宿舍、食堂、温室等处,市[委]统战部廖[沫沙]部长、民政局办公厅王旭东主任随着也到了植物园,和我们一同参观,并和植物园办公室主任奚斌同志谈了话。

　　2月16日,殷[兆玉]同志送我到中国科学院北京植物园去工作。这是我在特赦后第一次参加伟大祖国社会主义建设,是参加劳动的第一天!我和劳动人民一起学习、一起劳动、一起生活、一起工作,这是平生最大的光荣和愉快的日子,也是我幸福生活的开始。我和[北京植物园]主任俞德浚、办公室主任奠斌见了面。

在 18 日,奠斌主任和俞德浚主任召开了一个全植物园各组同志的座谈会,介绍我和各组长见了面,互相谈了话。我们组织上安排我在温室工作。我们的组长是吴应祥同志和孙可群同志。下午,吴应祥同志约我到温室,又和全温室组各位同志见了面并谈话。

19 日上午,我到温室工作,组长、组员耐心地帮助我学习和工作,我太感动了。下午是政治和业务学习,现在,政府给我买了《毛泽东选集》。业务方面,吴组长给我三本书:一本是自然科学丛书《植物学基础知识》,一本是俞德浚主任编的《植物园工作手册》,一本是《华北习见观赏植物》。现在是下午 5 时,是学习时间,给所长写好了信,这就发去。我想,您们看见我的信,一定为我高兴①。

溥仪在北京植物园(摄于 1960 年)

溥仪踏上第一个工作岗位,内心充满喜悦和激动,因为对他来说,开始了崭新的生活。在臣僚拥戴、奴仆伺候的氛围中度过了大半辈子的人物,终于能使用自己的双手为别人做事情了!

在植物园,溥仪是以普通园艺工人的面貌出现的。每月发生活补助费人民币 60 元,相当于当年一名熟练工人的月工资,吃在职工食堂,住在独身宿舍,劳动中接受所在班组的组长的领导,认真向老师傅学习操作技术,所有这

————————————

① 参见溥仪致金源的信,1960 年 2 月 19 日,未刊。引文中[ ]内的文字系本书作者所加。

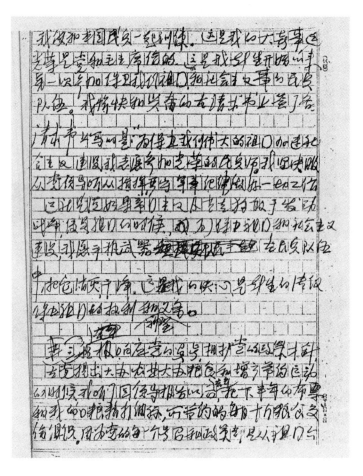

溥仪在植物园
要求参加民兵训练
的《申请书》

一切,都和普通劳动者无异。

　　然而,不可否认的是,在溥仪身上毕竟还有特殊一些的地方,比如来自上头的关照特别多,这就不是一般人所能享有的了。

　　中国科学院院长郭沫若、院党委书记兼副院长张劲夫,就很关心这位新来下属单位报到的园艺学徒工。他们亲自过问溥仪的工作安排和生活情况,有时间还要到植物园看看他。

　　北京市民政局作为溥仪成为公民以后负责接待的第一个政府部门,也一直关心这位北京的新市民。王旭东、殷兆玉等民政局干部常常带着彭真市长的指示到植物园来,跟溥仪谈心,问他有没有困难?有时彭真还直接把电话挂到植物园主任办公室,希望尽可能多地了解这位新市民的思想和活动。

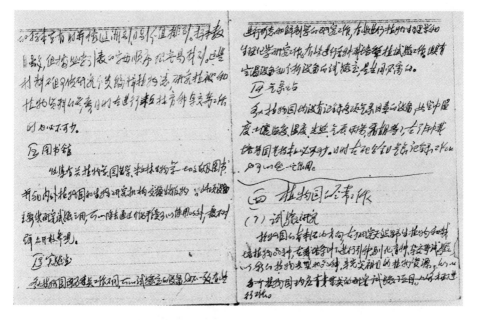

1960 年夏,溥仪记下了在植物园学习栽培知识的笔记

　　最高人民法院院长谢觉哉、最高人民检察院检察长张鼎丞,作为把溥仪从战犯改造成为公民的专政机关的代表,继续关心溥仪,也到植物园看望他,愿他能巩固住改造的成果,不断进步。在 1960 年 4 月上旬召开的第二届全国人民代表大会第二次会议上,谢觉哉还就溥仪的成功改造问题作了专题发言,认为他确已脱胎换骨,从四体不勤、五谷不分变成“植物园的工作人员”,这正像溥仪自己所表示的,“是祖国重新给了我生命”。

　　第二届全国人民代表大会常务委员会委员长朱德、水利电力部部长傅作义等国家领导人,利用到北京植物园观赏花卉的机会,也一定要会见溥仪,亲切地跟他攀谈。

　　作为公民的溥仪不但为国内各界所关注,也是受到全世界瞩目的人物,从他住在崇内旅馆时起,就被蜂拥而至的各种肤色的来访者团团包围了。其中有俄罗斯哲学家、乌克兰女作家、匈牙利和墨西哥的记者、智利等拉丁美洲国家的法律工作者以及英、美、日等国的作家与记者等等。

　　是谁把作为公民的溥仪介绍给社会,从而引起各界的关注呢?又是谁把改造好的中国末代皇帝推向世界,由此引来深思的目光呢?毫无疑问,是毛

溥仪会见乌克兰女作家

泽东和周恩来!

　　毛泽东和周恩来的目标,当然不止于让溥仪当好普通公民、当好园艺工人,还要让他起更大的作用。前天,曾把溥仪拉下皇帝宝座;昨天,又把他从监狱中放出;今天,要让他走上社会,走向世界,这都是历史的新课题。毛泽东和周恩来的智慧,就在于他们能够顺应时代的合理要求,从溥仪的具体条件出发,给他提供了许多实际的可以发挥作用的机会,不但巩固了溥仪的改造成果,且使他感到报效有门,思想更加奋进。

　　1960 年 5 月 9 日,毛泽东接见伊拉克、伊朗和塞浦路斯外宾时,从各国人民反对帝国主义及其傀儡政权的斗争形势和经验,谈到统一战线和团结问题。毛泽东指指在座的翻译马坚先生说,他信仰穆罕默德,但不反对社会主义,我们两个并不打架。今天没有他,我们就不能开会,我们不能脱离他。在这里,毛泽东讲了一个非常深刻的道理,他恰恰是使用溥仪这个事例,来说明中国革命这条基本经验的:

　　　　有各式各样的人,并不都是共产党。我们有六亿六千万人口,但只有一千三百万共产党员,共产党的任务就是团结六亿五千万人。被打倒的阶级,我们也要改造,譬如地主阶级以及其他剥削阶级。还有解放战争中被我们俘虏的国民党将军们,也是采取改造的办法。有一部分已经被赦免了,其中还有一个皇帝,他在北京,名叫溥仪,他从三岁到六岁统治全中国,统治我们,后来被推翻了。他现在很有进步,他已经被赦免,不是战争罪犯了,恢复了他的自由,他今年才 53 岁。他说他现在真正解放了,自由了。他现在在北京植物园工作。你们有兴趣可以集体找他谈一谈。他是这样的人,我们也并不杀他,改造好了,还有工作能力,只是不能做国王就是了。要战胜帝国主义,需要有广泛的统一战线,要团结一切可能团结的力量,只是不包括敌人在内。这是我们的经验。

当毛泽东向外宾介绍中国经验的时候,也把溥仪推荐给国际友人了。如此推荐,在同一时期中不止一次。半个月以后,又有一批拉丁美洲客人,根据毛泽东的建议,专程来到北京植物园,与中国末代皇帝见了面。溥仪把这件事记入了日记①:

> 上午,智利一人,阿根廷一人,秘鲁三人(律师、作家、医生、画家、提琴家),到植物园访问我(王旭东主任、殷[兆玉]秘书、奚[斌]主任在座),周而复[陪同],对外文化联络委员会介绍。
>
> 他们对于我的如何学习、改造的过程,极感兴趣。
>
> 我们领袖毛[泽东]主席接见拉丁美洲朋友时,曾谈到可以见溥仪去。
>
> 拉丁美洲朋友对于我国政府的改造政策以及对我的改造过程极感兴趣,因而访问我,特别着重地问我学习、改造经过。

刚刚在上午接待了毛泽东推荐的拉丁美洲朋友,下午溥仪又被周恩来请到人民大会堂去了,在那里将举行欢迎英国前总参谋长、陆军元帅蒙哥马利的盛大国宴。蒙哥马利是第二次世界大战期间最负盛名的盟军统帅之一,他在1960年5月24日至28日期间首次访华,并会见了毛泽东、周恩来和陈毅。其时,周恩来和陈毅刚刚结束对尼泊尔、柬埔寨和越南的访问,并即将出访蒙古,这次宴请蒙哥马利就是出访蒙古的前夕举行的。作为总理特邀的客人,除溥仪外还有在红星人民公社劳动的杜聿明,这显然是因为他们两人都从各自的角度与第二次世界大战相关联。

开宴后,周恩来向客人一一介绍了在座人士。据溥仪日记载,有副总理陈毅元帅、副总理贺龙元帅、副总理罗瑞卿大将、副总理习仲勋、国防部副部长肖劲光海军大将、中央监委副书记肖华上将、国务院副秘书长齐燕铭、水利电力部部长傅作义、卫生部部长李德全、文化部部长沈雁冰、外交部常务副部长章汉夫、对外文化联络委员会主任张奚若、文化部副部长夏衍,还有中国致

---

① 参见溥仪日记,1960年5月26日手稿。引文中[ ]内的文字系本书作者所加。

溥仪接受记者采访

公党主席陈其尤、作为爱国教育家的中国伊斯兰教大阿訇达浦生、著名民主人士章士钊、文学家舒舍予、史学家侯外庐、歌唱家郭兰英等。当周恩来指着溥仪向蒙哥马利介绍说"这位便是中国清朝的宣统皇帝"时，溥仪出人意料地大声回答："今日光荣的中华人民共和国公民溥仪！"总理与在座者一起热烈鼓掌。

溥仪所以要在蒙哥马利元帅面前强调自己的公民身份是有原因的。1939 年 2 月 24 日，经"康德皇帝"溥仪之手裁可，公布了《关于满洲国参加对于共产国际之协定之议定书》，伪满从此加入"日德意防共协定"，把自己拴在了希特勒法西斯战争的战车上，固然这是执行日本主子的命令，却也是可耻的一页。今天，当溥仪坐在大名鼎鼎的反法西斯司令官蒙哥马利元帅身旁时，岂能不为曾在反动营垒内充当"小伙伴"而深感羞愧！人们可以理解的是，这时的溥仪真希望能把历史忘光，而仅以今天的形象陪伴元帅。

杜聿明则与溥仪的心情有所不同。因为蒙哥马利和杜聿明两人曾是同一历史时期的同一条战壕的战友，他们在反法西斯旗帜下共同为人类做出了贡献，所以能有共同的语言。

"你的百万军队到哪里去了？"第二次世界大战期间的非洲战区地中海战场指挥官蒙哥马利，向当年的中国战区中缅战场指挥官杜聿明发问。

"都送给他了。"杜聿明指了指坐在对面的陈毅，用幽默的语言回答道。

"你可没有这样大方，是我们一口一口吃掉的！"陈毅摇摇头，微笑着插了嘴。

"还是送了一半的，因为这一半是国民党败在自己手里。"杜聿明对国民党大陆政权的毁灭确实抱有如此看法：一半是由于共产党的正确和强大，得到人民的拥护；一半是因为国民党的反动和腐败，失去了民心，也失去了军心。对这后一半，杜聿明本人就曾经有过切肤之痛。

"连一个士兵也没剩下？"蒙哥马利问得非常认真，或许他有意研究发生在中国的这一颇有价值的战例。

"就剩下我自己。"杜聿明的回答诙谐而实事求是。

"你也进入了社会主义嘛！"周恩来插完这一句话，全场的人都笑了。

杜聿明已经把手下的百万大军、继而又把思想中的百万大军都送给了陈毅元帅，而溥仪则把他的金銮殿、皇帝宝座，连同头脑里的"大清帝国"统统交给了周恩来总理，他们都已成为值得尊敬的爱国者了。

翻开1960年10月29日的溥仪日记，我们还能看到这位中外瞩目的人物，应国务院外事办公室主任廖承志之邀，出席在国际俱乐部欢送埃德加·斯诺的酒会的记录。

作为著名美国记者，斯诺曾在1936年冒险采访陕甘宁边区，写成《西行漫记》一书，向全世界真实地报道了中国革命的情况，也由此成为毛泽东的朋友。中华人民共和国成立后，斯诺先后于1960年6—10月、1964年和1970年三次来华，每次都与毛泽东、周恩来见面会谈，被喻为中美两国关系方面"报春的燕子"。在1962年1月30日召开的扩大的中央工作会议上，毛泽东使用亲切而坦率的口吻谈到斯诺：

> 他老要来中国，1960年让他来了。我同他谈过一次话。我说："你知道，对于政治、军事，对于阶级斗争，我们有一套经验，有一套方针、政策和办法；至于社会主义建设，过去没有干过，还没有经验。你会说，不是已经干了11年了吗？是干了11年了，可是还缺乏知识，还缺乏经验，就算开始有了一点，也还不多。"斯诺要我讲讲中国建设的长期计划。我说："不晓得。"他说："你讲话太谨慎。"我说："不是什么谨慎不谨慎，我就是不晓得呀，就是没有经验呀。"同志们，也真是不晓得，我们确实还缺少经验，确实还没有这样一个长期计划。1960年，那正是我们碰了许多钉子的时候。1961年，我同蒙哥马利谈话，也说到上面那些意见。他说："再过50年，你们就了不起了。"他的意思是说，过了50年我们就会壮大起来，而且会"侵略"

人家,50 年内还不会。他的这种看法,1960 年他来中国的时候就对我说过。我说:"我们是马克思列宁主义者,我们的国家是社会主义国家,不是资本主义国家,因此,100 年,1 万年,我们也不会侵略别人。至于建设强大的社会主义经济,在中国,50 年不行,会要 100 年,或者更多的时间……"①

"噢,是皇帝驾到,我得给您叩头。"斯诺早已从毛泽东那里得知溥仪的近况,遂微笑着用略显生硬的汉语跟他开了个玩笑。

"历史上那个有罪的皇帝已经死去了,如今,站在您面前的是公民溥仪……"

"身体怎么样?"斯诺问。

"在旧社会我过着腐朽堕落的生活,弄得身体极坏,走一二里地就喘得缓不过气来。现在我整天走路或劳动,也不觉得累,真是越活越年轻了!"溥仪不无骄傲地回答着。

"在我的印象里,您过去是被日本人强制送到东北去的。"斯诺终于谈起往事。

"日本军国主义对我这个当过清朝皇帝的封建余孽感兴趣,当做他们的利用对象,而我呢? 也想借助日本的力量复辟清朝。伪满洲国就是这种阴谋勾结的产物。我对祖国的背叛助长了日寇的凶焰,其结果使中华民族牺牲了 1000 多万同胞,损失财富 500 多亿美元,造成中国历史上的空前灾难。犯下了这样的大罪,党和政府对我却该杀不杀,并把我教育改造成为新人,这也是史无前例的壮举。"

斯诺很高兴,又把话题从历史上拉回来:

"您现在在什么部门工作呢?"

"在北京植物园。"

"您喜欢植物吗?"

"我在那里已经度过了半年时间,对各种花卉产生了浓厚的兴趣。"

作为招待会的主宾,面带微笑的斯诺到各桌敬酒去了。这时,一位态度温和、仪貌端庄的外国老年妇女走过来,用流利的汉语向溥仪打招呼。她也

---

① 参见《毛泽东著作选读》下册,人民出版社 1986 年版,第 827 页。

溥仪接受著
名美国记者斯诺
的采访

是毛泽东的朋友——著名美国记者、进步作家安娜·路易斯·斯特朗女士。1946 年 8 月毛泽东在延安会见她时，曾针对当时的国际、国内形势发表谈话，提出"一切反动派都是纸老虎"的著名论点。中华人民共和国成立前后，她 6 次访华，当 1958 年以 72 岁高龄最后一次来到中国时，便从此长住北京了，以发表通信的形式，向全世界介绍中国的情况。当这位职业记者听说中国末代皇帝来了，岂肯放弃这绝好的采访机会？而溥仪获悉来者就是斯特朗，一种崇敬和羡慕的情感油然而生，他们十分投机地聊了起来。

"不正是您在延安见到我们毛主席，并进行了那次举世闻名的重要谈话吗？"

"是的，我经常见到毛主席。这一回，我已经是第 6 次到中国来了，我曾到国内很多地方游览。"

"那您一定会看到：今天，中国人民已经站起来了。中国共产党和毛主席领导中国人民，进行几十年的革命斗争，推翻了帝国主义、封建主义和官僚资本主义，才创建了繁荣、富强和幸福的新中国。"

"我不但看到了站起来的中国人民，也看到了一个强大的中国，它对于保卫世界和平、制止战争，起了极大的作用。"

溥仪在当天的日记中，详细记述了他在酒会上的活动与见闻。他还写道：

我更听别人讲，美国作家斯诺现在不打算回美国，要到欧洲去。

他说，因为美国物价昂贵，他在美国生活不起。斯特朗女士这次已住中国二年,她不愿意回美国去。她说,回到美国,再要到中国就不行了,美国不给办出国证。

日本保卫和平人士西园寺公一也来和我谈话。我说,美帝国主义是中日两国人民最凶恶的敌人。我对日本人民争取和平、民主、独立、反对帝国主义的斗争表示同情,但是,日本还在反动统治下,池田反动内阁阻挠中日友好,是我反对的。

西园寺说,日本反动派,人究竟是少数,日本广大人民是有力量的。他说,为了和平、民主、反对殖民主义,我们中日两国人民是站在一条道路上的。我说,很对。西园寺后来又到别处去谈话了。

毛泽东介绍的外宾一批批来到植物园,周恩来的请柬也一张张传入溥仪的手中。尽管如此,当中国刚刚进入20世纪60年代的时候,还会有许多发生在溥仪身上的事情,或许会让今天的年轻人难以理解,所以常常为了一些很小很小的事情,也不得不让国家总理分神。

1960年10月,溥仪当时的工作单位所在地香山人民公社开始选举人民代表。溥仪从来不曾接触这类选举,更不知道自己有没有资格当选民,为此请示北京植物园的领导。如果说,溥仪是因为出狱未久,不谙外界情况,那么,多年担任基层行政领导工作的同志,总不该把这种容易判断的事情也当作难题吧?然而,处在宁"左"勿右的年代,又面对当过皇帝的经历复杂的特殊职工,他们似乎都忘记了理智的判断,谁也说不清溥仪是否可以当选民。溥仪那颗心则因此而被悬了起来,他又生活在焦灼不安之中了。

植物园领导马上请示中国科学院院部,院部领导又请示国务院,层层请示,直到把问题摆在国家总理面前。周恩来当即指示工作人员打电话答复请示单位说,溥仪特赦后就是公民了,怎么能没有公民权呢?有选举权,也有被选举权,这是不言而喻的嘛!不久,溥仪在南辛村大墙上贴着的选民名单中,高兴地看见了自己的名字。

后来他在书中记述了1960年11月26日作为公民参加投票那一时刻的喜悦心情,在他看来,那张选民证比自己见过的一切珍宝都贵重,选民证使他成了"世界上最富有的人"。1963年4月14日,溥仪又一次高举选民证在北京西城区丰盛选举站参加投票;1966年4月3日,溥仪第三次,在设于南草场小学的选举站票箱内,投进了自己庄严而神圣的一票。

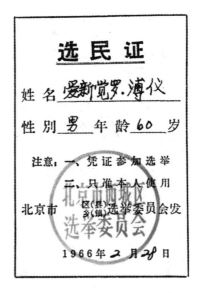

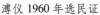

溥仪 1960 年选民证　　　　　溥仪 1966 年选民证

1961 年 2 月,一年届满,溥仪就要离开无限留恋的植物园了。他舍不得走,直到领导答应他的请求,允许他每星期还回来住一两天,才愉快地走上新的工作岗位。他还以《我在北京植物园一年来的劳动锻炼和几个观点的初步实践》为题,对植物园的一年生活做了总结。溥仪是这样开头的:

> 回顾在植物园的一年生活,无论学习还是工作,都有进步,有收获。当然,也存在不少缺点。现在加以总结,对于今后的思想改造是有教益的。

> 来植物园之前,周总理亲切地接见第一批特赦人员,恳切地勉励我们,要求我们要牢固地确立四个观点,即民族立场(爱国主义观点)、集体观点、群众观点、劳动观点。现在,我高兴地看到,自己经历了上述观点的初步实践。我认为,植物园为我建立和确立这些观点,提供了最好的环境……

在北京植物园,溥仪仅是一名普通的园丁,普通到连能不能当选民都要请示。然而,经由毛泽东和周恩来的介绍,他却作为"中国经验"的一个鲜明例证而走向世界了。

18

摇篮中的
著作

　　溥仪把360个日日夜夜留在北京植物园的同时,也把温室的花卉、香山的小路,永远留在自己温馨的忆念之中了。溥仪在植物园学会了装点人间的栽花技术,更为世界孕育了一部不朽的著作,这就是一经出版即广泛流传以至妇孺皆知的《我的前半生》。

　　《我的前半生》一书的基础,就是从1957—1958年溥仪在抚顺战犯管理所写的长篇自传。当时,开始于1954年的战犯认罪阶段刚刚结束,管理所领导要求正在关押的战犯,都以"我的前半生"为题目,每人写一篇自传,实际是让战犯在认罪的基础上总结自己的前半生。这种总结,不但有利于巩固接受改造的思想成果,而且形诸文字以后,自然成为各方可资参考的研究资料。由于溥仪经历特殊,又真诚接受改造,心迹坦白,昭然可信,管理所领导自然对他的总结特别关注并期以重望。

　　当时形成的一部长达45万字的文稿,虽也囊括了从家世、出身、3岁登极,直到1957年的生平重要活动,却显然还缺乏深思熟虑、精心结构和必要的核实。正如溥杰后来所说:"这份材料,只能说是一份自传性的自我检查,不像是书。"①从抚顺战犯管理所当时的环境和气氛看,出现溥杰说的那种情况不足为怪。就在那部文稿的"引言"中,溥仪自叙写作动机说:

古今中外的奇事

溥 杰

《我的前半生》由内部发行到公开问世，由初版、再版到现在，确实达到人人抢着买，个个争着读的程度。

为什么会这样？我觉得在作者溥仪的一生中，到处充满了复杂、离奇的成分。例如他曾当过三次皇帝——三岁时登上了末代皇帝的宝座，十二岁时在北洋军阀张勋和一些清末遗老的驾弄下，又当了一次昙花一现的复辟皇帝，当日本帝国主义疯狂扩大侵略我国时，又当了一段傀儡儿皇帝——成了"国人皆曰可杀"的罪人。

可是，他的后半生呢？却是在党的改造人类、改造社会的伟大政策下，他不但没有被杀头和被灭门九族，反倒一点点、一步步由鬼变成了人。无怪乎在一般人的眼中看来，都认为改造了一个皇帝确是古今中外从来没有的"奇事"。

这本自传式的书，完全是通过他本人的亲身感受，原原本本地写出来的。他怎样由一个普通的孩子，登上了末代皇帝的宝座，怎样在幼年时期度过「人上人」的生活，怎样受到最高封建的教育，怎样形成了他惯于倒行逆施的思想、行动……总而言之他是把自己所受到的种种污染的重要部分，抱着惩前毖后的心情如实地写出来的。

我常说：象溥仪，当然，也包括我在内的这些人，就好比是命中注定应当被太阳给晒干的一滴淤泥浊水，可是在党的教育下，在前拉后推的关怀、拯救下，却能一步步地走上了这些新生的光明大道。溥仪就是在这本书中把这些具体情况如实地记录下来。为什么会这样呢？就是从所以当他这本「现身说法」的自传一经出现，在国外也纷纷出版。

这本书中很多人可以得到不同程度的启发和教育。惩前毖后这句话，是应当从中吸取的，所以当我躬逢这本书出版二十周年之际，深深感到「有不能已于言者」的地方，所以拉拉杂杂写了这么一些，说它是所感也可以，说它是跋语也无不可。

拿我来说，我和他的关系，从来就是名符其实的「难兄难弟」，

1984 年 2 月 3 日溥杰撰写的《古今中外的奇事》一文

　　我写的这本书就是我前半生所走过的既肮脏又见不得人的一段丑恶经历。我所以下定决心要把它写了出来的主要原因,既不是

---

① 参见溥杰:《我与〈我的前半生〉》,载《人民日报》1984 年 12 月 15 日。

"丑媳妇难免见公婆"的消极心情,更不是抱定了"破罐破摔"的自暴自弃心理,而是想从我这哭不得笑不得的"哈哈镜"——说得更确切一点,就是一面"照妖镜",把我当年的这副丑恶原形赤裸裸地展现在祖国人民的面前,来表达我向祖国人民低头认罪和忏悔的衷忱。同时也为了要把我这前半生 50 年来的一切真人真事,进行自我暴露,比较有系统地摊摆在大家面前,好从我的这段切身体验的新旧对比里,来看过去的反动封建专制制度,曾是怎样坑害人民和欺骗人民的东西;替封建统治者服务的"孔家店"学说和迷信透顶的宿命论以及专门麻醉人民、迷惑人民的宗教等等,又都是怎样一些杀人不见血的毒刀;帝国主义和资本主义制度以及封建统治阶级,又是怎样地狼狈为奸,怎样地摧毁人类幸福,妨碍人类社会的向前发展。此外,还可以在这一活生生的新旧对比中,看一看我们祖国现在的新社会制度,又是怎样地优越,怎样地和广大人民今后的无穷幸福生活血肉相连,怎样地把形形色色的邪魔恶鬼——当然我更是首先应该包括在内的了——用马克思主义的伟大科学真理,改造成为新人的事实经过。

尽管这是一部自我暴露性质的文稿,当初本是作为罪犯交代材料的一部分而写成的,然而溥仪也曾想过把它发表出去,"特别是 1959 年来临的出乎意料的特赦,使我把前半生公之于世的愿望变得更强烈"①。是谁鼓励了溥仪,促其决心把一部自我检查文字材料提高为著作并公之于世呢? 第一个是周恩来。

溥仪获赦返京第 5 天,与杜聿明等 10 人一起受到周恩来的接见。总理与溥仪谈心时提出希望他多写回忆录,这使溥仪想起在抚顺写的那部长篇自传,遂把这事儿向总理汇报了。

"在哪里写的?"周恩来极为重视地追问道。

"在抚顺战犯管理所。"溥仪答道。

"管理所在抚顺市哪个区? 哪条街呀?"陪见的一位首长显然也感兴趣了。

---

① 参见溥仪未刊文稿。

"这个,我还说不清呢!"溥仪虽在管理所10年,却无需详知其所属街区,按规定,连通信地址也不用街区牌号,只写"辽宁省抚顺城管理所",这事他确实说不清。

"已经完稿了吗?"周恩来又问。

"这只能说是一部草稿,虽然已经过两次修改,还没有整理好呢!"溥仪答道。

溥仪这样说是有原因的。他清楚地知道,在几厚本手稿中仅仅修改了头一本,而且前后改了两遍,添字删段,稿面潦草,应当誊清。其余几本手稿亦需修改。鉴于这种情况,溥仪遂在12月29日给抚顺战犯管理所金源副所长写信,除说明他与总理交谈的情况外,还告知自己的看法:总理很重视这部文稿,很可能在近期内调阅,因此应预先请人誊抄清楚或干脆印出来,给总理或中央其他领导同志以方便。

溥仪哪里知道,早在这封信发出之前,甚至溥仪还没有离开抚顺,或是正对这部自传文稿的油印本进行修改的时候,由抚顺战犯管理所上报公安部的另外几部油印本,已经引起公安部、中央统战部和全国政协领导同志的高度重视。而且,根据中央统战部副部长徐冰的指示,又用4号字体按16开本分三册,以"未定稿"的名义铅印400部。溥仪向周恩来当面汇报自传文稿的情况时,"未定稿"已在印制之中。不久,这一套三册的白皮《我的前半生》(未定稿),就摆在了总理和其他许多中央负责同志的面前。与此同时,根据国务院的指示,群众出版社也把溥仪这部自传文稿,以"内部发行征求意见"为限出版了,这就是1960年1月见书的所谓"灰皮"本。

日理万机的周恩来忙里抽暇,到1960年1月26日接见溥仪及其家属时,那洋洋三大册"未定稿"就快读完两册了。总理在谈话中多次提到这部文稿,语气中充满了赞扬和肯定,认为它具有重要价值,同时也指出了它的毛病,把修改好这部文稿任务交给了溥仪。

面商工作安排时,童小鹏插话说可以考虑"搞搞农业机械",周恩来仍认为不甚合适,就在这时他忽然有所发现地把头转向溥仪,提出了一个似乎已经离开了"面商"范畴的问题。

周恩来:你的记性怎样?

溥仪:记性不好。

为征求意见而在 1960 年 1 月内部印发的溥仪《我的前半生》（未定稿），即所谓"灰皮"本

周恩来：你写的那个材料上，想出那些东西不容易。

溥仪：那是别人帮着搞的。

周恩来：你的记性还不错。不过有一点：你说你结婚时黎元洪还当总统，有点儿不对。

溥仪：不是。说的是徐世昌。

周恩来：你是哪年结婚？

溥仪：1922 年。

周恩来：那时徐世昌也不是总统了，这里有点出入。

溥仪：那还只是稿子，还要修改。

溥仪说他的记性不好，总理却认为不错，这件事早几年就有人辩论过。1954 年章士钊帮助溥仪的三妹韫颖给毛主席写信，他在信上添了"溥仪记性好，人名记得很清楚，很聪明"一句话，韫颖就不同意，一定要去掉。她举出一件很有趣的事例：

记得 30 年代我在日本时，曾给溥仪写过信，告诉他，"香蕉和白薯不能一块吃，有毒"。过后他又来信告诉我，"听人说，香蕉和白薯一起吃，有毒"，这说明他的记性还是不好。

这次谈到溥仪的记性，是因为那部自传文稿涉及了溥仪大婚当时的国内政治背景。从史实看，黎元洪于 1916 年 6 月继袁世凯为中华民国大总统，至 1917 年 7 月张勋复辟时避难去职，由冯国璋代理总统。1918 年 10 月到 1922 年 6 月徐世昌为总统。1922 年 6 月直奉战争后，黎元洪又复任总统，直到 1923 年 10 月让位于曹锟。溥仪大婚在 1922 年 12 月 1 日，其时民国总统确为黎元洪，他还曾遣使入宫致贺呢。从周恩来与溥仪的对话来看，两人的记忆均有误。当然，这里的重要问题并不在于史实的细枝末节，总理从溥仪的记性发现了他那份自传文稿的价值。在同一次谈话中，总理开始就肯定了溥仪以"我的前半生"为题写的那份自传文稿"还不错"，继而又在对话中系统阐述了他的看法。

周恩来：你写的东西有 40 多万字，因为总有事，我还没看完。春节后我要出去,现在先和你谈谈。你的东西基本上是要向旧社会宣战,彻底暴露,这是不容易的事,末代皇帝肯这样暴露不容易。沙皇、威廉的回忆录都是吹自己,英国的威尔斯亲王也是吹自己。历史上还找不出这样的例子,你创造了一个新纪元。

总理是从思想改造的角度评价溥仪那份自传文稿的,他认为,溥仪是世界上唯一接受了改造的君主,溥仪写的东西便是铁证。

总理肯定了溥仪的改造,当面给予鼓励,同时又以"基础还不巩固"提醒他。总理说,从 1950 年 7 月引渡回国算起才 10 年,从 1945 年 8 月被俘入苏算起不过十四五年,"而且头几年你还不安心,这也很自然,不奇怪,怎么会一下子就相信? 如你七叔现在是人民代表",总理说到此处把头转向载涛,"原来找你做政协委员时,你就相信我们"? 总理就溥仪能够写出"我的前半生"自传文稿评论说,"真正认识了自己的问题是后几年的事"。对话继续进行。

周恩来:你写的东西用了多少时间?

溥仪:一年多。

周恩来:这证明你后几年进步了,但不能说巩固。

与英、德、俄等国的皇帝、亲王相比,溥仪作为中国的末代皇帝,他没有在回忆录中吹捧自己,而是暴露自己。在这一点上,周恩来赞扬他"创造了一个新纪元"。赞扬并不过分,溥仪在苏联囚居期间、在东京国际军事法庭的审判中都不敢承认的一些罪行,却在"我的前半生"自传文稿中谈了出来,说明他在改造的后几年真进步了。

周恩来:你写的东西有价值,作为未定稿,用 4 号字印出来后送给你一本,你再改,改得完善些。这是旧社会的一面镜子,旧社会结束了,你也转变成了新人。

总理环顾周围,面对大家继续说,你们不要责备他。这本书改好了,就站得住了。后代的人也会说,最后一代的皇帝给共产党改造好了,能交代了,别的皇帝就不能交代。

溥仪:我的生命是属于党、属于人民的,要尽一切力量做好,一定不辜负毛主席和总理的期望,一定不辜负。

周恩来针对"我的前半生"自传文稿发表的看法,正是今天世界通行的那本《我的前半生》的最好的序言。虽然并没把这些看法印在书前,但那本书的确是从这次谈话中走出来的。因为周恩来作为中央领导人,第一个站出来肯定了那部"我的前半生"自传文稿的价值,在"反右派"、"反右倾"运动频仍、政策极"左"的年代里,这个奠基的工作非周恩来莫属,别人难以代替;还因为周恩来客观地指出了那部自传文稿尚不是"比较完善的",需要修改,直到改好,能够"站得住"为止。这就为后来公开出版的《我的前半生》规定了明确的质量标准,使其成为一本好的畅销书。

这次谈话结束后不久,溥仪就收到了在白皮右上角上标有"未定稿"字样的一套三册"我的前半生"自传文稿,他一看内容,原来在抚顺时对油印本加以修改的部分并未收入,遂于1960年2月19日致函金源,与之商议说:

> 我还有事情和您商量,现在,"我的前半生"三本书,已由统战部
> 发给我看了,但是这三本书里还没有来得及把我在抚顺最后修改的
> 部分加入进去。是否把最后修改补充的部分加进去为适当?或者
> 不需要加入?如果加入好些的话,是不是把修改的部分由所里重新
> 补印上?或是给我寄来,我再抄写补上?究竟怎样办合适,请您们
> 暇时来一信,以便解决这个问题。

对于这部自传文稿,溥仪自己也不满意,希望把已修改的内容纳入,还希望遵照周恩来的指示作进一步修改。不久,分为上下两册的灰皮本的样书也送到溥仪手中。印在正文前面的,是经中央统战部和公安部领导同志审阅并于1959年12月28日签批的《出版说明》:

> 这是伪满战犯、伪满洲国"皇帝"爱新觉罗·溥仪在服刑期间所
> 写的反省笔记。溥仪在这本"忏悔录"中,对他以及他那一伙封建余
> 孽在几十年以来勾结帝国主义、背叛祖国、残害人民的严重罪行做
> 了一些自我揭露。他在本书中所涉及的历史事实,都还没有进行核
> 对;他所提出的论点,也有很多不妥和错误的地方。我们除了改正
> 了个别错字和标点符号以外,对文章内容一律未加改动,完全按照
> 原稿印出,以供内部参考。

无论是白皮的"未定稿",还是灰皮的"内部版",目的都在于为溥仪修改自己的著作作准备。其间,周恩来又多次在各种场合谈到他对溥仪修改那部自传文稿的具体意见,而这些意见的基本精神是给溥仪卸包袱。周恩来说

过："书里的自我批评太多了，那些事情都过去了。"①他还说过，不要每写一件事后面都跟着一大篇检讨，不要这样，按历史事实写就行了②。当年政治色彩浓厚，溥仪出身复杂，又为世人瞩目，不是周恩来亲自为他卸包袱，岂能轻装上阵并写出惊世奇书！

① 参见叶祖孚：《致力于中日友好事业的人——访溥杰先生》，载《北京政协报》1985年2月3日。
② 参见王世敏：《溥杰近况》，载香港《大公报》1983年3月31日。

19

偏断"家务事"

20世纪60年代的第一个风和日丽的5月,松青柏翠,叶绿花红。两位世界知名的人物——周恩来和邓颖超,在自己的家中,热情接待了溥仪以及他的亲属:七叔载涛、二妹韫和与妹夫郑广元、三妹韫颖与妹夫润麒、五妹韫馨与妹夫万嘉熙、四弟溥任与弟媳张茂莹、六妹韫娱与妹夫王爱兰、七妹韫欢。只缺四妹韫娴因病未到。四妹夫赵琪璠当时孤身隔绝在台湾,而七妹夫乔洪志不幸在一个月前病逝。

这次会见早在计划之中,1月26日那次接见结束的时候周恩来就说过,因为时间来不及,只请了溥仪及其弟妹,还没有请弟媳和妹夫们,再说邓颖超也因病未到,"以后一定要请大家到家里去"。现在,总理的诺言兑现了。

谁都没有料到,周恩来开宗明义会提出一位日本女性的名字。当然,这名字是在座者都非常熟悉的,也是他们的一个家庭成员。总理说,溥杰夫人嵯峨浩给我来过信,申请返回中国定居,她盼望着能在丈夫特赦以后,前来北京团聚①。

"我和邓颖超同志这次请你们到家里做客,主要是就嵯

---

① 参见凌冰:《爱新觉罗·韫欢》,宁夏人民出版社1984年版,第166—169页。

峨浩女士的回国定居问题听听意见,你们都是溥杰的亲属嘛!"周恩来的话音落地,大家也都沉默下来。

俗话说,"清官难断家务事",周恩来却偏要裁断爱新觉罗家族这桩"家务事"。

16年前溥杰夫妇的离散,那是时代的悲剧,从彼时到此时,他们天各一方,生生死死地度过了一个又一个年头。而今团圆在即,应该是一幕时代的喜剧,大家高兴就是了,还有什么难断的"家务事"呢? 其实并不简单。这中间陆续发生的一串串悲悲喜喜的故事,或许已为人们所熟知,但溥仪曾那样顽固地反对这一对儿离散而恩爱的夫妻重圆,却会让许多人感到惊奇。不过,说起来也容易理解。

1937年4月3日,伪满康德皇帝的御弟溥杰,与日本华族嵯峨实胜侯爵的长女嵯峨浩,在日本东京九段军人会馆举行了盛大婚礼。这次由前日本关东军司令官本庄繁大将和前日本陆军大臣南次郎大将牵线作媒,连结婚典礼费用都由关东军支付的婚姻,当然不是一次普通的婚姻。日本军国主义者不仅要利用这一结合鼓吹"日满亲善",还为之制定了一部可由"弟之子"继统的《帝位继承法》,以便由溥杰和嵯峨浩的混血儿第二代,承继溥仪的皇位。所谓"政略婚姻",包含的就是这样一个大阴谋。由于涉及"大清皇位"的"统系",以及性命攸关的自身处境,溥仪当时对此事就怀有深深的戒心,并采取了相应的防范措施。那时候,兄弟之间表面是礼仪,暗中有猜忌,亲情也淡漠了。然而,作为听命于关东军的傀儡皇帝,溥仪毫无干预或反对的能力。令他非常生气的是,溥杰和嵯峨浩的婚后生活如胶似漆,情意缠绵。

在抚顺的改造年代,自从周恩来把慧生的信转给她的父亲,溥杰与嵯峨

1937年4月3日,溥杰与嵯峨浩的婚典留影

身着满族旗装的嵯峨浩

浩又建立起频繁的通信联系。嵯峨浩在一封封以日文写就的家书中，表达了对丈夫的深情的思念，她还一再要求来华探望丈夫。从夫妻情分来说这是完全可以理解的，但是，生活在日本的浩夫人与正在中国接受改造的溥杰，是不可能抱有一致的政治立场和同样的思想水平的。

嵯峨浩在 1959 年 8 月 31 日致溥杰的信中，谈到她当时正在从事并将继续下去的一项工作，即由前伪满日籍高级官员为主、有岸信介政府的一些人参与、还有一些报社协助，而发起的一场请愿签名运动，目的是要求中国政府释放伪满战争罪犯，以此表达他们也是"懂人情和人类爱的人"。嵯峨浩在信中写道：

我打算拿着这些签名和请愿书到中国，向周恩来总理道谢，并想到抚顺去探望你，以便尽早告诉全日本国民的意愿。你看怎么样？如果能得到你允许的话，我想立即给周恩来总理写封信。

溥杰并不赞成妻子的做法，在回信中以帮助的态度，诚恳地提出了自己的意见：

我认为，你如果这样做，那就与我现在的立场和观点有很大出入，请你好好考虑考虑我现在的心情。

你也知道，我的前半生是个罪恶的过程，我对祖国和祖国人民带来的灾难，是万死也不能补偿的。这是个根本问题，所以我首先希望你能清楚地认识到这点。

曾因我们的罪恶而蒙受有史以来空前灾害的中国人民，14 年来不仅使我保存生命，而且以极其宽大的态度和人道主义的精神，给予了我一贯的温暖的待遇，更给我指明了充满光明的前途。这种"以德报怨"、"治病救人"的如同大海般的宽容，是在古今中外从未见过的。可以设想,如果不是遇到这样一个新的社会制度的话,像我这样严重的战争罪犯,即使有100条命也难以保住,这是明显的。希望你也能站在被害者——中国人民的立场上,来很好地加以考虑我的罪恶,1000多万的祖国人民,由于我们失去了亲爱的父母、妻子和兄弟姐妹。这些被害者是永远不能忘记这一血海深仇的。我想,如果你能站在这个立场上考虑的话,那么,就能知道,没把我杀掉这已经是宽大无边,因而就感到实在感谢。何况又给予了我光明的明天!正因如此,搞什么签名运动,这不仅不对我有什么好处,反而更加深我的罪恶。希望你能把眼光放远些,看到我们将来的光明前途,抱着对祖国人民感谢的心情,以等待光明前途的到来。从今以后,我们俩的步调要一致,想法要相同。

溥杰这封信写得很长,足有3000余言,从各个角度反复论证签名运动之不可行的道理。他还举例说,住院的传染病患者,如果已经治好了病,不再传染,医师当然允许出院;如果他的病没好,医师绝不会允许出院,不管患者之妻怎样强烈的要求。溥杰认为,"签名运动本身就其本质来说,是与中国人民的立场相反的。"所以,他明确表示,反对妻子为了这个目的而来中国,但赞成妻子抱着正确认识祖国和新社会的愿望而来中国。非常遗憾的是,当时邮路不畅,中日之间的信件要通过国际红十字会中转,嵯峨浩未等收读溥杰这封信,已经急不可待地把工作又深入一步了。当然,这在客观上与日本前首相石桥湛山和日本自由民主党顾问、众议员松村谦三先后访华有关,周恩来会见了他们,并提出了改善日中关系的著名的"政治三原则"①。嵯峨浩在1959年10月14日写给溥杰的信中说:

在前些日子石桥湛山访华的时候,委托他给周总理和李德全女士带去信了,并提到我想到抚顺去会见你。在信中,我祝贺建国10周年国庆,并请愿释放在抚顺的日本人和中国人。现在,很多日本人抱着这种愿望而掀起了释放运动,他们给我来的信也很多。这次

① "政治三原则"即:日本政府保证不再发表敌视中国的言论;不参与制造"两个中国"的阴谋;不阻挠两国民间正常关系的发展。这是周恩来在日本岸信介政府撕毁贸易协定以后从中日友好的愿望提出的。

松村谦三先生访华的时候,我打算再做一次请愿。据日本报载,对中国人战犯已作为大赦而发表了,从香港来信说,在当地报纸上发表了大赦名单,但我弄不清楚。伊本立先生给我的信中表示确信"快要释放了",但这也搞不清楚。

自从通化大栗子一别,溥杰再不曾见到妻子和女儿,但四面高墙和万里关山都不能阻隔他的思念。他们夫妻恩爱情深,相互有着时间流逝也难以冲淡的理解,即使一时之间产生了很严重的思想矛盾,双方也只能以商量和帮助的态度而克服之,这是必然的。

正像溥杰对于夫妻恩爱无法忘情一样,溥仪对于"政略婚姻"也耿耿于怀。到抚顺以后,溥仪公开要求二弟彻底忘掉嵯峨浩,永远不要再提她。可溥杰还是思念妻儿,有几回忧郁成疾,溥仪不但不同情,还表现出反感的情绪。贺龙和聂荣臻两位元帅接见他们弟兄俩时,溥仪希望二弟声明要跟妻子决裂,并请首长协助离婚,溥杰则真切地流露出思念之情,而两位元帅的意见更令溥仪失望,他们对溥杰说,国仇不影响你们做夫妻,嵯峨浩早晚会回来,溥杰也应该主动请人家回来嘛。他们夫妇通信以后,溥仪又表示了反对的态度,但自从元帅接见以后溥杰心里就有谱了,敢坚持自己的主意了。但正像嵯峨浩的《流浪王妃》一书含有刺激中国人民的情节一样,她的信中也出现了与新中国不和谐的内容,这下又让溥仪抓住了。

"你跟浩子继续往来,这是民族立场问题!"溥仪板着面孔,一本正经。

"通信也是所方允许的啊!"溥杰不服。

"你们的情况特殊,是日本人的阴谋! 所以必须态度明朗,一刀两断。"

"我现在还想不通……"

1959 年 12 月 8 日,溥仪在抚顺战犯管理所的最后一个夜晚。管理所所长特意把溥杰叫到溥仪跟前,让兄弟俩在分别前多聚一会,推心置腹地谈谈。已经特赦的哥哥郑重嘱咐继续改造的弟弟说,他明天就离开抚顺,唯有一事不能放心,又不能不说,这就是弟弟的婚姻问题。他仍然希望,二弟能着眼于政治,用快刀斩乱麻的办法,断绝与嵯峨浩的一切关系,待释放返京再考虑重新结婚。对此,溥杰避开了正面回答,当然,他是不可能接受的。

溥仪特赦后,对溥杰和嵯峨浩的关系仍坚持己见,1960 年 1 月 26 日周恩来接见的时候,他还耿耿于怀地谈到"溥杰和日本人结婚是阴谋"。他自以为这就是"着眼于政治"吧，然而他显然还不懂：用固定的眼光看政治，就势必落入偏见。

周恩来对溥杰与嵯峨浩的婚姻关系有自己的看法。早在1959年春天，特赦战犯的消息还没有发布，吴学文作为日本著名和平人士西园寺公一先生的朋友，访日期间就曾代表周恩来，在惠比寿办事处会见了嵯峨浩，问她想不想回到丈夫身边？嵯峨浩回忆说，从那以后她望眼欲穿，焦急地等待着回国。行李早就准备好了，随时都可以离开东京①。

嵯峨浩要求在溥杰获赦后，前来中国与丈夫团聚并定居北京的呈文，也很快就转到了周恩来的手中。中国总理认为，一位与"溥杰君"共同生活8年，生育两女，又苦守16年的日本女性，急切地提出与丈夫团聚的要求，合情合理，应该给予满足。

不久，溥仪获得特赦，谁也挡不住这消息在全世界、特别是在日本蔓延。溥杰的特赦显然也不会拖远了。在这种情况下，周恩来认为有必要先做一些工作，因为溥杰和嵯峨浩的团圆问题还面临诸多困难：首先是中日两国尚未建交，政治阻塞，人员出入境都受到严格限制；其次，溥仪及爱新觉罗家族其他成员对嵯峨浩的戒心未除。如果说前者必须通过政治和外交的途径加以解决，后者则需要劝导、说服，总之要做细致的思想教育工作，以消除他们亲族之间头脑里的隔阂。于是，周恩来和邓颖超把溥仪及其亲属们请到家里来了。

溥仪打心眼里不愿意让嵯峨浩回北京，但他先闷着没说话。韫和、韫颖和韫馨在伪满年代与嵯峨浩常在一起，特别是韫颖，旅居日本期间姑嫂的交往更为密切，后来出逃通化，她们生死与共、患难同当，其感情又不是一般亲属能比的。可是，历经政治风波的皇家姊妹兄弟们往往多留个心眼儿，不论与工农大众相比在成分方面差距太大，还是与周围同志相比在经历方面稍嫌复杂，现在若跟日本人扯上瓜葛，一句话说错了，怕又惹出新的麻烦。再说，总理的态度还不明确，而大哥溥仪则是坚决反对的，这个口也着实难开呀。

"大家别拘束，对这事有什么看法都允许，不妨三言两语地随便谈谈。原来没考虑过的，现在也可以考虑考虑。"周恩来看出大家有顾虑，就尽量给卸包袱，面带微笑地这样说。

① 参见嵯峨浩:《流浪王妃》,北京十月文艺出版社1985年版,第167页。

"嵯峨浩是日本华族,天皇的亲戚呀!"

"他们在30年代发动侵略战争,中国人民伤亡800多万,军队牺牲近400万,还给我国带来500多亿美元的财产损失,太残酷了。"

"可以让他们通信,也可以允许嵯峨浩探亲,但现在中日两国处于敌对状态,不能给她在北京长期居住的待遇,以防不测。"

"……"

在座的人终于七嘴八舌地说了一些看法,虽然一个个显得很被动,观点也是模模糊糊的,有些话并非从心里想说,还有的内容带着伪满宫廷的印痕,但也有明显的倾向:最好别让嵯峨浩回国定居。他们以为,既符合大哥的心愿,又避开了国际是非,这样总可以了吧!

韫欢提出了与众不同的意见,在她看来,只要溥杰和嵯峨浩的婚姻关系继续存在,就应该允许二嫂前来团聚并在北京定居。

听完韫欢的意见,周恩来笑了。他让大家对此发表评论,在座者一下子明确了总理的态度,纷纷"转变立场",表示赞成。其实,他们哪个不希望看到兄嫂团圆呢?总理抓准时机,滔滔地讲出一大篇道理。他说,大家在考虑这个问题的时候有种种疑虑,都是可以理解的。中日两国交过战,日本确实是侵略者,这是铁的历史事实。但是从两国人民方面来说,却一直是友好的。人家溥杰、嵯峨浩结了婚,几十年了,嵯峨浩要来,我们就不大好拒绝了。她来了,对开展中日两国人民之间的友好往来也有好处嘛!我们是一个大国,要有大国的风度,不但欢迎她来,来了之后还要好好相待。你们都是至亲,她是你们的二嫂子,溥仪的兄弟媳妇,载涛的侄媳妇嘛!你们都要亲近她,她是外国人,也是中国人,早就入了中国籍嘛,更是你们家里人,可不许疏远她呀[1]!

周恩来一席话令大家佩服,只有溥仪还有点儿异样,不那么高兴,这微小的差别也逃不过总理的眼睛。

---

[1]　参见凌冰:《爱新觉罗·韫欢》,宁夏人民出版社1984年版。

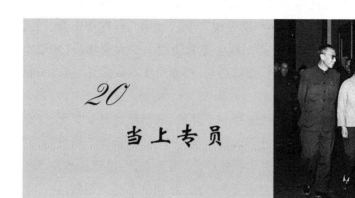

20

当上专员

从修枝剪杈的扦插繁殖温室,到姹紫嫣红、千姿百态的观赏温室,溥仪如痴如迷地跟着老师傅学艺。

分配在植物园劳动的溥仪,完全不知道这仅仅是一种临时性的安排。杜聿明、宋希濂等前国民党将军们被分配在红星人民公社劳动,他们也同样认为要把后半生留在郊区了。虽也有人猜测"将来或许有变",不过希图在市内某家公园,当个大门看守或是扫扫庭院,也许可以算是照顾。在他们看来,余年所能贡献人民的,唯此剩残体力而已。溥仪则有自己的想法:他曾经得到了大清帝国,却还不曾认真感觉一回,就过眼烟云似的去了;他也曾得到"满洲帝国"的虚假宝座,却在自己的人生层面上留下了一片耻辱;现在他又得到了一座绿色王国,这里有纯净而清新的空气,有广阔而自由的天地,他陶醉了,他满足了。

然而,周恩来不满足。为了能给旧中国的"皇帝"在新社会安排一个合适的工作,周恩来绞尽脑汁、反复思考,设计出一个又一个方案,这已被1960年1月26日"面商"的全部对话所证明了。

溥仪在那次"面商"中流露出明显的忧虑之情。当周恩来向他了解知识基础和技能等情况时,他回顾说,数理化"一窍不通",英文会几句"也忘了",干工业活儿又是"700度近视",干农业活儿样样都不会,到伙房吧,烧菜也不会。溥仪无限悔恨:"旧社会把我造成一个大废物,只知道坐吃享乐。"他感谢政府的宽大和改造,报恩心切,然而全无一技之长,何以贡献国家和人民?

"面商"时的周恩来要给溥仪找这样一个环境:既能接触科学文化,又有轻微的体力劳动,还有比较充实的社会政治生活。于是,他选择了植物园,并向溥仪提出制订"三年计划","从头学习数理化"的要求,这说明总理曾经想过让溥仪再学一种技能,以此为社会服务。然而,总理也不能不想到,让一个年过半百的人,完全抛开以往的经历,再去从头研究植物,这无论如何还不能说是一种理想的安排。

周恩来继续思考这样的问题:把北京植物园和红星人民公社作为过渡性的工作岗位,让溥仪和杜聿明等人劳动一个时期未尝不可,但这个时期长些好,还是短些好?他们的最后归宿又该确定在哪里呢?无论溥仪还是杜聿明,他们都不可能想象:一位闻名于世的共产党领袖、日理万机的中国总理、博学而温和的周恩来,仍在操心地为着他们的前程设计理想的方案……

值得注意的是,周恩来在"面商"过程中发现溥仪的记性不错,这固然是针对那部自传文稿而言,然而,对于像溥仪那样有过关系到国家、民族与整个社会的重要经历的人物,能写出这样的传记是多么珍贵啊!它是遗万世后人以第一手的历史真迹。总理多次强调"记性"二字,跟溥仪谈写回忆录,谈回忆录对后世的教育作用,这一切都说明,在他那深邃而博大的思想中,已经打上了一个重重的烙印,一种已被历史验证是完全正确的安排开始孕育了。

20年后,溥杰先生在中央戏剧学院等有关方面筹拍电视连续剧《末代皇帝》的座谈会上,还谈及这段史实,他十分感激地回忆起毛泽东、周恩来对溥仪的关怀,他说:

　　总理十分关心溥仪的思想进步,常和他讲解党的政策。总理曾问溥仪愿意作什么工作,溥仪说,他想当医生,总理说当医生对你不合适,还是在文史方面作点贡献。溥仪听了总理的话,安心搞文史工作①。

溥杰的回忆与周恩来和溥仪面商工作安排的谈话内容吻合。

树杈儿沾存雪花,路面结留冰碴儿。1960年11月28日报上公布了第二批特赦人员名单,溥杰的获赦不但又一次成为爱新觉罗家族的巨大喜讯,而且也成为溥杰新生活的起点。

溥杰刚回到北京时,也和溥仪一样住在五妹韫馨家里。周恩来知悉后,即打电话给北京市民政局指示说,溥杰刚出狱,年龄也大了,他不但要生活,还要学习、参观,住在妹妹家里不方便,要尽快给他安排住处。于是,溥杰也搬进崇内旅馆,与同时获释的前国民党东北"剿总"中将副司令兼锦州指挥所主任范汉杰、前国民党第三军中将军长罗历戎、前国民党第五军中将副军长兼独立第五师师长李以劻、前国民党国防部保密局云南站少将站长沈醉、前国民党第

溥仪祝贺溥杰特赦回京

十五绥靖区司令部二处少将处长董益三等人住在一起。

不久,溥仪和溥杰分别得到消息:周恩来将要会见他们兄弟。溥杰没见过总理,显得紧张,乃向有经验的兄长问计,溥仪笑着说:"我头一次见总理,心情也像你这样紧张,见到总理之后,反而平静下来了。因为总理平易近人,无论对谁都一样,能使人在不知不觉之间发生一种家人亲族间的轻松幸福之感,你见了之后,就有体会了。"12月下旬的某一天,溥仪在北京植物园接到通知,随即赶到崇内旅馆与溥杰一起等待接见。

晚上7时左右,国务院的一辆红旗牌轿车,把溥仪和溥杰兄弟接到中南海内周恩来的家中。在会客厅内,工作人员斟茶让烟,微笑着请他们稍等,说总理正在会见外宾。不多时,总理大步走进室内,"让你们久等了,实在抱歉!欢迎你们皇家二兄弟光临!怎么样?身体还好吗?"周恩来的问话让人感到

---

① 参见《电视连续剧〈末代皇帝〉即将拍摄》,载《北京晚报》1982年10月24日。

暖融融的。

"谢谢总理关心,问总理和邓大姐好!"春暖花开的5月溥仪来过一次了,对这里的一切都很熟悉,说话自如。

"总理好!"溥杰也不那么紧张了。

"你的气管不大好,现在又买不着好烟,你可要少吸呀!"周恩来语气温和,他关心溥仪的健康。

"今后一定少吸。多年养成的坏习惯,还不大好改呢!"溥仪忙把尚未熄灭的烟蒂在烟灰缸内拧了一下。

周恩来的话题,还是先从"特赦"两个字引发出来。

"所谓特赦,是赦其人,而不是赦其罪。"总理对溥仪和溥杰弟兄很坦诚地谈了自己的看法,然后又对溥仪说,"溥仪先生,在清末当皇帝,这不是你的罪过。但是,先生由日本人保护逃出天津,在长春当'满洲国皇帝',先生那时的所作所为,自己完全清楚,当然是要负全部责任的。"

"是的,是的,总理说得是。"溥仪很服气。

"不过,政府现在对溥仪先生是按照清朝后裔来处理的,而不是按照'满洲国皇帝'来处理的。你们知道,这两者的利害是很不相同的。"说到这里,周恩来的话题又转到了别的方面。

周恩来这次接见溥仪和溥杰,主要是就溥杰特赦后的工作安排问题找本人面商。看得出,这次面商与年初就溥仪工作安排那次面商不同,如果说那次是侧重于调查研究的话,这次周恩来已经有了趋于成熟的意见。

"你希望将来做什么工作?"面对直截了当的问题,溥杰颇觉不安,总理看在眼里,遂又安慰他说,"不要慌嘛,好好想一想。"

"我愿做一个自食其力的劳动者,工厂、农村都可以去。"溥杰的回答是表态性的,也是感恩性的,却没有说出真正的自愿。

"这我知道,可你要说心里话。"总理笑道。

"就说说你最感兴趣的工作是什么嘛!要明确一点儿!"溥仪虽然也是刚才了解到总理这次接见的意图,但他毕竟经历过一回,见二弟不敢正面答复提问,颇为心急地从旁插了一句。

"我平生最喜爱的是文艺方面的工作。"溥杰认真思考了一会儿,鼓足勇气对总理说。

这确是溥杰的真心话。他几度留学日本,前后十几年,学的是军事。毕业后从伪满禁卫步兵团中尉排长做起,出任过伪满禁卫步兵团上尉连长、伪满驻日本东京大使馆武官室勤务、伪满陆军军官学校预科生徒队少校连长、伪满陆军军官学校预科生徒队中校队长和伪满皇帝帝侍从武官室武官等军职。然而,从军对他来说,不过是虚应难以抗拒的政治需要,文学才是他真正喜欢的事业。早在清宫"伴读"的时候,他的阅读及文字能力就比溥仪强,平生写下大量诗词作品,颇见功力。在抚顺关押期间,溥杰也多次表示愿以余生研究文学。那时他还发挥才能,编写过许多供内部自娱的剧本,有现代的《从黑暗走向光明》、《侵略者的失败》,也有古代的《萧何月下追韩信》等,他还表演过自编的相声,高声朗诵过自撰的诗词。现在,他终于面对国家总理倾吐了自己的心愿。

"还是干点儿力所能及的工作好哇!"周恩来听完溥杰的意见点点头。

"你在植物园半年多了吧,有什么体会啊?谈谈吧。"周恩来又转对溥仪问道。

"我喜欢植物园!"溥仪坦白地表明了心迹,他把在植物园的几个月的生活,看做是有生以来最惬意的一段时光。他滔滔不绝地说下去,喜欢香山脚下幽雅的环境,留恋绿色王国丰富的生活,他熟悉了劳动者,学到了知识,每天都觉得有意义。

"看来你的生活还不错啊,每月 60 元的补助费怕是不够花吧?真不够了还可以申请补助嘛!"周恩来高兴而认真地听完了溥仪的每一句话,表扬了他的进步,并说,"看来先从事一点儿轻微的体力劳动,熟悉社会,适应时代,还是有好处的。但是,作为过渡阶段,时间不应太长,以后还是要转到文史研究方面去"。

溥仪亲笔撰写《北京植物园劳动总结》文中一页

原来,周恩来关于特赦人员工作安排的总体方案这时已经形成,消息也逐步透露出来了:劳动以一年为期,然后就转入文史资料的撰写、整理、研究和编辑等业务工作中去。这一消息最初是在 1961 年春节前夕,由中共北京市委统战部和北京市民政局,为两批特赦在京人员举行的盛大宴会上传出的。

正月初四那天,中共中央统战部又设宴招待留京的两批特赦人员。部长李维汉、副部长徐冰、副部长薛子正,以及国务院副秘书长兼总理办公室主任童小鹏等领导同志出席了宴会。就在这次宴会上,遵照周恩来的指示,李维汉当场宣布了对溥仪和杜聿明等7名首批特赦人员的工作安排:全部调入全国政协文史资料研究委员会任专员,待遇由劳动期间每人每月发生活补助费60元,提高为每人每月发工资100元。

溥仪听了宣布激动异常,即席发言说,党和政府在国家经济困难时期,还给予他令人满意的安排和高于国家17级干部的优厚待遇,这是完全出乎意料的,他发自内心地表示感激。话音刚落,徐冰很诚恳地接茬说:"你们这些人过去都是享受惯了的,今天当然不能让你们过和从前一样的生活,但也不能让你们过一般人的生活,而要让你们能在新中国过上中等以上水平的生活。如果有特殊需要,你们还可以提出来,再考虑给予临时补贴。"①

第二天,溥仪和杜聿明等7人出席了全国政协召开的文史资料工作座谈会,这是溥仪第一次参加文史资料工作业务会议。中央文史馆馆员们也一起座谈。周恩来和陈毅亲临会场,与大家见了面。总理勉励大家做好文史资料工作,以亲闻亲见亲历的史实教育人民教育后代。

又隔了一天,周恩来在中南海西花厅单独接见第二批特赦留京人员。面对以一年为期即将奔赴各个劳动岗位的溥杰和廖耀湘等人,周恩来勉励大家放下包袱,全心全意去做对人民有益的事。他当众说明了关于让特赦的前国民党和伪满高级军政人员从事文史资料工作的考虑。他说,他正号召老年人写回忆录,他说过去都是后人给前朝人写历史,现在要当代人来写,并且由一些亲身经历的人自己写自己。只要能如实地把自己的经历写出来,就是为编写历史提供了宝贵的素材,这就是对人民对祖国做了有益的事情②。

接见过后不久,溥杰便带着北京市民政局的工作介绍信,到景山公园园林管理处报了到。这位昔日的王爷继承人,以普通园林工人的身份,开始了崭新的生活。

1961年3月初,溥仪以及杜聿明、王耀武、宋希濂、杨伯涛、郑庭笈和周振强7人,一起走进全国政协文史资料研究委员会的专员办公室。

---

①　参见沈醉:《皇帝特赦以后——回忆与溥仪在一起的时候》,载香港《新晚报》1981年3月9日。

②　参见沈醉:《我所认识的杜聿明》。

1960年五一劳动节观礼后合影。左起:王耀武、杨伯涛、宋希濂、溥仪、周振强、郑庭笈(由杜聿明拍摄)

　　溥仪当上了专员。不过,他在换岗的最后时刻,想来想去还是提出了一个小小的条件:舍不得离开植物园。总理笑着说,那就把植物园作为娘家,每个礼拜回去走亲戚嘛,也可以住上一两天。溥仪可没把这句话看作笑谈,而视之为庄严的决定,他的日记中,每周都有前往植物园的记录。

21

共度年宵

对于溥仪和溥杰兄弟来说,1961年的春节所以难忘,是因为周恩来为他们操心实在太多了。不但面商并安排了两个人的工作岗位,还为他们的家庭问题分忧,并且,这种分忧已不再是一般的关心,而是非常具体的行动了。溥杰对此感触最深,8个月前他还在抚顺关押,总理就接见了溥仪等在京的亲属,为他和嵯峨浩的团圆创造条件,特赦后总理又做了很多的工作。

溥杰获赦归里,恰在溥仪返京一周年的前夕。一两天后,他就接到了来自东京的快电,是妻子祝贺他获赦,继而嵯峨浩又以流畅的日文写来了情意缠绵的长信。溥杰的心,又被大海彼岸的信息搅动得难以平静了。就在这时,溥仪再度向他施加"一刀两断"的压力,使他感到"团圆"是梦,难度太大,遂向当时的接收部门——北京市民政局,汇报了自己的想法。几天之后,溥杰趁着中央统战部薛子正副部长接见谈话的机会,又当面提出请求,希望组织解决妻子回国的问题。溥仪当时在座,兄弟俩差点儿辩论起来。溥仪坚持认为,嵯峨浩仍然负有政治使命,不可相信,不能把她和溥杰的关系仅仅视为婚姻家庭关系;溥杰则认为,妻子的思想觉悟固然不能和我们相比,但也是可以改造的,可以提高的,只要政治上步调一致了,就能够继续保持婚姻和家庭。很显然,这哥俩还顶着牛呢!

周恩来很快就在中南海家中接见了溥仪和溥杰哥俩,虽然接见的主题是溥杰特赦后的工作安排和溥仪结束植物园劳动后的去向,但也不能不谈及溥杰的家庭团聚问题。

周恩来先向溥杰征求意见,问他愿不愿意让妻子回来团圆,溥杰大胆地说出了自己的想法,他说做梦也盼着团圆的一天,对于妻子的落后方面,他愿意全力帮助。总理知道溥杰指的是《流浪王妃》一书,遂让他深入谈谈看法。溥杰说他应邀为妻子的著作写了序言,书出版后也寄到抚顺来了,其中有的观点不正确,有些涉及东北民主联军的情节也是片面的,我已经去信给她纠正过了。

周恩来做思想工作向来不把自己的意见强加于人,他明知溥仪思想不通,还是希望他能把看法摆出来。当总理了解到溥仪仍用40年代的眼光看待嵯峨浩时,他并不全盘否定溥仪,而首先肯定溥仪思想中的积极成分。他说,日本军阀制造了这起婚姻、《流浪王妃》那本书里有些中国人民难以接受的东西,这都是事实,溥仪因此不放心是可以理解的。但是,历史不是停滞的,人也会变化,你们哥俩都改造过来了,嵯峨浩就不能变得更好些吗?

周恩来说,还要看到嵯峨浩进步的方面,她为促进中日友好和文化交流做了工作嘛。总理说,嵯峨浩往抚顺战犯管理所寄过不少信,他也看过其中的几封。嵯峨浩曾在信中告诉丈夫,她已申请财团法人,并与日本前首相石桥湛山等著名人士取得了联系,这一切都是为了开展中日文化交流方面的工作。这里摘录几段,恰能说明总理言必有据:

> 关于设立法人的问题,已向文部省提出申请了。政府表示非常欢迎,说这是日本政府的责任,并嘱咐我好好经办。我打算就接受留日学生的办法问题,直接向周总理作汇报,并想直接听取总理的意见。前任首相石桥先生要在最近时期启程访华,他说,就是为了人类爱,也要建立中日两国之间的友好关系。……不管政府的态度怎样,大多数国民确实作着反省并衷心希望中日友好。中日两国人同样都是东洋人,又是同文,两国之间的关系应该是最亲密的,但是直到今天尚未恢复邦交,日本国民对于这一现状颇为遗憾。如果你

有什么意见,请给我讲一讲吧①。

　　以日中的文化交流为目的的法人,也已经成立了。我想,自己
在后半生,继承慧生的遗志,为日中友好而真诚致力。现在的情况
是,衷心希望日中友好的国民很多,不过,在岸信介掌握政权的情况
下还是办不到的。我预定在二三天内会见石桥湛山先生,我在为日
中友好而奋斗着。我以一日千秋的心情等待着与你相会的日子,衷
心祈祷传来好消息。希望替我向哥哥问候②。

　　财团法人经营得也很顺利,现在特别令我高兴的是,可以估计
到,我的后半生将能为中日文化交流而尽些力量了。最近一个时
期,我接受委托写点东西并参与电视节目的有关工作,因而格外忙
碌一些。现在,日本国民对于中国,既深刻反省,又非常怀念,他们
希望能够早日恢复邦交。听记者们议论说,二三年以内可能要在日
本形成一个"中国风",这是一件多么可喜的事情啊! 我愿在那时自
己也能起点作用。我很希望早日到中国去,可是,尚未能得到中国
方面的许可,至于经济方面,没有一点儿可以担心的了③。

在嵯峨浩前来中国定居的问题上,周恩来做了太多太多的工作,他这样
做的原因,从摘录的段落里也能略知一二了。总理告诉溥杰说,你应该给妻
子回封信嘛,不要总是批评人家,就说你现在是个平民,如果她愿意作为平民
的妻子前来北京,你欢迎她,中国政府也欢迎她。总理一席话,把溥杰说乐
了,可溥仪还是不怎么高兴。

周恩来并不认为这就解决了问题,他继续做着工作。

"我是周恩来,有件事情要委托你。"熟悉而亲切的淮安口音,通过电话线
越出中南海高高的红墙,"过问一下溥杰的家庭问题,关键是要去掉溥仪的成
见,写信邀请嵯峨浩回国定居。"

---

① 参见嵯峨浩致溥杰的信,1959 年 8 月 31 日。
② 参见嵯峨浩致溥杰的信,1959 年 10 月 14 日。
③ 参见嵯峨浩致溥杰的信,1960 年 2 月 3 日。

接电话的人,是中共北京市委统战部部长廖沫沙。

"打春"的前一天,廖沫沙奉总理之命,又一次把溥仪和他在京的亲属聚齐,开了个既要统一思想又要统一行动的座谈会。这次谈得很有成果,一致商定立即拟写邀请嵯峨浩回国定居的家书,要写两封。一封用溥仪等全体家族成员的名义,由万嘉熙执笔、大家商量着写,主要是介绍家族的情况,期待嵯峨浩和女儿嫮生速速归来;另一封用溥杰个人的名义,那是夫妻的情分,怎么写,别人就不必干预了。

溥杰和润麒在座谈中还说出这样的顾虑:作为日本天皇的亲属,嵯峨浩从小养尊处优,而中国正处在经济困难时期,生活方面怕照顾不好她,怎么办呢?廖沫沙说,政府对此是有考虑的,她既然肯放弃日本华族的优裕生活,到中国来当平民的妻子,我们也不应该亏待了人家吧!部长话锋一转,依我看,生活问题不难解决,关键是思想问题。嵯峨浩回来以后,你们不但要表示欢迎,还要真诚地关心她,热情地帮助她。

座谈会后,万嘉熙忙开了,他先按大家的意思拟写了给二嫂的信稿,继而走东家串西家,非常认真地征求意见,终以流畅的日文写就了这封表达集体意愿的家书。溥杰也伏案忙了好几天,笔下写着,心中想着,思绪飞向辽远的天际。从东京的婚礼到通化的噩梦,从慧生爱女的呱呱儿啼到天城幽谷的凄惨枪声,从30年代的长春到50年代的抚顺,从岸信介的日本到毛泽东的北京……这是用经历之笔,饱蘸感情的墨汁,而撰写的催人泪下的爱情篇章。

周恩来和邓颖超再度向溥仪及其亲属发出了邀请,并把时间定在了中国传统的合家欢聚的日子——旧历辛丑年的除夕。这天,爱新觉罗家族更庞大了,比头两回多了刚特赦的溥杰和病愈的四妹韫娴。总理和夫人联名,把溥仪的弟妹和七叔等亲属都请来,吃饺子、度年夜,真是一番心意啊!

名茶碧螺春的缕缕清香,飘溢在客厅里。周恩来和邓颖超夫妇作为主人,与中共中央统战部副部长徐冰、国务院副秘书长兼总理办公室主任童小鹏、总理办公室的罗青长和许明两位副主任一起,满面春风地招待客人,向溥仪和他的每位亲属斟茶敬烟,大家都感到温暖。

周恩来与在座的每一个人攀谈,他叫得出他们的名字,说得出他们的职业。美好而和谐的气氛,使爱新觉罗家族成员油然生出宾至如归的感觉。总理说,你们的家族好大哟,去年请过两回,那时溥杰还在抚顺,四妹韫娴卧病在床,今天可凑齐了,不容易呀! 总理显得高兴起来,他说今天是请你们来吃合家团聚的过年饺子,老八路有个传统,就是喜欢和平民百姓一块儿过年,这个革命传统我们一定要发扬下去,绝不可以脱离人民。总理的春节日程正是这样排定的:除夕那天上午看望了来自全国的英雄人物和劳动模范,大年初一,则要向各条战线上的人民代表拜年。总理又非常自然地把话题拉回到被他请来的客人们身上,当然啰,你们爱新觉罗是清朝皇族,过去是统治人民的,溥仪是皇帝嘛! 这里原来还是你们的家呢!

周恩来后边这句话,包含一段历史插曲:半个世纪以前,溥仪进宫当了皇帝,他的诞生地——什刹海醇亲王府,作为"潜龙邸"依例必须空闲起来。隆裕皇太后决定在中南海紫光阁一带大兴土木,为载沣一家建造全新的摄政王府,西花厅正是当年拟建的新王府的一部分。不久爆发了辛亥革命,才被迫停建。

周恩来又谈起清末宫廷斗争的一些史实,笑着跟曾任晚清训练禁卫军大臣和军咨大臣的载涛说:"你当时还是小孩子,你哪里斗得过袁世凯啊!"总理这句话浓缩了当年的重要史实:袁世凯凭借从小站练兵时开始建立起来的强大的北洋军阀势力,牢牢掌握了清王朝的命运,而载涛虽然身居高位、手握重兵,毕竟太年轻,才二十几岁,缺乏实战经验和政治经验,不是袁世凯的对手,更无力挽救朝廷的危局。

周恩来话锋一转,继续说下去,今天你们已不再是皇帝、正爷、郡主或额驸,都已成为人民的一部分了。这是顺应历史潮流的变化,是前进。你们中间还有人做出了很大成绩,我和颖超同志希望不断听到来自爱新觉罗家族的喜讯。

这时,周恩来又转向头一次参加接见的韫娴,向她询问家庭生活等情况。

"丈夫在解放前夕离开大陆,剩下自己,带着两个孩子一块儿生活。"韫娴回答说。

"你在哪个单位工作?"总理问。

"我当了几年临时工,在故宫博物院清理明、清档案。这项工作已经结束了,现在正没事做。"

周恩来转向在场的工作人员指示说:"应该考虑给她安排一个合适的工作。"不久,北京市民政局就把韫娴安排到一家专门照顾少数民族就业的塑料厂,从此成为国家正式职工。

谈话间,邓颖超提醒总理:"该吃饭了!人家肚子都饿啦!"总理说:"好!夫人有意见,大家吃饭吧!"

在主人的餐桌上,已经摆好了白面水饺、紫糯米饭、炖鸭和几样小菜,溥仪和他的亲属们入了席。男女主人殷勤地给大家添饭布菜,周恩来特意指指米饭对溥仪说:"这可是用淮安老乡带来的新鲜紫糯米蒸出来的,不知合不合'皇上'的口味?"总理最擅长用几句适合的话语调解气氛,激发情绪。总理还讲了一个笑话:北方人请南方人吃饺子,南方人以为后面还有菜,饺子不吃饱,结果饿着肚子回去。总理笑着说:"今天告诉大家,只有饺子,后面没有菜了。"在座的人无不捧腹。继而总理又一连说了好几个过年的故事并穿插各地习俗,令人开心。

溥仪吃惯了清宫御膳房的饽饽,但对民间水饺更感兴趣,闷头吃得津津有味。周恩来看看他,很高兴地笑了。又对大家说:"你们兄妹各人都有自己的工作岗位,平时很忙,难得团聚。今天都是我家的客人,不要拘束,多吃点儿嘛!"总理接着说,现在是困难时期,大家的生活下降了,希望能正确对待,困难是暂时的,挺过这个时期,日子就好过了。

当周恩来又走向另一桌招呼客人们"多吃"的时候,一眼看见了溥仪的三妹夫郭布罗·润麒,遂攀谈起来。

"润麒先生,做什么工作呀?"总理问。

"当钳工。"润麒答。

"几级工?"陪见的中央统战部副部长兼全国政协秘书长徐冰插嘴问。

"学徒工。"

对于年过半百的润麒先生来说,这样的工作安排显然不甚合适,周恩来遂追问了一句:"你这样大的年纪做细活看得见吗?"

"戴上花镜可以看得见。"

总理把这件事记在心里了。不久,组织上根据润麒先生精通日语的特长,把他调到北京编译社做日文翻译工作。

在经济困难的年代,人们的饭量很大,两张桌上的饺子都吃得精光。主人问大家吃饱没有?都说饱了。但总理知道,可能有人没吃饱,遂歉意而坦诚地告诉大家:"今天是估计不足,做少了,就准备了这么多。现在再找吃的,也没了。"邓颖超说:"今天把家底都拿出来了,熬粥的白糖是按人供应的。"原来总理的家也和普通人家一样,并没有很多吃的东西!这件事震动了溥仪兄妹,使在座的每一个人都受到了深刻的教育。

25年以后,溥仪的三妹韫颖曾撰文叙述当年在总理家过年的情景,完全证实了上述细节。她写道:

那是在1961年2月14日,地点是在中南海西花厅,被接见的有载涛、溥仪、溥杰、郑广元和金欣如、郭布罗·润麒和金蕊秀、金韫娴、万嘉熙和金韫馨、金友之和张茂莹、王爱兰和金韫娱、金韫欢等。那天正是农历十二月廿九日。周总理说:"请你们来,一起过个年。"下午5点多钟,总理和邓大姐同我们在一个小饭厅里吃年饭。一共摆了两桌,总理和夫人陪载涛和我们兄弟姐妹一桌,另一桌是中央统战部徐冰同志、市委统战部的廖沫沙同志,还有北京市民政局局长及郭布罗·润麒等人。餐桌上摆着饺子和很奉盛的菜肴,记得有一盘蒸得很烂的鸭子,总理忙着给桌上每个人夹鸭子,他自己都没怎么吃。最后,上来一种甜食——黏米粥,据说那黏米是人家送给总理和夫人的。席间邓大姐不停地张罗大家吃饭,她看那一桌男的同志多,就说:"你们这桌人年轻,吃得多,我来支援支援你们。"说着,把我们这桌富余的菜和饺子往那桌上端。吃这顿饭感到在总理家过年的幸福和温暖,使我一生难忘①。

"如果嵯峨浩和四妹爱人今天也能来,那才是你们家族的大团圆!"年饭结束时周恩来才提出这个话题,这显然是要照顾溥杰和韫娴的情绪。总理说,关于嵯峨浩回国定居的问题去年5月就谈过了,不久前还跟溥仪和溥杰弟兄俩说过嘛,听说廖沫沙同志也征求了你们的意见,溥仪先生的认识提高了,你们很一致嘛。可以透露一个消息,有关方面已经正式批准嵯峨浩前来中国定居,大概不久,她就能回来了。嵯峨浩不是敌人,也希望大家不要把她当作外人,要以亲属相待,她是咱们中国的爱新觉罗家的儿媳妇嘛! 由于来自社会制度不同的国家,对于我们的社会,她不会一下子就理解。大家要耐心地

① 参见金蕊秀:《党和国家领导人对我们全家的关怀》,载《相遇贵相知》第二辑,辽宁教育出版社1987年版,第281—282页。

帮助她进步,不要操之过急,不要有什么顾虑,要多和她接触。溥仪兄妹倾听总理的每句话,并一一答应。

周恩来着意创造合家欢乐、共度年宵的特殊气氛,原来是为了进一步做好溥仪的工作,彻底排除政略婚姻的历史阴影,以促成爱新觉罗家族的大团圆。

“人是可以转变的嘛！我们把嵯峨浩接回来,有两个可能:一是跟溥杰生活得很和谐,这就是好事;一是彼此失望,那她随时可以回去。溥仪先生,让我们来试试看吧,好不好?”周恩来完全是用商量的口吻对溥仪说。这是一位多么讲道理的人民的总理啊！

“我感动！我赞成！”一听见“日本”二字就非常反感的溥仪,终于心悦诚服了。

周恩来端起茶杯来,提醒大家别忘了品尝这碧螺春名茶的香味,十分认真地继续说,我们不但欢迎溥杰的日本爱人前来定居,而且要让她来得堂堂正正。今天特意请你们来,也是要跟你们商量,是不是可以用你们的名义发出给嵯峨浩的正式邀请呢?这件事,我已请廖沫沙打过招呼了,我想你们一定能够同意的,是这样吧?万嘉熙回答说,已照廖部长的意思拟就信稿,溥杰也写了一封,想请大哥过目后再呈廖部长审阅。总理说,好哇！那就看“皇上”肯不肯画个“可”字了。溥仪的脸微微泛红,他想,站在眼前的是一位多么理解人的好总理呀！

溥仪被送回前井胡同五妹家时,已是当天晚上8点多钟了。不料,随后又跟来了廖沫沙和北京市民政局办公室主任王旭东,他们奉了周恩来之命,转达几句“要紧的话”。什么呢?总理说,一定要告诉溥仪,对嵯峨浩回国定居的问题,要说心里话,思想不通也允许保留意见。原来,白天就嵯峨浩回国表态时,明显地出现了“将军”的形势,总理是担心他因受困而言不由衷。溥仪感受到人间的真诚和尊重,还有什么东西比这更宝贵呢?他告诉廖部长,请总理放心,他要在家族邀请嵯峨浩的联名信上头一个签名！

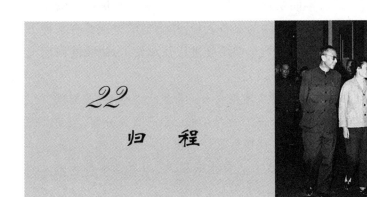

22 归程

这是充满阳光和鲜花的 1961 年的 5 月。

《末代皇帝日籍弟妇偕母女自日过港返北京与夫团聚》这条醒目的新闻标题，出现在香港各报的版面上。文中写道：

> 前伪"满洲国皇帝"溥仪的弟妇、溥杰的日籍妻子爱新觉罗·浩（闺名嵯峨浩），昨午奉母携女自东京搭英国海外航空公司班机飞来香港，将于今天乘车赴广州，和她丈夫共返北京团聚。

> 她看来相当谦厚，谈话时始终保持谦逊甚至拘谨的笑容，语调温柔。她穿着一袭银色绣黑碎花的织锦旗袍，外罩同样的织锦短外套。

> 爱新觉罗·浩说，丈夫和她别后，一直有信给她。她相信他正在广州等候她回来，说到这里，她笑了——这时她笑得不像矜持，显然她心里是甜丝丝的。

这一天是 5 月 13 日。当时中日两国尚未建交，在东京办不了前往中国的签证，嵯峨浩一行正是为了在香港办理入境手续才飞来的。那天，他们在九龙登车从罗湖桥入境，直奔广州。与嵯峨浩同行的，除母亲嵯峨尚子、妹妹町田干子和二女儿嫮生外,还有一位日本朋友宫下明治,这位在长野县饭田市经营药店的先生,伪满时代曾是清东陵守备队的守备人员,作为与清皇族具有某种历史关联的旧部,一定要见见溥杰。列车就要驶进广州车站了,嵯峨浩回忆当时的心情说:

> 丈夫肯定会从北京到广州来迎接我们。再过十几分钟,我们就将重逢了。我恨不得一下子扑进丈夫的怀抱。但长久的分离,又使我有一种难以名状的胆怯感。这两种感情交织在一起,使我一刻也不能平静。我紧紧抱着放在膝上的慧生的遗骨,心里翻来覆去地想,第一句话应该对丈夫讲什么①?

这是生离死别的重逢,这是天地长忆的终结,无须赘述,读者自能想象那广州车站的会面和爱群大厦的良宵,将是何等动人心魄!

问题并不那样简单,似乎溥仪的思想通了,中国政府批准了,溥杰和嵯峨浩就能够团圆了。为外界所不知的是,周恩来继续做了大量深入细致而又非常具体的工作,他付出的心血太多了,这正是溥杰多少年来一想起这位可敬的伟人就要流泪的原因。

正当那两封业经廖沫沙字斟句酌的邀请嵯峨浩回国的家书漂洋过海的时候,溥仪先得到周恩来的称赞,那是在正月初五的文史资料工作座谈会上,总理见到溥仪,非常满意地说:"这件事情你做得不错嘛,你已经改造成为新人了,就应该有新的思想,新的观念,祝贺你又进步了!"正月初六总理单独接见第二批特赦人员的时候,又称赞了溥杰。他说:"廖沫沙同志已经和我说了,你给嵯峨浩的信写得很好。她一定能回来,回来以后也一定能适应新的环境。你自己不就是很好的证明吗?"

一个星期之后,即在2月份的末日,周恩来会见了日本山本熊一率领的经济友好访华代表团。总理在谈话中又提到嵯峨浩回国问题,他说:

> 中日两国经历了战争以后,出现了新的因素。不少日本人从中国回去,也有不少日本人留在中国。战争本来使人对立,但也增加了相互的接触和了解。诸位知道,5000多日本妇女同中国人结婚了,这是历史上少有的,两国已经有了亲戚关系。战争带来不幸,但

---

① 参见《流浪王妃》,北京十月文艺出版社1985年版,第170页。

也带来新的因素。当然往来和婚姻是为了促进两国人民友好，而不是干涉内政，进行敌对宣传。例如在中国的战犯，绝大多数回去了。大多数回去后表现好，个别敌视中国的也有，他在中国犯了罪，当时在中国表现好。释放回去后，又在宣传不利于日本人民的东西，宣传法西斯思想，给你们造成了麻烦。释放回去的人，一般说是好的，坏的是个别的。当年日本军阀利用嵯峨浩，跟伪满皇帝的弟弟溥杰结婚，企图使满洲彻底殖民化。这次溥仪的弟弟被释放了，他的妻子要求回来。她认为自己是中国人，我们准备让她回来。时代变了，人受到教育是会改变的，这种人还是多数①。

时任国际贸易促进会会长的山本熊一先生，一回到东京就向嵯峨浩转达了周恩来欢迎她前往中国定居的谈话精神，令嵯峨浩欢欣鼓舞。

不久，嵯峨浩又在东京的家中，接待了鲁迅夫人许广平女士。她趁着来日本参加鲁迅纪念活动的机会，给嵯峨浩捎来了周恩来的一份很有意义的礼物——"双鸟栖樱"贝雕画。据许广平讲，她将要启程的时候，总理亲自打电话把她请去，希望她能在东京见到嵯峨浩，介绍中国的变化和成就，介绍溥杰特赦后的情况。总理还特别委托许广平转达他对嵯峨浩的邀请，并强调说："请转告浩夫人，我本人非常希望短期内能在北京见到她，更希望能在溥杰家里尝一尝她亲手做的日本饭菜。"得知这一切，嵯峨浩热泪泉涌，双手接过贝雕画，面向北京深深地鞠躬②。

刚刚进入 4 月，作为中日友好协会会长，廖承志又要应邀访日了。周恩来请他行前见见溥杰，当面谈谈，看还有什么事情要做。总理嘱咐廖公，要在日本多找几位能说上话的老朋友，向嵯峨浩的父母做些解释和规劝的工作，以便顺利促成溥杰夫妇的团圆。

廖承志遵嘱很快就在景山公园见到了正在劳动的溥杰，溥杰特意换上新装，上照相馆照了张三寸照片，又买回北京果脯等妻子喜欢的特产，请廖公捎去。当然，最贵重的礼品莫过于一句话了："请廖公转告浩，我在等她，哪怕是等白了头发和胡子。不过，我只希望她，不要辜负了周总理的一片心意。希

---

① 参见《周恩来外交文选》，中央文献出版社 1990 年版，第 305—306 页。
② 参见戴明久：《中国末代皇弟溥杰》，春风文艺出版社 1987 年版，第 213 页。

嵯峨浩在东京
与娘家人合影

望她能早点回来。"

　　不久,周恩来又派一辆小车到景山,把溥杰接到一家大饭店,原来总理正在招待日本朋友西园寺公一、他的妻子雪江、长子一晃和次子彬弘,让溥杰来作陪。

　　西园寺公一出身于华族门第,祖父西园寺公望是位公爵,就在溥仪登基为宣统皇帝前后,两度出任日本内阁总理大臣,成为辅弼过明治、大正和昭和的三朝元老。其长孙公一先生毕业于英国牛津大学,游历了德、意、美等国,接受了民主思想的影响,同时也目睹了法西斯势力的猖獗,遂自动放弃了爵位和家业继承权,走上了反对军国主义和侵略的道路。在我国的抗战年代,西园寺公一谴责侵略,同情和支持中国人民,从而成为我们的一位老朋友。他是在 1958 年的春天,以维也纳世界和平理事会书记处书记的身份,携全家来北京定居的,那些年,岸信介内阁和池田勇人内阁推行反动的对华政策,多亏公一先生为中日两国邦交正常化,为两国的文化交流和民间贸易,而不遗余力地忘我工作。周恩来誉称之为"民间大使",在他们之间建立了深厚的友情。

　　因为西园寺家与嵯峨家是亲属,周恩来便让溥杰也来陪客。

　　"作为老朋友,我还有件事情要请你们夫妇帮忙呢!"周恩来看看迷惑不解的溥杰,饶有风趣地对公一先生和雪江夫人说,"溥杰获释已经四个多月了,夫人嵯峨浩至今还住在日本,这太遗憾了! 既然做了我们中国人的媳妇,就不能总是住娘家啊！你们二位是不是能够帮助做点工作，让她早点回到婆家来嘛。"

当时涉及中日关系的大事小情，周恩来总是忘不了这位"民间大使"。当年石桥湛山和松村谦三要求访华，总理也是让廖承志先来征询西园寺的意见后才决定邀请的，结果极为圆满。这回总理又以嵯峨浩归国之事相托，是因为他有一点忧虑。

"今年春节以来，溥仪率弟妹联名致信嵯峨浩，溥杰也单独给妻子写了信，邀请她回来。她本来是表示愿意回来的，却至今没回来，估计有阻力，问题也许并不在她本人身上，希望公一先生和雪江夫人能给疏通疏通，你们两家是亲戚，有话好说嘛。"

恰如周恩来的判断，大海彼岸正在迎接大风大浪似的一次又一次的考验。这考验来自于总理曾对山本熊一讲过的那种情况，个别被释放回到日本的前侵华战犯，又站到敌视中国的方面去了，他们"宣传不利于日本人民的东西"，通过各种渠道，利用各种形式，向嵯峨家施加压力，阻挠嵯峨浩前往中国与溥杰团聚。他们中间，有的战前就与嵯峨家相识，有的在抚顺见过溥杰，他们的活动产生了一定的影响。嵯峨实胜侯爵曾对女儿嵯峨浩说，你和嫒生有家难归，度着寂寞的时光，都是父亲不好哇！不过，今天父亲还要告诉你一句话，别再存着去中国的念头了。中日两国战争结仇，怨深恨重，"冰冻三尺并非一日之寒"，化解须待何年何月？你若去了，溥杰君或许欢迎你，当地政府、当地百姓，特别是那些受过战争之害的老百姓，也能欢迎你吗？再说，作为侯爵世家，我们不能辱没祖上的荣耀啊！侯爵还嘱咐女儿千万别过分伤心。又说，父母年迈力衰，很需要女儿们在身边，遇事有个照应。

这番话对嵯峨浩来说近似残酷，却又容不得她不信。她和溥杰的婚姻，有幸福的蜜月，也有苦难的岁月，从战前的政略婚姻，到战后的杳无音信，再到50年代的隔海相望，难道还要傻挨苦守下去吗？然而，共产党和新中国对她来说确实还是未知数啊！这无异于在已经笼罩了重重阴影的她和丈夫的婚姻关系上，又增加了一重新的阴影。她致力于两国文化交流的"法人"事业，不也常常因此而困惑吗？她的心好苦！

就是这个时候，山本熊一最先来了，"双鸟栖樱"贝雕画继而送到，中国政府总理的口头邀请和丈夫的"白头"誓言又同时转达过来，而能让嵯峨实胜释疑的则是西园寺公一的两封信……周恩来的多角度的工作宣告奏效！

嵯峨浩又拿出了溥杰那封最长的信，这也许是第 100 次含泪展读：

关于你归国一事，已无任何阻碍，接你回来的一切准备工作早已就绪。中国政府表示，你归国时，如果有亲属希望同你一道来，可以带着他们，来几个人都行①。

嵯峨浩再也没什么可顾虑的了，她得到了父亲嵯峨实胜的充分理解，更得到了母亲嵯峨尚子和妹妹町田干子等的坚决支持，遂在 5 月的中旬首日，义无反顾地踏上了归程。

就在嵯峨浩一行离开樱花的故乡飞往兰花的故乡之际，告知航班的电报已经摆在周恩来的办公桌上，总理为此亲自与溥杰通了电话，让他再找一位亲属同行，要在飞机到达香港之前赶赴广州迎接。总理说，见了浩夫人和孩子，请代致问候，也请转告，我周恩来非常高兴地欢迎她们！这时，手攥话筒的溥杰，再也不能控制感情的闸门，叫了声"总理"便歔欷起来……

周恩来随即通知全国政协，请他们安排溥杰南下羊城的具体事宜。当溥杰由五妹夫万嘉熙陪着走出广州车站的时候，广东省有关部门的同志，根据中央指示早已守候在这里了，随后就把他俩送进广州爱群大厦的预定房间。

溥杰和嵯峨浩等 7 人，在南国羊城逗留期间，参观了古寺院、博物馆、公园和黄花岗七十二烈士陵园等名胜古迹。5 月 17 日，北京车站的月台上终于出现了他们的身影，弟弟和妹妹一个一个地伸过手来迎接他们，然而，大哥溥仪未到。

前来迎接的，还有北京市民政局的干部，他们派来几辆汽车，把溥杰和嵯峨浩一行以及接站的亲属，直接送到紧挨着人民剧场的护国寺 52 号院内。

这是一处典型的北京四合院。登上两三级石阶，由红漆大门进去，穿越一段门厅，先入耳院，再跨过月亮门，可见由南北正房和东西厢房共 17 间圈围而成的四方形院落，具有鲜明的中国特色。

作为醇亲王府的房产之一，在载沣的遗嘱中已把它分在溥杰名下了。溥

---

① 参见《末代皇弟溥杰昭和风云录》，[日] 船木繁著，战宪斌译，中国卓越出版公司 1990 年版，第 165 页。

杰关押期间房产由政府代管，被北京地毡厂租用。溥杰特赦以后，政府立即返还了代存多年的全部租金，同时，周恩来还亲自给有关部门打电话，责令地毡厂限期腾房，并由政府负责修缮。

溥杰南下迎妻的前几天，曾来这里看过，当时还是角落里堆满了杂物的厂房，令他心中暗暗着急。然而，才过去十多天，溥杰无论如何难以想象眼前发生的变化，他睁大惊奇的眼睛环视着一切：地毡厂早已无影无踪，所有的房间全都修缮一新。保留了四合院和房宅的老样式，内部却改装成洋式房间，增添了席梦思软床和

溥杰与嫮生在广州，父女情深

漂亮的梳妆台，卧室、书房、客厅、厨房、餐厅、仓库以及保姆起居室等都布置得井井有条，连锅、碗、瓢、盆，以至院子里晒衣服的木桩和打扫卫生的工具等，都准备齐全了。

民政局领车来的一位女干部，还相当谦虚地向溥杰和嵯峨浩征询意见，说他们根据周总理的指示，修缮、布置并打扫了这所宅院，原则是既要保持风格，又要方便生活，只是来不及先与房宅主人商量，如有不合适的地方可以重新布置。

溥杰后来才逐渐得知这其中的内幕：正是周恩来，获悉嵯峨浩即将启程来华的信息后，就把安排好溥杰一家人的生活这项紧急任务交给了市民政局。总理指示说，房舍准备工作一定要细、要快，抢在嵯峨浩到来之前，保证她回到北京之日，就能和丈夫一起过上正常的家庭生活。总理还对溥杰夫妇过日子用的生活用具一一过问，他又特别交代说，嵯峨浩是日本人，刚来到中

半生自孽尼难活,却渡迷川竟有
边,悲喜抱持犹梦寐,瀛滨儿女
得团圆。一家语到心头语:大地春
来望外天。香逐暮矬丝始尽,相将
赎报瑙余年。
曾冒滔天愆,唯期一鳖菜;当年诚
昨死,蓬后伫今生。志合真偕老,
同心更契盟;春晖苏寸草,图
报是吾情。
十六年重逢在羊城示妻风嫦儿见志偶成二律
溥杰　一九六一年国庆节

溥杰与妻女在羊城重逢有感

国,生活上可能不习惯,可以考虑聘请一个会做西餐的保姆[1]。嵯峨浩后来也把修缮、布置房间的事情,补充写入她的回忆录,说"这一切都是周总理直接安排的"。她继续写道:

> 在中国,家庭私用电话很少,但却给我们家安装了电话,还派来了一位妇女照顾我们的日常生活,所以生活上没有任何不便之处。有一点使我感到美中不足,那就是我们家的院子里,一棵树也没有,光秃秃的,只有铺成十字的石子小路[2]。

溥杰和嵯峨浩一行回到北京时,周恩来正在山东和安徽等省视察。行前,他不但安排了修缮和布置房间事项,也考虑到嵯峨浩或有不尽满意的地方,遂特意打电话给市民政局,留下了一句话,请转告浩夫人,如还有想法和要求一定提出,要尽最大的努力给予满足。溥杰和嵯峨浩,还有双方的亲属,他们只有感动,还能提出什么呢?后来,溥杰夫妇自己动手,栽树种花,把四合院装点成为绿树成荫的小花园。他们期待着有一天能看到总理拨冗光临,亲口品尝女主人兼烹调家嵯峨浩精心烧制的日本饭菜。作为感怀不尽的异国女性,嵯峨浩真不知怎样才能报答恩重如山的中国总理,然而,周恩来又何须回报!

---

[1]　参见戴明久:《中国末代皇弟溥杰》,春风文艺出版社1987年版,第241页。
[2]　参见《流浪王妃》,北京十月文艺出版社1985年版,第174页。

海棠树下

　　没往北京新车站相迎,并不意味着溥仪改变了在周恩来面前表示的态度,仅隔一天,他就在全国政协机关接受了嵯峨浩一行充满亲情的拜访。来自东瀛的亲人带来了名贵的糖果、茶叶和日本偶人等礼品,溥仪十分高兴地接受了馈赠。当天晚上,溥仪又亲率家族成员,在全聚德烤鸭店宴请弟媳以及随她而来的日本亲属和客人。尽管侯爵夫人嵯峨尚子见面时仍以"陛下"相称,溥仪也能控制自己,仅委婉地略作解释。4天后,溥仪又以个人名义在饭店设宴招待嵯峨浩一行。溥仪的转变使嵯峨浩强烈感受到时代的巨大反差,她曾对丈夫谈及自己的感想说,大哥现在胖了,饭量真大,也不像过去那样神经质了,这大概是平生以来头一次过着不担惊害怕的生活的缘故吧。嵯峨浩的推论虽然不无道理,但她有所不知的是,在促成溥仪的转变方面,总理起了决定作用。

　　周恩来从外地视察归来,马上让秘书给溥杰打了电话,祝贺嵯峨浩一行平安抵京。当时中央正在召开讨论农业问题的工作会议,总理一时还抽不出时间来,但他表示一定要见见远道而来的客人。

　　5月24日,全国政协副秘书长兼文史资料研究委员会副

家族成员大团聚在护国寺 52 号溥杰家的院子里

主任委员申伯纯,在机关餐厅设宴,把溥仪一系的家族成员都请来,为嵯峨浩一行接风洗尘。餐后,还在礼堂观看了高亢激越的秦腔名剧《辕门斩子》。两周后,国务院外事办公室第一副主任、华侨事务委员会主任廖承志,又在新侨饭店举行隆重的欢迎宴会,中央统战部副部长徐冰和张执一、北京市委统战部部长廖沫沙等与宴。溥仪也应邀出席了。在宴会上露面的,还有中国戏剧家协会副主席曹禺,人们在宴会之后欣赏了他的话剧名作《雷雨》,同声赞扬这位人民艺术家的辉煌成就。

溥仪对嵯峨浩的态度有所转变,但这并不意味着毫无芥蒂,周恩来从住房问题上已经看清了这一点。总理曾经考虑过,溥仪单身一人,生活方面有诸多不便,而护国寺那处四合院房间不少,如果哥俩合住,兄弟之间互相照应,当然是很不错的。然而,总理向溥仪征询意见时却被拒绝了。这位多年被日本军阀玩弄于股掌之上的傀儡皇帝,如今虽经周恩来劝说已不再反对嵯峨浩来华定居,却仍是固执地反对与日本人士来来往往,兄弟媳妇也不例外。总理明白了:这不是存在于个人之间的偏见或成见,而是根本的思想方法问题,在当时的背景下,究应如何看待中日两国关系的现状及其发展前途呢?溥仪特赦后,将有机会会见方方面面的日本人士,许多工作由他出面也许能发挥更深远的影响,他应该有正确的看法啊!为此,总理精心安排了 1961 年6 月 10 日的接见和午餐会等活动。

上午,和煦的阳光照耀着枝繁叶茂的海棠树,周恩来站在西花厅外摆满茶点和糖果的圆形白玉石桌前,迎来了溥杰、嵯峨浩、嵯峨尚子、町田干子、嫮生和宫下明治等客人。总理风趣地说:"咱们就围坐在这里,怎么样?团团圆圆,图个吉利嘛!祝愿你们阖家欢乐、永远团圆!"①

"听说嵯峨尚子夫人同宫下明治先生后天就要走了,本来想晚一点见你们,这样就不能不提前。"周恩来原打算在6月12日中央工作会议结束后再安排这次会见,但因嵯峨尚子等人的签证期限已到,不可能继续逗留,总理乃于会议中间抽暇会见了他们。

周恩来对溥杰和嵯峨浩能在北京团圆感到由衷的高兴,但他又说最高兴的人是溥杰,前些时候溥杰还担心妻子回不来,今天已成为现实了。溥杰讲,当他在广州车站上一眼看见妻子时,话也不会说了,步也迈不动了,气也喘不匀了。总理非常理解地大笑说,人之常情嘛,人的感情最丰富也最珍贵。总理说,要是摊在他头上,说不定还得流眼泪淌鼻涕呢!总理说着,亲手剥开一只蜜橘,礼貌地递到嵯峨尚子手中,表示对老人家的感谢,因为她亲自把女儿送来团聚,实在令人敬佩。总理说,亲戚之间应该越处越近,国家之间更应该和睦相处,和则两利嘛!这时,嵯峨浩走过来给总理斟茶,总理引用京剧《平贵别窑》中的故事对她说,"王宝钏苦守寒窑18载",你也等了溥杰16年,你们命运相同啊!不过,薛平贵后来当上皇帝就忘本,溥杰不会那样,他现在已是中华人民共和国的公民了。一席含义深远又亲切感人的话语,激起阵阵笑声,客人们都觉得轻松自如。

周恩来围绕嵯峨浩回国的事讲了许多。他说,浩夫人是日本人,同中国人结了婚,现在已经是中国人了,我欢迎你做中国人,参加中国的社会活动。总理又说,我讲的这样多,浩夫人还要再看一看,看1年、3年、5年、10年,看看是不是这么回事。哪一年觉得不适宜了,什么时候都可以回去。如果回到日本,比较一下,觉得中国好,还可以再来。来去自由,我可以保证,我可以签字,我相信你不会要我签字的②。

周恩来称赞嵯峨浩愿意做个中国人,愿意为促进中日两国友好、恢复邦

① 参见戴明久:《中国末代皇弟溥杰》,春风文艺出版社1987年版,第244页。
② 参见《周恩来选集》下卷,人民出版社1984年版,第320页。

交而努力,对此表示欢迎。同时,也严肃指出了《流浪王妃》一书的缺点,认为书中若干情节已经离开了事实,不经过修订就不能在中国出版。总理把温和的目光停留在嵯峨浩身上,继续说,浩夫人请放心,我们不会歧视你的。尚子夫人和宫下先生回国以后,请告诉日本朋友,浩夫人是不会受到歧视的。

　　周恩来的诚恳和坦率令人感动,嵯峨尚子站起来给总理鞠躬,却被他一把拦住了。尚子夫人说,感谢总理帮助嵯峨浩来到中国。你们有句老话:"树高千丈,落叶归根。"我女儿的丈夫在中国,她的家也在中国,中国当然就是她的归宿了。她应该回来,我也完全放心,因为有您这样的总理管理国家,我女儿一定会在中国生活得很幸福。总理回答说,谢谢您为两国人民做了一件好事!中国有出京剧《杨门女将》,讲的是佘老太君挂帅出征的故事,听说您也有好几个女儿,愿您也能为中日友好事业挂帅出征。看来总理很了解情况,这位尚子夫人有四女一子,嵯峨浩老大,其余顺序为池田启子、福永泰子、町田干子,儿子公元最小。

溥杰长女慧生

　　话题又从"女将"谈到溥杰和嵯峨浩的两个女儿。大女儿慧生,就是那个最早给中国总理写信寻找爸爸的17岁女孩,她20岁那年,因殉情而把一幕惨烈的悲剧遗留在天城山深深的幽谷之中。事由很简单:她与同窗男友相爱,却未能得到家庭的理解,坚持封建正统思想的母亲,认为她既然是清朝皇族的正宗长女,就必须回到中国,嫁给满族青年,这使她痛苦万分,终致走上绝路。周恩来很称赞慧生当年给他写信的行动,他对嵯峨浩说:"你的死去的女儿慧生给我写过信,我当时做出决定,同意她和她父亲通信。她是一个很勇敢的青年。是否还能找到她的照片?送给我一张作个纪念吧。"嵯峨浩马上表示,日后送一张放大的慧生照片给总理。话题又转到小女儿嫮生身上。嫮生尊敬周伯伯,特意从日本带来了见面礼品：一台袖珍半导体小收音机。同时，也给伯伯带来一个很难的难题。原来，因为她的去留问题，这些天在溥杰家乃至整个家族，都闹起了轩然大波。父母都希望她留在身边，一起生活，溥仪也做她的工作，希望她留居祖国，将来就在北京结婚安家。可是，嫮生有自己的想法，她从小在日本长大，已经习惯了那里的生活，而且也已有了情投意合的男友，所以想回到日本去。这个新的家庭矛盾，又摆到了总理面前。总理说，嫮生愿意回去，可以让她回去，不要勉强她留下。青年人变化多，以后想来，随时都可以申请护照。如果不来中国，同日本人结婚，又有什么不好？唐太宗把公主嫁给西藏王，汉藏通婚。嵯峨家把女儿嫁给爱新觉罗家。爱新觉罗家的女儿又嫁给日本人，有什么不好呢？总理一席话，从历史、民族和政治几个角度，都讲出了道理，让人服气。继而，他又充满深情地对溥杰夫妇说："孩子们的事情，还是由他们自己做主吧，不能再演慧生的悲剧了！"说到这里，总理又把嫮生招呼到身边，握住她的手，亲切地说："我赞成你同日本人结婚，不过你要记住，姐姐已经不在了，你是父母唯一的孩子，一定要常来看望他们，我准许你常来常往！"此时此刻，此情此景，嫮生的眼泪早已像断了线的珠子，簌簌地滚落下来，面对总理深深地鞠了一躬，无限真诚地说："我从心里尊敬您！"

24 午餐会上
纵横谈

　　海棠树下仍飘散着芬芳，与中国总理在一起的日本客人们都忘记了时间的流逝，大概有3个小时白驹过隙般地度过了。人们看到，一辆接一辆的国产轿车开进了中南海西门。

　　上午11时半，应邀出席午餐会的载涛、溥仪以及他的弟妹等爱新觉罗家族成员，一起来到西花厅。在午餐会上露面的，除总理身边工作人员童小鹏、罗青长、许明等以外，还有两方面人士：一是为促进中日友好而奋斗多年的很有影响的人物，如西园寺公一及夫人雪江和廖承志等；二是满族名人，如著名作家老舍和著名画家胡絜青、著名京剧表演艺术家程砚秋的遗孀果素英等。

　　午餐会的菜肴很丰盛，把餐桌都摆满了。据嵯峨浩回忆，上过一盘珍贵的鲥鱼，长约1尺5寸，鳞像鲤鱼，味道鲜美，做法亦简便，只要适量加酒、盐、葱和生姜，蒸一下就行了。嵯峨浩是烹饪专家，喜欢研究菜肴。总理也有共同语言，他说年轻时在日本留学，住在东京神田，最喜欢吃炸大虾、荞麦面和虎屋的羊羹。

　　嵯峨尚子夫人说话的声音较低，周恩来特意让她靠近自己就座，对她说："您是团长嘛！"继而又亲自给溥仪、溥杰等人安排了座位。溥仪一生不贪酒，总理特意端给他一杯茅台烈酒，劝他尽欢这一回。

周恩来没有使用国宴上祝酒辞的口吻发表演讲，但他的话更让人觉得亲切。他对嵯峨浩说，关于你回来的问题，你的丈夫和溥仪是踌躇的，他们担心中国目前有困难，比日本的生活水平低。两年来的灾荒，是带来一些困难，粮食少了一些，以农产品为原料的商品比以前少一些，物资供应多少有些紧张，但没有很大的问题，经过努力已经恢复不少。再说，你刚从生活水平高的日本来，还不习惯，需要照顾，将来习惯了，和大家一样了，就不用照顾了。

周恩来以丰盛的家宴招待嵯峨浩一行，这本身就是破例的，原有一层照顾的含义在。当时国家处在困难时期，毛泽东、周恩来等领导人平时都是粗茶淡饭，总理外出视察，每到一地先"约法"：不吃肉，不吃过油食品，要吃粗粮，绝对不许可超过规定标准。有一次，某地招待人员在总理的家常饭餐桌上增加一盘油炸豆，受到总理的批评，总理说，老百姓每个月才几两油，我们吃这种油炸豆心里难过。

周恩来谈锋很健，口若悬河。他跟嵯峨浩说完话，又转对西园寺公一说，浩夫人是日本嵯峨侯爵的后人，西园寺先生则是公爵后人。现在，日本贵族都取消了，这是第二次世界大战以后美国人做的，西园寺先生早在这以前就自动放弃了贵族身份，并且和一位平民的女儿结了婚。总理指指在座的雪江女士，继续说，他们自愿到生活水平低的中国来，还不是为了和平吗？这是很令人钦佩的。

西园寺公一在回忆录中也曾述及这次印象深刻的午餐会，当然，他看问题有自己的角度，他这样写道：

> 正当中国国内外面临很多困难的时候，我们一家人曾应邀去周恩来先生家吃午餐。……有时也只邀请我们夫妇俩去周总理家。那一天，曾经是日本的傀儡"满洲国"皇帝的爱新觉罗·溥仪和他的弟弟溥杰也在座。
>
> 溥杰的夫人浩，出身于原侯爵嵯峨家，而嵯峨家和西园寺家是远亲。我想，周总理是知道我们这个关系以及希望战前在同样的环境下长大的我和溥仪兄弟能成为朋友才这样安排的。
>
> 我和溥仪很少交往，但和溥杰成了好朋友，他有时候到我家来

玩。现在回顾起来,当时他们兄弟二人是刚刚从抚顺战犯管理所释放出来的,在北京没有朋友。加上,有过去那样的经历,要交朋友也比较困难。我想,周总理是考虑到这一点,才和他们一起招待我们夫妇的①。

溥仪、溥杰和西园寺公一从此确实成了朋友,溥杰夫妇与西园寺一家的交往更加密切。据溥杰回忆,他们之间除了亲密感以外,谈的也比较投机,"西园寺先生有时似乎有点难以侍候,但一起喝酒,话就比较多"。这当然应该是后话了。

周恩来的目光又移到舒舍予身上,遂介绍说,他就是名作家老舍先生,是满族的杰出人物嘛!辛亥革命后,若讲自己是满族人就会受欺侮,受歧视,所以他就不愿意讲。他有许多著名作品,如《骆驼样子》、《龙须沟》等等。老舍夫人也在座嘛。待胡絜青起立与大家见面后,总理介绍说,她是位画家,中年学画,拜齐白石为师,现在和陈半丁、于非闇等画家合作绘巨幅的国画。

挨着胡絜青就座的是程砚秋的夫人,周恩来也介绍她与大家见了面,并说,程砚秋是中国著名的京剧演员,也是满族人。解放后他非常努力,要求加入中国共产党,1957年我和贺龙元帅介绍他入了党,可惜第二年他就去世了。说到这里,总理问嵯峨浩喜不喜欢听唱片?当听到回答"很喜欢"时,又继续说,我可以送几张程砚秋的唱片给你,我很喜欢听他的唱片,睡不好觉时就听一听。旧社会他们被叫作戏子,受人歧视,我们称他们是艺术家,都是平等的。

周恩来不但熟悉身边的每一个人,还善于从身边谈起,展开自己的话题。"听说嫮生来后讲中国人面孔黑。溥仪先生、溥杰先生的面孔的确比过去黑了一些,身体也结实了一些。黑是健康的表现,不管怎么样,我们都是黄种人,被称为有色人种,不会变成白种人。"于是,总理就从皇族的变化说开了。他讲,今天在座的,有过去的皇帝、皇族,现在都生活在一起,这有一个条件,大家平等。载涛是贝勒,他是光绪的弟弟,宣统的叔叔。溥仪先生是皇帝,"满洲国"我们不承认,但宣统我们是承认的。溥杰是皇帝的弟弟,嫮生是日本贵族的外甥女,又是中国皇族的女儿。溥仪、溥杰的弟弟妹妹过去也都是

---

① 参见《红色贵族春秋——西园寺公一回忆录》,中国和平出版社1990年版,第206—207页。

皇族。现在变化了。溥仪先生研究热带植物,还能劳动,自愿参加劳动,对劳动有兴趣。溥杰先生在景山公园研究园艺,半天工作,你还要照顾一下你的家庭。弟弟妹妹的情况,那是你们都知道的了。三妹是东城区的政协委员,我是全国政协的主席,从这一点说,我们还是同事。五妹曾做过服务员,现在做会计,她完全是自我奋斗,过去我们不知道。六妹是画家,字写得很好,现在是艺术家了。七妹是小学校的教导主任,模范工作者。你们在街上走,谁能认出来是过去的皇族呢?妹夫们也都有了变化。过去这些皇族、官僚、贵族,今天都变化了,当了工人、职员或教员。

周恩来讲皇族的变化,归根到底是讲近代中国的变化,特别是讲社会主义新中国给中国社会带来的巨大变化。他说,中国旧社会,等级森严,不平等。清朝时我们这些人要见溥仪非下跪不可,也根本见不到。辛亥革命后就变了,但只变了一点,推翻了清政府的压迫,代之以少数汉人的统治,而且更凶。北洋军阀是年年打仗,国民党统治也是战争不断,搞得民不聊生。只有中国革命胜利了,社会才变了,全中国人民才平等了。中国现在的社会制度是中国人民自己选择的,自己奋斗出来的,不是外来力量强加的。我们觉得这样做很心安,很高兴。请大家想想,世界上有哪一个国家在推翻了封建制度、建立了共和国以后,以前的皇帝还能存在、还能给以平等地位?例如英国的查理一世、法国的路易十六、德国的威廉二世、埃及的王室等等,他们哪里去了呢?可以比较一下。

"世界有史以来没有过。"溥仪深有体会的答话,是客观的,也是权威的。

周恩来列举的人物都为溥仪所熟知。英国资产阶级革命胜利后,斯图亚特王朝国王查理一世(1600—1649)被国会判处死刑;法国国王路易十六(1754—1793)被废黜后,不久即被处死;兼有德意志帝国皇帝和普鲁士国王身份的威廉二世(1859—1941),于1918年11月德国革命爆发后,逃亡荷兰,客死异乡;埃及革命成功以后,于1952年7月26日废黜了法鲁克国王,他被迫当天逃往国外。这些遇上了革命的末代君主的地位和处境,完全可以跟溥仪相比,但他们最终的命运却和溥仪有着天渊之别。

从中国的变化又讲到中国和世界的前途,周恩来的说话艺术就在于,他是站在物质世界运动法则的高度上加以说明的,由不得你不服气。他说,世界上有黑种人、黄种人、白种人和棕种人。不管是哪种人,相互间都应该是平等的。但现在还有差别,还存在着种族歧视。从另一个意义上说,最黑的人最受压迫,最有前途,最有希望。非洲有两亿多人口,是未开发的处女地,资源很丰富,现在经济发展不如欧洲,但后来居上,将来会赶上的。世界上开发较早的地方是欧洲,但很多资源快开发完了。开发最少的地方是非洲,非洲有煤、铁砂、石油和稀有金属等,很丰富。北美的加拿大也开发了不少,美国的石油开发早,浪费也大。亚洲和拉丁美洲则是半开发的地区。这些未开发和半开发的地区,民族独立了,外国不能干涉了,自己管理自己了,是统统要开发的,所以说是后来居上。到那一天,我们的态度仍然是平等待人,有无相通。地不分南北,人不分肤色,四海之内皆兄弟。到那时帝国主义不存在了,世界大同了,不过这大概要到21世纪以后才可以看到。我是看不到了,载涛先生你大概也看不到了,老舍先生与我同年,大概也看不到了,年轻的人有希望看见。我们共产党的目的就是要把世界搞得美好,使大家都能活下去,而且过得好。

讲了现实,今天和明天,又讲历史,昨天和前天,其间的转折很自然。总理就像历史学家那样,对清朝的历史功过做了客观评价。他说,清朝是中国最后一个王朝,它做了许多坏事,所以灭亡了。但是,也有三件事做得很好:第一件,把中国许多兄弟民族联在一起,疆土比历朝更加完整,把中国的版图确定下来了,900多万平方公里。第二件,清朝为了要长期统治,减低了田赋,使农民能够休养生息,增加了人口,发展到四万万人,给现在的六亿五千万人口打下了基础。第三件,清朝同时采用满文和汉文,使两种文化逐渐融合接近,促进了中国文化的发展。康乾时期,文化一时有兴盛气象。康熙懂得天文、地理、数学,很有学问。俄国彼得大帝和康熙是同时代的人,因为俄国地处欧洲,手工业比较发达,他汲取了西欧的经验,发展了工商业。中国当时封建经济的统治比较稳固,工商业不发达,康熙只致力于发展封建文化。为什么要在这里评论清朝的功过呢?总理开宗明义地说,就是要解决正确对待满族的问题。他说,清朝所做的坏事,历史已经做了结论,用不着多提,做的好事是应该讲一下的,汉族是个大民族,也做了很多好事,这就不用提了。这个思想不是我的,是毛主席多次讲过的。我说这些话的意思,是要说明就是和满族人结婚了也用不着自卑;我称赞了清朝做的好事,也不要骄傲。

对待像满族这样在历史上发挥过重要影响的少数民族,要有正确的政策,这显然是国家的大事。周恩来说,满族统治阶级入关统治中国近300年,奴役各族人民,虽然曾使中国一度强盛,但最终还是衰败了,这应由清朝的皇帝和少数贵族负责,满族人民是不用负责的,他们也同样受到灾难。孙中山先生领导辛亥革命推翻清政府是对的。溥仪先生当时才几岁,他也不能负责。载涛先生当时是大臣,要负一部分责任。至于"满洲国"时代,溥仪、溥杰都应该负责,当然更大的责任应由日本军国主义来负。由溥杰帮助溥仪撰写的那部自传文稿就揭露了这一点。那部文稿应该修改一下再出版,因为里边的自我批评太多,事情已经过去,新中国成立11年啦,中国人民对清朝的残酷统治和压迫,印象已经淡漠,能记得的人不多了,但历史还是要按照事实来写。清朝亡了,说明它不好,这一点历史已经做了结论。

周恩来总结清朝以来的历史,认为现在的问题是要恢复满族应有的地位。他说,辛亥革命以后,北洋军阀和国民党反动政府歧视满族,满人不敢承认自己是满族,几乎完全和汉人同化了,分不清了。民族将来是要互相同化的,这是自然发展的结果,但不能歧视,不能强制。因此,现在还要把满族恢复起来,事实上1949年以后已开始这样做了。

周恩来知识渊博,博彩众长,把自己的观点发挥得淋漓尽致,令人钦佩。

最后谈到了日本和中日关系问题,周恩来说,日本经过明治维新前进了一步,后来逐步发展到军国主义,甲午战争、九一八事变、卢沟桥事变,再加上"满洲国",使中国人民受到很大伤害。但是,这只是半个多世纪以来的事情,而且已经过去了,跟中日两国之间近2000年的经济文化交流相比,不过是一段短暂历史。毛主席说,日本军国主义侵略中国固然是坏事,但他唤起了中国人民的觉悟,使我们团结并组织起来了。

周恩来根据当时的国际形势,分析了在反动势力控制下的日本的政治倾向,对军国主义复活问题做了一些推测。他说,军国主义一旦复活,势必向外扩张,侵略他人。日本东面对着强大的美国,西面对着强大的苏联,中国现在也不见得比日本弱,它只有向南扩张。但是,南面的菲律宾、印度尼西亚、澳大利亚、越南、马来西亚等国,大多被日军占领过,又都是新独立的国家,绝不肯再把本国沦为殖民地。在这种情况下,日本可能会把台湾作为出路。台湾有200万人能说日语,现在日美都热衷于制造两个中国,想先把台湾和中国大陆分开,然后去掉蒋介石,把台湾并入日本。原日本的中国派遣军总司令官,后来又给蒋介石充当秘密军事顾问的冈村宁次(1884—1966),就是从事这项阴谋的主要人物。但是,蒋介石也不是不知道,蒋介石比法国戴高乐更有警惕性,他还有一些兵力。再说蒋介石同我也有30多年的朋友交情了,并且有过三次合作的经历,如果他还不知道日本的阴谋,我也能告诉他。因此,我们就让蒋介石留在台湾。这时,总理微笑地看了看宫下明治,对他说,宫下先生回国后,如能见到冈村宁次可以告诉他我所说的话,并且告诉他,日本军国主义者想把台湾并入日本是做不到的,必然要失败的。宫下先生,你所得到的"第一手情报",回国后只管说,不必保留。

周恩来的讲话,总让人感到一种强大的吸引力量,因为那里面充满了知识,充满了哲理,也充满了情趣。他继续说,日本天皇的爱国心情,大概比日本内阁一些人员要高,日本人需要天皇制,那是日本人自己的事。中国并不想干涉日本内政,也没有想要日本的一寸土地。我们对日本人民更是毫无怨恨,日本人民为侵略战争也付出了巨大的牺牲,遭受了深重的灾难,他们同样是军国主义的受害者嘛!这一点,日本的有识之士和广大人民现在已经认识到了,在日本战后的文学艺术作品中也有了深刻的反映。总理说,这一段把中日两国人民推向苦难深渊的沉痛历史,两国人民都应当永远记取不忘。但是,半个多世纪以来两国的矛盾却应当忘掉。今后,两国应当和平共处,互相亲善,文化交流,彼此通商,这对东亚和平有着极其重要的贡献,对世界和平也将产生很大的影响。

周恩来最后说,皇族、华族也好,资产阶级也好,劳动人民也好,只要愿意同中国友好,我们都和他友好。参加过日本侵略政府的成员,只要他们赞成中日友好,我们仍然欢迎他们,如曾任日本关东军副参谋长、陆军航空本部总务部长的远藤三郎先生,曾在我国东北和东南亚各国指挥日军作战的高级将领辻政信先生,曾任伪满洲国政府经济顾问、满洲重工业开发公司总裁的高碕达之助先生,曾任日本邮政大臣和政友会总裁的久原房之助先生,自50年代以来都曾来华访问,从事有利于两国友好的活动,受到了我们的欢迎。日本朋友来中国的,左、中、右都有,我们对日本朋友是门户开放的。我们不但欢迎共产党、社会党,就是为日本政府做情报工作的人,我们也让他来。

西花厅午餐会在下午4时半许结束。告别的时候,周恩来对嵯峨尚子说:"尚子夫人,你回到日本见到天皇、皇后,请替我说中国总理向他们问候!"

1961 年 6 月 10 日，周恩来在中南海西花厅接见溥仪、溥杰、嵯峨浩等合影。前排右起：溥杰、嵯峨浩、周恩来、嵯峨尚子、载涛、老舍、溥仪

　　看在眼里，听在耳中，溥仪的内心深处受到了巨大震动。是呀，自己也身处斗转星移的历史长河之中，怎么还不懂这个发展的观点？正确对待历史，为发展中日两国的友好关系、恢复邦交而努力，这才是自己应该做的。

25

湘味家宴

1961年6月19日,西花厅午餐会之后的第九天。周恩来在文艺工作座谈会和故事片创作会议上发表了影响深远的长篇讲话,其中有这么一段:

> 最近听周扬同志说的一句话很顺耳。他说,统一战线工作不仅统战部要做,宣传部也应当做。这话很对。本来宣传部应当广为招徕,门户洞开,但是现在党外人士不到中宣部来,可见门户不是那么洞开。统战工作不只是统战部的工作,而是全党的工作,不仅文化部、宣传部要做,组织部也要做,许多部门都要做。毛主席每年都要找章行老谈谈教育工作。我也还要对溥仪做工作。既然把他放出来了,总要让他做点工作,发挥他的作用。改造末代皇帝,这也是社会主义制度的优越性嘛!否则为什么放他出来呢?①

这里所说,并非如同人们想象的分工:毛泽东找章士钊谈教育,周恩来找溥仪论工作。而是说统战工作非常重要,

---

① 参见《周恩来选集》下卷,人民出版社1984年版,第345页。

是全党的工作,党和国家的最高决策人亲自过问。对于溥仪,总理考虑得更多更细,但一切重大决策,如引渡、不杀不判以及特赦等,都是主席做出的。主席历来注重溥仪的改造,关心他的转变和点滴进步。主席在1956年2月当面向载涛建议,让他携家属前往抚顺探望溥仪,就是在阅看了关于溥仪改造的上报材料,得知他在抚顺学习得不错,读了不少马列主义的书之后才提出的。两个月以后主席就在中央政治局扩大会议上,发表了对溥仪等战犯"不杀头"和"给予生活出路"的讲话。溥仪特赦后,毛泽东仍然关注他的工作、学习和生活情况,每次谈到改造旧阶级、旧思想,总忘不了举出溥仪为例。在不长的时间里,主席就向伊拉克、伊朗、塞浦路斯、智利、阿根廷、秘鲁等许多国家的外宾介绍了溥仪,建议他们当面谈谈。就在这次总理讲话两个多月以前,主席接见古巴青年代表团时,还向客人谈及溥仪,介绍了他的传奇经历,分析了他的性格特点。比如说他"很怕死,胆子小",这显然是仔细研究过溥仪由苏联引渡回国那一时期的有关材料后得出的结论。毛泽东当时还不曾见到溥仪,但他熟悉这位前皇帝,说他总是"表示愿意改造自己",认为他是"改造得比较好的一个"。主席发挥自己的观点说,旧阶级是可以改造的,溥仪也可以改造。

毛泽东对溥仪的认识与态度,来自于长期的革命斗争的实践,来自于对民主革命和社会主义革命的革命对象和革命目标的精湛的研究。

1939年12月,毛泽东在《中国革命和中国共产党》一文中指出,中国作为殖民地、半殖民地、半封建的社会,革命的主要对象,"就是帝国主义和封建主义,就是帝国主义国家的资产阶级和本国的地主阶级",并不是皇帝或哪个反动分子个人。

1940年2月20日,毛泽东在延安宪政促进会上发表演说认为,辛亥革命"革"掉了皇帝,然而,代之而起的总统袁世凯、黎元洪、冯国璋、徐世昌等,与专制皇帝也没有什么分别,就实质而言,清朝、民国都是"一党专政"的"吃人政治","不给人民以丝毫的自由"。可见光革掉一个皇帝是没有用处的。

1949年9月16日,毛泽东发表《唯心历史观的破产》一文,对于迫使宣统皇帝退位的辛亥革命给予盖棺论定的总结。他说:"辛亥革命为什么没有成功,没有解决吃饭问题呢?是因为辛亥革命只推翻一个清朝政府,而没有推翻帝国主义和封建主义的压迫和剥削。"

1957年1月27日，毛泽东在省、市、自治区党委书记会议上谈到历史回归的问题时说："辛亥革命就走了回头路，革掉了皇帝，又来了皇帝，来了军阀。有问题才革命，革了命又出问题。"为了把革命进行到底，他不能不思考的是，革掉皇帝以后，还必须避免出现新的皇帝，这就不是从肉体上消灭一个旧皇帝的问题了，而是要从思想根源上挖掉培植皇帝的土壤。

1958年3月22日，毛泽东在成都会议上的讲话中，提倡王熙凤的"舍得一身剐，敢把皇帝拉下马"的精神，宣扬邹容十八九岁写出《革命军》"直接骂皇帝"的气概，都针对着封建制度而言，却不仅仅是为了对付一个皇帝。

1962年1月30日，毛泽东在扩大的中央工作会议上说："对于反动阶级实行专政，这并不是说把一切反动阶级的分子统统消灭掉，而是要改造他们，用适当的方法改造他们，使他们成为新人。"这已经是对爱新觉罗·溥仪实行社会主义改造的明明白白的理论了。

1964年4月24日，毛泽东在一次谈话中，总结改造罪犯的经验说："人是可以改造的，就是政策和方法要正确才行。"

1964年6月16日，毛泽东在中央工作会议上说，要把这样一个思想传到省委，即如果中央出了修正主义，各省都要顶住。主席引用民国初年皇帝复出的历史遗训继续说，袁世凯称帝开始势力很大，后来一登台当皇帝，开始只有云南蔡锷出来顶，以后湖南等地响应，最后只剩下一个袁克定赞成，这样就垮台了。张勋复辟，事前开个会，很多人都在黄绸子上签字，结果还是靠不住，张勋一到北京，大家都变了。主席谈到的这段历史也能说明，皇帝已经久为中国人民所不齿，这实际正是皇帝可以改造的历史前提。

1964年6月23日，毛泽东会见智利新闻工作者代表团时，谈到了"中国的皇帝"。他说，国民党打内战跟我们打了好多年，后来我们又跟日本打了八年。不是我们打到日本去，而是日本打到中国来。讲长远一点，都是外国打到中国来……中国人打到外国去，在古代有过，那是中国的皇帝。打到越南、朝鲜。以后日本占领了朝鲜，法国占领了越南。1911年我们推翻了清朝皇帝，接着就是各种军阀混战，那时中国完全没有共产党……主席的意思是，中国人民爱好和平，只有皇帝喜欢扩张。

1964年8月29日，毛泽东接见尼泊尔教育代表团时又论及皇帝卖国，他说，帝国主义曾经征服了我们的国家。怎么征服法？就是让中国政府听外国人的命令。清末皇帝是听外国人的命令的。孙中山建立了第一个共和国,但是几个月便垮了。然后,就是袁世凯做皇帝,他也听从外国人的命令。

历史终于提供了毛泽东和溥仪会面的机会。

1962年1月31日,按农历算为辛丑年腊月廿六日。举世皆知,曾产生《辛丑条约》的那个60年前的辛丑年,已作为大清帝国的耻辱载入史册。现在,60年后的辛丑年又要过去了,就在这新春佳节即将到来的时刻,章士钊、程潜、仇鳌和王季范几人,在同一个早晨收到请柬,是毛泽东邀他们到家中小酌。

章士钊是湖南长沙人,清末曾主持《苏报》,骂过皇帝,民国以后出任北洋政府教育总长,溥仪在天津时他去见过;程潜是湖南醴陵人,在晚清年代考中秀才,加入同盟会以后追随孙中山先生投身反清革命,历任要职;仇鳌是湖南汨罗人,清末在日本留学即投身反清革命,成为同盟会创始人之一,也是辛亥革命首倡者之一;王季范是湖南湘乡人,晚清以来一直从事教育工作,倾向革命,与毛泽东有世交,又是远亲。他们都是主席的老乡亲,又都是清末以来的革命家或社会贤达。

国产小汽车驶入中南海,把章士钊等4人陆续接到颐年堂前。

"今天请乡亲们来,要陪一位客人。"毛泽东雍容大度,出语诙谐。

"客人是谁呢?"章士钊颇觉莫名其妙。

"你们都认识他,来了就知道了。也可以事先透一点风,他是你们的顶头上司呢!"毛泽东故意不说出名字来,为这次家宴抹上一层神秘色彩。

是刘少奇主席?是朱德总司令?还是周恩来总理?章士钊等人正在猜测这位"顶头上司"到底是谁,一位高个清瘦男子,已由工作人员引导着,进入颐年堂宽敞的客厅。他既不是人们熟知的国家领导人,也不是报章上常有玉照登载的著名人士,约摸50多岁,举止落落大方。毛泽东显然也是头一次见到这人,但却像老朋友似的迎上去握手,并拉他在自己身边坐下,环视应邀而来的客人,带着浓重的乡音微笑说:"他是宣统皇帝嘛,我们都曾经是他的臣民,难道不是顶头上司?"章士钊等人恍然大悟,方知正是清朝末代皇帝溥仪坐在眼前。

毛泽东指着在座的四位老人一一给溥仪介绍,溥仪很谦虚,无论介绍谁,他都站起来鞠躬致意。或许因为四位老人都是可敬的长者,或许含有清朝皇帝向反清志士赔礼道歉的意味,这是多么有趣啊,他们一起进入了崭新的时代。

"你不必客气,他们都是我的老朋友,常来常往的,不算客人,只有你才是真正的客人嘛!"毛泽东对溥仪说的这句话,自然是对主宾和陪席的具体解释了。

在颐年堂内湖南风味的家宴上,溥仪作为上宾与毛泽东同桌共饮。溥仪有幸,他是被特赦的前国民党战犯、伪满战犯、汪伪战犯、蒙伪战犯中,唯一受到毛泽东接见并宴请的人物,直到1976年主席去世为止,再不曾有别的特赦人员受到如此崇高的礼遇。

毛泽东实在太忙,就在这次家宴的前一天,他还在扩大的中央工作会议(即著名的"七千人大会")上发表了长篇讲话,中心是讲民主集中制问题,也谈到阶级立场问题、认识客观世界问题、国际共产主义运动问题以及团结全党和全体人民的问题。讲最后一个问题时,主席再度谈到"不要轻于捕人,尤其不要轻于杀人"。对于"骑在人民的头上拉屎拉尿,穷凶极恶,严重地违法乱纪"的人,"也要捕一些,还要杀几个","但是,绝不可以多捕、多杀。凡是可捕可不捕的,可杀可不杀的,都要坚决不捕不杀"。这是主席的一贯的看法。当他阐述这种看法时,总是举出"宣统皇帝"等人为例,而收令人信服之效。唯这次没有举溥仪,只举了潘汉年和王实味,说前者"是个 CC 派人物,现在关在班房里头,我们没有杀他",而后者"是个暗藏的国民党探子",后来被处决,"那是保安机关在行军中间,自己杀的,不是中央的决定。对于这件事,我们总是提出批评,认为不应当杀"①。现在,中央已为这两个人平反昭雪、恢复名誉了。

事过8个月,毛泽东在1962年9月24日主持中共中央八届十中全会时,他的开篇词讲到了如何对待党内犯了错误的同志的问题,强调要允许犯错误,允许改正错误,即使里通外国,搞了反党小集团,只要实事求是讲出来,"我们就欢迎,还给工作做,绝不采取不理他们的态度,更不采取杀头的办法"。主席接着说:

　　杀戒不可开,许多反革命都没有杀……宣统皇帝是不是反革

––––––––––––––

① 　参见《毛泽东著作选读》下册,人民出版社1986年版,第835—836页。

命？还有王耀武、康泽、杜聿明、杨广等战犯，也有一大批没有杀。

多少改正了错误就赦免他嘛！

毛泽东就这样，常常在重要而关键的场合拿溥仪做例证，发挥着别人起不到的作用。

在七千人大会上讲话过后才十几个小时，毛泽东已从严肃的讲坛，回到轻松的家宴席前了。在不同的氛围中，面对各异的对象，执行着同样伟大的工作。

毛泽东的家宴，没有"燕窝席"、"鱼翅席"的排场，也没有溥仪当皇帝时常常见识的"满汉全席"和无比奢华的"御宴"，桌面上只有几碟湘味儿的辣椒、苦瓜、豆豉等小菜。

"湖南人最喜欢吃辣椒，叫做'没有辣椒不吃饭'，所以每个湖南人身上都有辣味哩。"毛泽东说着，夹起一筷子青辣椒炒苦瓜，置于溥仪位前小碟内，见他已吃进嘴里，遂又笑问，"味道怎么样啊？还不错吧！"

"很好吃！很好吃！"溥仪鼻尖上已沁出汗珠。

"看来你这北方人，身上也有辣味哩！"毛泽东风趣地说完这句话，指了指仇鳌和程潜，继续对溥仪说道，"他们的辣味最重，不安分守己地当你的良民，起来造你的反，辛亥革命一闹，就把你这个皇帝老子撵下来了！"

毛泽东妙语既出，在座诸位无不捧腹，溥仪笑得最开心。

"你还没有结婚吧？"毛泽东知道溥仪在抚顺时，已与他的"福贵人"离婚，遂改换这个话题。

"还没有呢！"溥仪答。

"可以再结婚嘛！"毛泽东说，"不过，你的婚姻问题要慎重考虑，不能马马虎虎。要找一个合适的，因为这是后半生的事，要成立一个家。"

饭后，毛泽东与邀来的五位客人合影留念。他还特意拉溥仪过来，让他站在自己右侧说："我们两人可得照一张相哟！"遂请新华社摄影记者为两人拍了一张珍贵的合照。打这以后，无论住在独身宿舍，还是有了家庭，溥仪总把这张照片摆在床头几上，像宝贝似的珍藏着，直到"文化大革命"年代，溥仪怕被红卫兵抄走而上缴政协机关保存，不料竟从此下落不明。虽然，毛泽东与溥仪的合照已经失掉，但毛泽东对溥仪的关心与爱护永世长存。

凡在毛泽东身边工作过的同志都知道，主席举办湘味家宴的时候，便是他最开心的时候。他常说,遇家乡人,讲家乡话,喝家乡酒,吃家乡菜,是生活中一大乐趣。虽然溥仪论不上乡人,却成了主席的湘味家宴的上宾,是主席最快乐的时候邀请的客人①。

---

　　① 参见曾维纲:《一代贤达——仇鳌》,载《相遇贵相知》第三辑,辽宁教育出版社1989年版,第38页。参见李淑贤口述,王庆祥整理:《溥仪与我》,延边教育出版社1984年版,第49—50页。

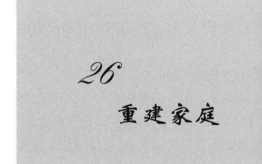

26

重建家庭

　　毛泽东一边往溥仪的食碟内布菜,一边向他提出了重建家庭的建议,这是多么亲切的场面啊!

　　经历了重大历史变迁的特赦人员,多数出狱后都碰上家庭问题。有的眷属在1949年政权更迭之际,悄悄离开了大陆;有的妻子听到丈夫被"处决"的谣传,或因长期生死不明而改嫁;还有的迫于方方面面的社会压力,走上了离婚之途……这些特赦人员出狱时,一般50岁出头,有的还年轻些,身体硬朗,都希望尽快重组家庭。

　　富有人情味的周恩来,最理解他们的心愿,早就考虑到这个问题了。1960年1月26日周恩来接见溥仪及其亲属那天,总理向最先到达的溥仪询问了杜聿明、宋希濂、王耀武等人的情况。

　　周恩来:你和他们在一起,觉得他们怎么样?

　　溥仪:初次见到他们,觉得每个人都认识了过去的错误,立场、观点有了转变。但究竟怎样?因为时间短,还不知道。

　　周恩来:你可以影响他们。

　　这时,总理转向陪同接见的总理办公室主任童小鹏、副主任罗青长,以及中共中央统战部联络委员会主任马正信等人,问特赦人员中是否还有家属在香港的？马正信回答说,王耀武的家眷在那里。

溥仪：杜聿明说要把家眷接来,台湾方面已经许可,但是,美国政府不许可。

周恩来：从这件事可以看出,到底是谁分散了家庭！

总理又问马正信,王耀武和宋希濂的家眷为什么没回来？马回答说,王耀武的妻子已经改嫁。尽管王耀武至今不大相信,但消息来源是可靠的,系由原国民党总统府参军、第一兵团副司令官唐生明的夫人,先传话给予丈夫职务相同后来又同时参加湖南起义的李觉,经李觉又告诉宋希濂的。至于宋希濂的妻子为何不归,情况尚不清楚。总理又问王耀武的儿子是否在香港？马正信回答说,因为香港方面来信回避这个问题,情况不明。

周恩来：我们要打听一下,设法找到王耀武的儿子。还要帮助宋希濂,打听一下他的夫人,问问情况。

当时,杜聿明等人的家庭状况不甚明朗,溥仪的婚姻经历却十分清楚,四位前妻中,两位作古,两位离异,而如今是光棍一条。所以,周恩来在谈话中最早向溥仪提出了再婚的建议。当着家属的面,他以风趣的语言对溥仪说："你还得结婚啊！这事,你七叔得给张罗张罗吧！"

作为当时最有资格代表爱新觉罗大家族的族长、溥仪兄妹之父辈上的唯一亲人,载涛对这件事当然是特别关心的。他爽朗地笑了起来,并对着总理,也是对着大家十分高兴地说："这一回就让他婚姻自由吧！"

谈到溥仪的再婚问题,周恩来让载涛"张罗",载涛让溥仪"自由",这实在是知情人之间妙不可言的对谈,其中含蕴丰富而生动的历史内容。

20世纪20年代初,溥仪刚满16岁的时候,清室内务府,即溥仪退位后依据民国优待清室条例在紫禁城内当"关门皇帝"时的御用机构,就开始筹备溥仪的大婚事宜了。第一次筹备会议于1921年6月1日下午,由载沣主持在醇王府召开,载涛以皇叔身份与席。在皇后人选问题上,载涛附议宫中端康皇贵妃,主张册立候选道轻车都尉荣源之女婉容为后,从而强有力地影响了溥仪的这次婚姻。1922年3月15日,"小朝廷"设立大婚典礼处,由载涛领衔负责。1922年12月4日,大婚礼成之际,溥仪传旨论功行赏,载涛作为首功者获赏御书"福"字一方、匾额一方并"交宗人府从优议叙"。

大婚时的郭布罗·婉容   入宫前的额尔德特·文绣

　　1931年8月25日,淑妃文绣逃离溥仪寓居的天津静园,以向法院起诉的
姿态提出离婚,并索要赡养费,从而使溥仪的家庭面临一次严重的危机。这
时,溥仪又想起七叔载涛,遂发出"谕旨"一道,把他从北京调来,给文绣以开
导。就这样,载涛又以斡旋之功,为"侄皇帝"操办了离婚事件。

　　1942年8月13日,溥仪的"祥贵人"谭玉龄病逝。作为溥仪最喜欢的女
人,谭玉龄之死给溥仪造成新的感情真空。为了表达悲痛和思念,溥仪决定
追封逝者为"明贤贵妃",并按《大清会典》所载贵妃丧仪之格隆重举丧,乃传
谕命载涛为承办丧礼大臣,立即从北京赶来长春主持丧事。这是载涛过问溥
仪的婚姻感情生活的又一特例。

　　周恩来让载涛为溥仪"张罗"再婚,说明他深谙载涛的上述历史;载涛让
溥仪"婚姻自由",意思是希望溥仪能够赢得有别于历史的新姻缘。

　　这以后,周恩来又多次谈及此事。有一次总理视察工作,与溥仪和部分
文史专员座谈,又幽默地对溥仪说:"你是皇上,不能没有皇娘啊! 过去不自
由,现在你可以随便选嘛!"1961年除夕那天,溥仪兄妹在总理家过年,总理一

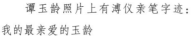

谭玉龄照片上有溥仪亲笔字迹：　　　　　　　　　"祥贵人"谭玉龄
我的最亲爱的玉龄

　　边吃饺子，一边跟溥仪又谈起了婚事。他说："你一个人没人照顾，要找一个对象，要有个家嘛，老这样孤家寡人行吗？"邓颖超也说："是得有个家，总得有人照顾呀！"当时溥仪只是简单地答应："是、是"，心里很感激。总理还是看出他有为难的地方了，于是又引导他把不太愿说的话讲了出来。溥仪说，已有人帮忙介绍了几个对象，都出身旧家庭，思想落后，相不中。可是，思想进步的人，又看不上自己，想成家也不容易呀。总理说，找个适当的，生活上相互有个照应就行了，别像挑妃选后嘛。

　　毛泽东和周恩来关心溥仪的再婚问题，都希望看到他尽快重组家庭，生活幸福，同时，又都对他的婚姻负责。毛泽东要求溥仪"慎重考虑"，"不能马

 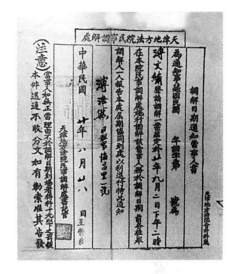

溥仪与文绣离婚之报道　　　　　　　溥仪与文绣离婚调解书

马虎虎",周恩来则委托全国政协帮助溥仪处理好婚姻问题,要表现出经过改造的溥仪的新思想、新风貌。

1961年8月28日,原长春伪宫中溥仪的"贵人"带着回忆录《宫中生活》草稿来到北京,目的是向知情人核实史实,以保证文史资料的准确。当天上午,她来到五妹韫馨家,正碰上万嘉熙,略觉不安的心情,因礼貌接待而消除了。

"这次来京,一定还有公务吧?"万嘉熙问。

"李维汉部长嘱我撰写文史资料,特来看看过去的景物。"她答。

"不嫌弃的话,就住在家里吧!"

"已经安排好住处,在前门附近吉林省驻京办事处。"

"还能有时间走动走动吗?"

"不知溥仪现在如何? 身体还好吗? 他独身生活,一定会碰上不少困难吧?"

"是否还想去看看溥仪呢?"

"现在这种情况,我不便先去找他。"

"你和现在的丈夫关系还好吧?"

"还好。"

"家中生活蛮不错吧?"

"只是有时想起过去的事,心中不痛快。"

"你和溥仪还通信吗?"

"离婚以后,他就不给我写信了。其实,作为朋友,正常通信来往没有坏处,我爱人也不会反对的。"

这时,她发现了周恩来接见溥仪、溥杰及嵯峨浩一行的合影照片,一下子盯住了前排左起第二人位置上的溥仪,又指着左边头一个女同志,颇为紧张地问这人是谁?听万嘉熙说是参加接见的日语翻译,她才松了一口气。

"你和溥仪离婚,恰在他获赦前不久,这很不幸。浩子等了溥杰十几年,今日终于能够团圆了。"

"都是过去的事情啦!"

万嘉熙把会面谈话过程转告溥仪以后,在他的心海之中翻起澎湃的波涛。有份档案资料如实记述了这一情景:

> 溥仪闻此讯后,很是激动不安,晚上独自徘徊沉思,状甚苦恼。他向我们提出:如果找上门来怎么办?是见她还是不见?他承认对她还有感情,也想见面,但又认为这样不好,对她目前的家庭关系会有影响。他表示听从组织上的意见,希望我们帮助他正确处理这个问题。

全国政协遵照周恩来的嘱托,从帮助溥仪处理好婚姻问题的角度出发,认为已经发生的情况,事关政策,遂呈文请示中央统战部薛子正副部长,说溥仪过去的"贵人"来北京,通过万嘉熙要见溥仪,溥仪很激动,问我们能不能见她,心中很想见她。我们可否这样回答:"这是私事,你如要见,可以见她。但要注意,她已是一个有丈夫的人。"薛副部长马上批示"同意"。还在附件文前加写一段具体意见:"我的意见,可以同意溥仪接待她(由政协帮助),至于今后如何,再示。溥仪说过,以不再复婚为宜。"

1961年9月初,在全国政协的招待宴会上,溥仪与那位长春伪宫中的故人重逢。这是他们自1957年初痛苦分手后的第一次见面,虽然都有无尽的感慨,相见之下,却都感到自然、和谐、愉快。以后的几天里,他们又邀了毓嵒、毓嶦等熟人,一块上饭店吃饭,游览香山公园和北京植物园等。他们是真诚的朋友,也是文史资料方面的同事和战友。

全国政协帮助溥仪妥善处理了这个棘手的感情问题,这是对他的爱护,也是对他的教育,是用社会主义新人的标准来要求他。

1962 年 4 月 30 日,溥仪和李淑贤的婚礼在全国政协文化俱乐部举行,出席婚礼的爱新觉罗家族成员合影留念

　　就在毛泽东的湘味家宴过后不久,由于文史资料专员周振强和人民出版社编辑沙曾熙的热心撮合,溥仪认识了北京市朝阳区关厢医院的女护士李淑贤,继而度过 4 个月甜蜜的恋爱生活。1962 年 4 月 30 日,他们在南河沿政协文化俱乐部礼堂,举行了世人瞩目的婚礼,在 200 多位各界宾客面前,又是七叔载涛当主婚人。由于处在特别繁忙的节日期间,周恩来未能分身在这个场合上露面,却派了国务院副秘书长兼总理办公室主任童小鹏作代表,在次日下午亲往溥仪家中祝贺。先后来向溥仪夫妇祝贺并致送新婚礼物的,还有全国政协副主席郭沫若和包尔汉以及北京市委统战部部长廖沫沙等。

　　应该说明的是,有人认为溥仪与李淑贤的婚姻系组织出面一手安排的,这纯属误解。毛泽东和周恩来确实关心过,过问过,却不曾越俎代庖。溥仪和李淑贤的恋爱结婚,并没有某些人想象的复杂背景,实在是普通而又普通。

　　毛泽东和周恩来关心溥仪再婚,是从人道的角度考虑的。他们希望看见溥仪能安心工作,好好度过后半生的岁月。他们同样关心那些前国民党将军

郭沫若、包尔汉在政协礼堂会见新郎新娘

新婚的溥仪夫妇来到天安门前的金水桥上

们重组家庭的问题。摘自写于 1962 年 3 月初的一份相关工作报告中的一段话，就足以说明问题了：

在生活方面，重新安置家庭是他们初来时一个最突出的实际问题。现在，他们都有了比较适当的住所。郑庭笈已经复婚，宋希濂新娶了老婆，杨伯涛、周振强两人的眷属已可将户口迁京居住，溥仪正在找合意的对象，杜聿明、王耀武都在争取眷属回国。经验证明，帮助他们安家，是促使他们安下心来的一个重要问题。凡是安家问题解决完满的，就表现安心些；凡是没有很好解决这个问题的，内心也就不大安定。为了照顾他们的生活，除了月支生活费 100 元之外，撰稿另给稿费，个别由于重新安家、购置衣物，或者意外开支确有困难的，另外予以补助。特殊供应也按略高于科级干部的标准（每月给一斤肉）。通过这些生活照顾，解决了一些生活上的困难，他们对党感激的心情也有所增长。

报告中提到的几个人，都是首批特赦后留在全国政协当文史资料专员的。他们在组织的多方帮助下，恢复或重建了家庭。郑庭笈与结发妻冯莉娟于 1958 年迫于生活而离婚后，又在 1961 年 4 月复婚。宋希濂是 1962 年初重新结婚的，夫人易吟先是宋希濂驻军新疆时的旧相识，心地善良，性情温柔，体贴丈夫。杨伯涛夫人罗启芝，原在湖南芷江县，是位贤妻良母，在丈夫关押期间靠缝纫活儿抚育子女成人。1963 年迁居北京与丈夫团聚。周振强夫人楼亚隽，与罗启芝差不多同时由浙江杭州老家迁居北京，她也是一位缝纫女工。杜聿明夫人曹秀清，解放前夕携两儿两女赴台湾，1958 年乘蒋介石派她去美国劝说女婿杨振宁返台工作之机，留美长住，直到 1963 年 6 月，辗转来到北京，与丈夫团聚。王耀武的原配妻子由香港转赴美洲，曾定居于西印度群岛的波多黎各。王耀武在争取妻子回国过程中，得知她已改嫁，遂于 1965 年 9 月与北京第八十二中学教员吴伯伦结婚。

继而，第二批和第三批特赦留京人员，也开始一个一个地安家了。1961 年 5 月，溥杰与嵯峨浩破镜重圆。1962 年中秋节，原国民党第十五绥靖区司令部二处少将处长董益三，与北京第六十六中学职员宋伯兰结为伉俪。1963 年 3 月，原国民党第五军中将副军长兼独立第五师师长李以劻，与从香港归来的原配夫人邱文升在北京聚首。1964 年 3 月 1 日，在北京和平街 38 号宿舍大楼四楼某房间里，原国民党天津市市长杜建时，与女画家李念淑举行了简单婚礼。1965 年 8 月 1 日，原国民党保密局云南站少将站长沈醉，因发妻听到丈夫被处决的误传而改嫁，乃与厂桥公社医院护士杜雪洁恋爱结婚。1965 年 8 月 8 日，原国民党第九兵团中将司令廖耀湘，与北京女子第二中学教师张瀛毓完婚，毕业于辅仁大学的张女士，既能教数学，又能教英语，特别在老廖有病期间，尽心竭力的护理使丈夫感受到无限温暖。

当溥仪和他的同事们安享晚年的天伦之乐时，谁也不会忘记周恩来，正是这位伟人，为解决他们的眷属问题，最早提出了三条原则：第一，眷属在海外的，帮助他们取得联系，争取团聚；第二，眷属在国内的，给予一切方便，解决两地生活问题，已经离婚而有恢复可能的则促其破镜重圆；第三，没有复婚条件或丧偶的，帮助选择爱人，重建新的家庭。正因为有了这三条，溥仪等特赦人员才得以迅速安家立业，过上健康而快乐的生活。

27

写在人间的
神话

　　从北京植物园到全国政协，从温室园丁到文史专员，从香山脚下到白塔寺旁，从 1960 年春初到 1963 年冬底，其间溥仪在事业上的成功，莫过于完成了自己的著作——《我的前半生》。当这本标志溥仪新生的宏伟著作还在摇篮中的时候，不但受到周恩来的关注与指导，同样也得到毛泽东以及其他中央领导人的爱护与帮助。

　　1963 年 11 月 15 日，这是全国人民代表大会第二届第四次会议召开的前夕。千余名人民代表齐聚北京，在我国国民经济情况已经好转的前提下，将要研究并确定 1964 年发展国民经济的总方针。日理万机的毛泽东拨冗会见了阿尔巴尼亚总检察长阿拉尼特·切拉一行。会见中谈到司法工作，主席联系我国的情况，强调了两点经验。他说，对付反革命分子、贪污浪费分子，单用行政、法律的办法不行，他们最怕群众，上下夹攻，他们就无路可走了。主席又说，我们主要不靠捉人、杀人，而靠批评教育，靠改造。在无产阶级专政的条件下，人是可以改造过来的。说到这里，主席举出了溥仪，这也是通篇谈话中唯一的实例。

　　毛泽东：我们把一个皇帝也改造得差不多了。

切拉：我们听说过，他叫溥仪。

毛泽东：我在这里见过他。他现在有 50 几岁了，他现在有职业了，听说还重新结了婚。

切拉：听说他还写了一本书，叫《我的前半生》。

毛泽东：现在这本书还没有公开发行。我们觉得他这本书写得不怎么好。他把自己说得太坏了，好像一切责任都是他的。其实，应当说这是一种社会制度下的一种情况。在那样的旧的社会制度下产生这样一个皇帝，那是合乎情理的。不过，对这个人，我们也还要看。

毛泽东正视并公允评价溥仪的历史，同时也正视并客观对待溥仪的未来。主席在这之前看到的《我的前半生》，还是依据在抚顺写的长篇自传印制而成的三册装白皮未定稿，所以主席说"写得不怎么好"。他要求溥仪按照历史唯物主义的观点，写出特定历史环境下的真实的溥仪。他的这个意见，其实与周恩来的意见不谋而合，而且，就在那次湘味家宴的餐桌旁，亲口告诉了溥仪。他说已经看过那部书稿，好像那里边"检查"太多，才看一半就不想看下去了。主席鼓励他一定要把书改好，既然已经是公民了，也是国家的主人，应该客观、真实、细致地写出史实，大可不必总用检讨的口吻说话。

其他中央领导人也关注溥仪的书，都从繁忙的工作中抽出时间阅读，并提出中肯的意见。作为全国政协第一副主席和北京市市长的彭真，看过书稿后，同样不赞成把回忆录写成长篇检讨，真是英雄所见略同。他说："溥仪是个皇帝，不是也改造过来了？他写了一本《我的前半生》，前一半我看了，有点检讨太多了。当宣统皇帝的时候，还是个娃娃，进托儿所的年龄，有什么罪呀！列宁说过，上帝允许青年人犯错误，何况是个娃娃，就说那时糊里糊涂地当上了皇帝就算了，后来又到东北当伪满皇帝才有问题……"

妙不可言的是，毛泽东、周恩来和彭真都只看了书稿的"前一半"，又都批评溥仪"检讨太多"，难道这是偶然的巧合吗？

毛泽东和周恩来等中央领导人支持溥仪写书，暴露自己，向旧社会宣战，给予他极大的鼓舞；同时也严格要求他尊重历史，实事求是，这是马克思主义的态度。据此，《我的前半生》一书浩大而艰难的修改工程，在 60 年代的第一个春天里开始了。

群众出版社委派专人与溥仪反复协商修改方案，他们起初考虑过只在原稿的基础上压缩、调整、修补,自问又很难达到毛泽东、周恩来等中央领导人的要求,遂决定舍弃原稿骨架,重新结构。当时,溥仪住在植物园独身宿舍,每天就近在香山饭店与出版社的同志商议修改书稿。同一时期内,出版社又组织了十六七人,帮助搜集有关资料重达一吨,仅由国家档案馆提供的溥仪在天津张园和静园当"寓公"时期的档案,就占了差不多有10平方米的一屋子①。此外,还有溥仪亲友保存的光绪和宣统两代的资料、文物。他们找到了当年的首领太监张谦和,也找到了溥仪在天津时期的英文翻译察存耆,作为历史当事人,溥仪的亲朋旧故提供了珍贵而生动的活资料。为此做出贡献的还有抚顺战犯管理所,这座改造溥仪创造奇迹的监狱,保存着大量伪满战犯和日本战犯的认罪及侦讯资料。为了使用这些资料,动员许多人参与,先后编写了数十种专题大事记,总计达百万字之多。为了增加感性认识,从1960年7月18日开始,出版社委派的专人,用两个半月的时间,顺着溥仪生活过的地方走了一遍,实地考察。

　　第一次修订稿和第二次修订稿,在1962年内先后付印,广泛征求各界意见。仅据在全国政协礼堂召开的《我的前半生》书稿座谈会"发言纪要"统计,在出席人名单上列名的,就有北京大学副校长兼历史系主任翦伯赞教授,中国科学院哲学社会科学部委员、历史研究所第二副所长侯外庐教授,《历史研究》主编黎澍,中国近代史专家刘大年,北京大学历史系教授邵循正,北京市文化局局长、蒙古史专家翁独健,中国人民大学历史系教授、中国革命史专家何干之,国务院副秘书长、中央文史馆馆长杨东莼教授,全国政协副秘书长兼文史资料研究委员会副主任委员申伯纯,中华书局总编辑李侃等著名学者。他们就《我的前半生》一书所涉及的背景、史实、观点、角度、详略和取舍等,提供了详尽而宝贵的意见。此外,原国民党政府西北行营主任兼新疆省主席、著名起义人员、时任全国人大常委和全国政协常委的张治中,原国民党政府华北"剿总"总司令兼察哈尔省政府主席、著名起义将领、时任水利电力部部长的傅作义,曾在第二次世界大战后出任远东国际军事审判法庭审判官的中国著名法学家梅汝璈,曾任《华商报》主笔的中共北京市委统战部部长廖沫

---

①　参见吕耀光:《写〈我的前半生〉使用资料一吨》,载《北京晚报》1984年8月27日。

沙,北京市副市长、著名明史专家吴晗,著名满族文学家、时任中国文联和中国作协副主席的老舍等,都热情写下书面意见。特别是老舍为溥仪修改书稿,在文坛和民间流传许多佳话。

民族出版社的一位编辑,曾撰文记述他在 1958 年春天前往灯市西口丰富胡同老舍家约稿时的耳闻。在轻松活跃的气氛中,老舍谈起一件事情,这显然是外人不可能得知的秘闻。他说就在前不久,有两位名人来到这"丹柿小院",一个是晚清曾任军咨大臣的贝勒、满族上层人物、时任全国人大代表和全国政协委员的载涛;一个是老舍的多年密友和大媒、时任中国科学院语言研究所所长的著名语言学家罗常培。他们来约老舍,拟晋见毛泽东、保释溥仪。因为三人都是全国人大代表,谈此事似也师出有名,不料,竟被老舍一口回绝了。他说:"毛主席没杀溥仪已经够宽大了,溥仪过去干了那么多的坏事! 我这个人民代表要代表人民说话,不能光代表满族人,向着满族人。就以旗人来说,溥仪干的那些丑事,也丢尽了我们的'人'了。我不能去,我没这个脸去!"老舍既不因私谊而放弃原则,更不因狭隘民族主义而抛开人民代表的职责,这就是他对待溥仪所取的慎重而鲜明的态度①。

1960 年 5 月 26 日,周恩来在人民大会堂宴请英国蒙哥马利元帅,溥仪和老舍同时应邀陪席,这也是他们俩人头一次见面。整整一年后,还是周恩来的请柬,让溥仪和老舍在西花厅内欢迎嵯峨浩一行的宴会上再度聚首。溥仪和老舍从此成了熟悉的朋友,老舍曾说,一个皇上,一个穷人,在一起相会,真是世道大变! 正是周恩来提供了这样的契机,使老舍为溥仪的书稿润色添彩成为史实。

1962 年秋冬之际,作家楼适夷穿越丹柿小院,在老舍先生的书斋落座。

"先生最近写些什么呢?"客人问。

"我正在当'奴才',给我们的'皇帝'润色稿子呢!"主人的回答不脱幽默。

熟悉这段情况的同志说,老舍虽然非常忙,但他心甘情愿为改造好的溥仪"当奴才",花了许多天阅读原稿,在文字上和写法上提出许多很好的意见。

同年 11 月 26 日,老舍向出版社登门讨教的同志,当面谈出自己的意见,

---

① 参见《民族团结》1987 年第 1 期。

同时还把写了意见并修改字句的大字印本书稿交给来人。翻开白皮，露出了老舍的工整的字迹。他的主要意见是：全书甚长，似可略删节，应以溥仪为中心，不宜太多地描绘别人而忘掉中心；文字欠流畅，无法尽代润色——那需要很长时间（但给修改了一些，另外打了记号）；不顺当的句子很多，祈斟酌改正；书中重复的地方很多，可略删节。

同年 12 月 6 日，出版社印发了《各方审阅〈我的前半生〉书稿的意见》，其中记载老舍的意见颇详，这里仅录若干段落：

老舍是从文字和写法上提出意见的。他在书上做了文字修改（平均每页均有所批改），凡错、别、漏字及有问题的句子大部分作了改正或批上记号，并且指出可以删掉

群众出版社总编辑于浩成在《新文学史料》1984年第3期发表《老舍先生为〈我的前半生〉改稿一事纪实》，文章说：

我清楚地记得出版社编辑部曾将《我的前半生》初稿送请老舍先生审阅提意见，特别是在语言文字方面提出宝贵意见。在出版社书籍档案中还保存了两份材料，可以大体上说明一些情况。

一份材料的题目是《老舍谈"我的前半生"》，是李文达手写的一份谈话记录，谈话时间是1962年11月26日。记录中记载老舍在《前半生》的封皮里写了

全书甚长，似可略删节，应以溥仪为中心，不宜太多地描绘别人而忘掉中心。

以及其它意见。另一份是铅印的材料《各方审阅〈我的前半生〉书稿

老舍为《我的前半生》改稿纪实

的意见》，是群众出版社编辑部1962年12月6日印发的。其中有一段是老舍先生审阅书稿后的意见：

老舍是从文字和写法上提出意见的。他在书上做了文字修改（平均每页均有所批改），凡错、别、漏字及有问题的句子大部分作了改正或批上记号，并且指出可以删掉的地方。

他最后说，"这部书总的印象是很好的。看了之后，认识了很多人，都是原先想不到的；原来那些人是这样子。很有教育意义。溥仪这个人的变化，真是了不起，真是不容易。"

溥仪这部自传的成书和出版包括了许许多多人的辛勤劳动，其中也有老舍先生的一份功劳。这件事情给《我的前半生》增加了光彩，而且也给文坛，特别是我国满族文学史增添了一段佳话，因为老舍先生和作者溥仪都是满族人。

宇摘

1984 年 9 月 15 日《北京晚报》刊出《老舍为〈我的前半生〉改稿纪实》

的地方。

他在下册封皮里写着："在末后两三章里，似乎是要解决一切问题，便有表明大觉大悟的意思，使人未必相信。不如少说一些道理，而由小见大地说出具体的觉悟来。如：原来体弱，劳动后却能吃30个饺子；原来自私，后来却能帮助某人做些什么事……书中对自己如何笨，如何唯我独尊，暴露得很好，可惜一扯就扯到较空泛的道理

上去,说服力就不甚强了。"

他最后说:"这部书总的印象是很好的。看了之后,认识了很多人,都是原先想不到的;原来那些人是这种样子。很有教育意义。溥仪这个人的变化,真是了不起,真是不容易。"

老舍的修改和出版社许多同志的努力,给溥仪的著作增添了光彩,使之得以作为优秀作品在 1964 年 3 月问世①。

如果以在北京改定的版本,与在抚顺草成的初稿相比,一眼就能看出,经过修改的溥仪的著作,把毛泽东和周恩来曾经肯定的价值,表现得更为充分,而把他们曾经批评的缺点一一克服了。原来是对一生经历单纯的检讨、认罪和忏悔,现在则是以有血有肉的情节反映从皇帝到公民的演变轨迹,写出改造政策的成功,深化了主题;原来涉及背景、史实,全凭记忆,有些仅是传闻或演义,现在则做了大量史料的核实和考订工作,删汰了空洞无用的内容,补充了重要经历的细节,奠定了基础;原来只写到 1957 年,而溥仪改造生涯中特别重要的最后年代,还有作为新生起点的特赦之后的最初年代,尚未及写入,现在则补充进去了,呈现在读者面前的传主形象更趋完整。加之,描述更加生动,文字更加洗练,此书一出,正如总理所言,溥仪"能交代了"。

如果没有毛泽东和周恩来的倡导与支持,《我的前半生》这本名著,就不可能摆在亿万读者的面前,对于从五六十年代生活过来的人们来说,这是容易理解的。当"左"的思潮还在蔓延的时候,谁敢公然提出可能被指责"为封建帝王立传"的出版项目? 谁能调动一个国家出版社的编辑力量长期为之服务? 谁的书稿能获三次铅印"未定稿"而向各界专家广泛征求意见的机会? 为了一本修改中的个人著作,谁又能打开国家档案馆的大门,动用从未启封、整理的积年历史资料? 这是不言而喻的。

为了满足社会的迫切需要,《我的前半生》出版之前,先由全国政协文史资料研究委员会的不定期内部刊物《文史资料选辑》选载了几节。出版于 1962 年 5 月的该刊第 26 辑,首先选登了《复辟的形形色色》一文。毛泽东从这篇回忆文章中了解了溥仪参与张勋复辟的来龙去脉。事后他还向全国政

---

① 关于老舍为溥仪修改著作的情况,参见于浩成:《老舍先生为〈我的前半生〉改稿一事纪实》,载《新文学史料》1984 年第 3 期。

协有关领导问起付给溥仪多少稿酬？又说，人家是皇帝，写了稿子，稿费从优。5个月后，《文史资料选辑》第29辑登出溥仪的《我怎样当上的伪满"执政"》一文。又过了一年，《文史资料选辑》第39辑登出溥仪的《我第三次做皇帝》一文。这时，距全书出版也只有四个月了。

1964年3月，鸿篇巨制的《我的前半生》，在阳春初踏北国的时节轰然问世，果然不出预料地立即引来国际间一片赞誉之声。一位英国学者写道："本书是难能可贵的文献，它是第一本中国君主的自传；这位君主的一生，始自爱新觉罗的封建王朝，迄于毛泽东的共产主义。在人类历史上的国王和皇帝中，无人有过像他这样变化多端的经历。"①还有一位外国专家说："他创作了一本真正的书，他所经历的故事，无疑是多年来在中国出现的最令人感兴趣的一部著作。"②

溥仪的著作
《我的前半生》
出版

正如人们所评论的那样，溥仪的经历在世界上独一无二，这本身就是一段最奇特的历史，一篇最动人的故事。使之得以真实再现的溥仪自传，与当今国外那些息影政坛或军界的总统、将军们撰写的回忆录显然有别。如果说后者能够揭破若干内幕而澄清部分史实的话，前者则再现了一个尽人皆知的

① 参见《中国的末代皇帝》，载于1965年伦敦《东方及非洲研究学院公报》。
② 参见亨利·麦卡利维：《从皇帝到公民——爱新觉罗·溥仪自传》，载《中国季刊》1966年第27号。

前皇帝的变化,说明了天上的龙是如何飞回人间的,从而向亿万读者证实了一个如同宇航员登月那样,似乎不可相信又确属事实的"神话"。

毛泽东和周恩来以其敏锐的目光、卓越的见解,最早发现了溥仪经历的神话,从写于抚顺那部粗糙的自传原稿,就洞察了它与沙皇、威廉和威尔斯亲王等人的回忆录的区别,于是给予溥仪最强有力的支持,促成了他的著作的出版,这一点其实也在有识人士的观察之中。一位海外华裔学者评述说:"如果溥仪不是处在北京政权下,他的著作也许永不会出现,因为一个中国皇帝来写他自己的历史,是没有先例的。"①然而,毛泽东见到新出版的这本书,称赞之余还有更高的要求。当他看到第八章内"东北人民的灾难和仇恨"一节时,对所述日本每年从我国东北地区掠夺粮食达 300 万吨这一数字表示怀疑,

英文版《我的前半生》

认为按那时东北的粮食产量,这似乎不可能。主席、总理,还有其他中央领导人,这回都把全书读到底了,再不曾看一半就放下。

《我的前半生》出版后,立即引起国内外的普遍关注和空前欢迎,英文版和德文版也很快面世了。继而,香港出了繁体字版本,又在日本、美国、匈牙利和意大利翻译出版了。

---

① 参见张士尼:《〈我的前半生〉评价》,载《亚洲研究·书评》1985 年 8 月。

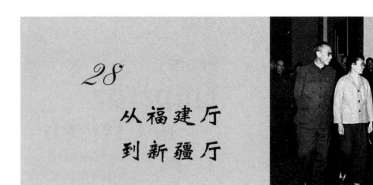

28

从福建厅
到新疆厅

毛泽东会见阿尔巴尼亚总检察长阿拉尼特·切拉的前5天,天高气爽,秋末的北京仍然是美丽的。

下午3时,全国政协的文史专员们,都按照约定,携眷属在机关聚齐了。他们是杜聿明和妻子曹秀清,溥杰和妻子嵯峨浩,李以劻和妻子邱文升,周振强和妻子楼亚隽,杨伯涛和妻子罗启芝,罗历戎和妻子孙丛珍,郑庭笈和妻子冯莉娟,宋希濂和妻子易吟先,董益三和妻子宋伯兰,还有当时尚未结婚安家的王耀武、廖耀湘、范汉杰、杜建时、沈醉等人。唯独溥仪和他的妻子李淑贤迟迟见不着面,让人心焦。

专员们头几天就收到了周恩来的请柬,总理将在庄严的人民大会堂接见并宴请前四批特赦留京人员及其家属。接到请柬的人们奔走相告,最高兴的是眷属,她们早想见见总理了,因为正是这位伟人和恩人,帮助她们实现了夫妻团圆或重组了幸福家庭。

预订接见的时间迫近了,已经不能等待的人们鱼贯登上一辆大客车,先开往第四批特赦人员集中食宿的崇内旅馆,接原国民党第十五绥靖区中将司令康泽、原国民党第四十三军少将副军长兼迫击炮师师长贾毓芝、原国民党第八兵团第五十五军第七十四师中将师长李益智等5人。他们是1963年4月9日获释的,正在集中参观、学习,等待安排工作。

3时半许,大客车停在人民大会堂门前。正当人们为溥仪夫妇担心的时候,一辆黑色小轿车风驰电掣般驶来,在大客车一侧戛然而止,下车的一男一女正是溥仪和李淑贤。这天是1963年11月10日,原来上午突然有外宾来访,溥仪在机关礼堂会客室与巴西客人谈话,过了晌午,外宾仍接连不断地提出问题,于是便出现了上述的焦急和等待。

溥仪夫妇与从大客车上下来的人们一起步上台阶,进入宽敞、高大的人民大会堂,又被引到福建厅。这时,中央统战部副部长徐冰、张执一、平杰三,国务院总理办公室主任童小鹏、副主任罗青长,北京市委统战部部长廖沫沙,还有水利电力部部长傅作义和夫人、全国人大常委、全国政协常委张治中和夫人,鲁迅先生的夫人、全国人大常委、全国政协常委兼妇女组组长许广平,全国政协常委、国防委员会委员、国民党起义将领曾泽生,中国国民党革命委员会中央常委侯镜如,全国政协委员、毕业于黄埔军官学校的黄雍等人,早在那里等候了。

4时整,周恩来由陈毅陪同,满面春风地健步走进大厅。总理最先发现杜聿明夫人曹秀清,上前与她握手并亲切地说:"非常欢迎你从美国回来定居呀!这几个月过得怎样?如果有困难,就告诉我一声!"曹秀清回答说:"我回国以来觉得很好,感谢总理的关心。"总理一抬头又看见溥仪,马上伸过一只手来与溥仪相握,询问他的身体和生活状况,热情地说:"祝贺你啊,成立了温暖的家庭!"说完这句话,又把慈爱的目光转到李淑贤身上,指着她对溥仪幽默地说:"你娶我们杭州的姑娘喽……"周恩来的乐观情绪,感染着在场的每一个人,溥仪抿着嘴笑了,李淑贤腼腆地笑了,总理也爽朗地笑了。

在轻松、欢悦的气氛中,周恩来频频点头示意,请大家就座,接见正式开始了。

陈毅首先致辞,直爽、诚恳,还是将军风度。他开口直切正题:"听说大家在政协工作的热情很高,认真负责,表现很好;加之多数人都安了家,扎了根,有所依托,这都是很好的。看来各位都是60岁左右的人了,党和国家很关心,决心让你们在新中国度过幸福晚年。总理很惦念各位,特邀来此见面谈谈。总理还打电话通知我参加,作为政协副主席,我对各位也负有责任,很愿意参加这次集会并与各位见面。"

接着,周恩来发表了热情洋溢的讲话。当时总理很忙,正紧张筹备将在一周后召开的第二届第四次全国人民代表大会,而从国际上看,中苏之间的论战也处在白热化的阶段,在这种情况下能拿出好几个小时来接见,实在很不容易。

谈到接见的缘由时,周恩来说,这两年,国际国内的事情比较多,没有机会和大家见面,现在第四批特赦人员集中参观学习即将结束,有几位就要离开北京回家乡去了。因此,找这么个机会见面谈谈①。

统战政策是周恩来的中心议题。他谈古论今,旁征博引,从西太后到蒋介石,形象地说明了我党统战政策是在总结历史经验教训的基础上提出的,有利于民族和人民,具有深远的政治意义。

周恩来讲,西太后、袁世凯、蒋介石都不能容人,袁世凯比西太后好一点儿,蒋介石又比袁世凯大量一些,但他们在本质上都是不能容人,这是阶级性决定。西太后是纯封建的;袁世凯则是封建为主,带有一定的买办性质;蒋介石也是封建的,但以买办为主。他们各自所代表的阶级,都只反映极少数人的利益,不能"大公",因而相互猜疑、倾轧,是不可能做到团结的。为了证明这一点,总理列举了两宗历史上的政治暗杀事件:一件发生在1912年1月14日,蒋介石秉承其把兄、沪军都督陈其美的旨意,与收买的刺客王竹卿一起行凶,刺杀了光复会领袖陶成章;另一件发生在1913年3月20日,革命党人宋教仁被袁世凯主使的凶手狙击致死。

周恩来以炯炯有神的目光扫视了在场的人,挥着右臂继续说道,共产党之所以能容人,是因为它所代表的无产阶级是大公无私的。总理以亲切、平易的口吻,向在座中早特赦的和刚特赦的人员说,过去我们都是对立的,经过一段时间的"监视"(指作为战犯度过的狱中改造生活),认识到了过去、转变了,我们就统一了,由对立达到统一,大家又都一样了。

讲到这里,周恩来猛地扬起右臂挥了一下,话语铿锵:"首先要否定自己,我也是封建家庭出身,向无产阶级投降。你们也是一样,首先要否定自己,说

————————
① 福建厅接见实况主要依据溥仪和董益三的日记手稿,同时参阅了杨伯涛、沈醉等人的回忆文章。

了的话要兑现。你们还有什么话,都可以公开讲,可以直接给我写信,或给陈毅同志写信。"总理的目光停留在康泽(字兆民)身上,并用尊敬的口吻对他说:"康兆民,在台湾,老蒋、小蒋和陈诚都是反对你的,我们当然也是反对你的。台湾不能容你,而我们能容。可是,人民开始有想法,党内也有人反对,我们做了说服工作,很不容易。是毛主席的威信,毛主席说了的要兑现,所以还是要放你出来。"

早在1956年春天,毛泽东就在中央政治局扩大会议上讲过,对"宣统皇帝、康泽这样的人",要实行"不杀头"、"给饭吃"的政策,"使他们有自新的机会"。周恩来所讲的"兑现",就是指这些话。

康泽是第四批特赦人员中间最显赫的人士,周恩来不但了解他在国民党军界和特务机关内的政治地位,也了解他在国民党头面人物中间的实际处境。总理特别对他讲了一番话,说明他是这次接见的重点对象之一。

周恩来的话音刚落,陈毅又接上了:"我现在要问各位一句话,台湾放出一些流言蜚语,说各位还没有得到真正自由。你们是不是真正自由了呢? 不要有顾虑,可以坦率地告诉总理和我。凡是各位感到不自由之处,我们一定采取切实措施,保证各位有充分的自由。"副总理的话立即引起大厅内议论纷纷,有人严厉斥责台湾方面的造谣行为,有人用工作、生活和社会活动方面的实例说明自己是自由的。在座的人都真诚表示,没有任何人干预他们的日常生活和社会活动,大家自由安排属于自己的一切。

借着陈毅提出的问题,又经过在座者一番议论,周恩来从理论上阐述了他对"自由"一词的理解。他说,陈副总理提出"自由"二字,有一定的概念。如果说立场问题还能够比较容易看出,自由问题则属于认识范畴,必须对事物的认识取得一致,然后才能感觉得到,所以是比较困难的,大家应有正确理解。一个人是否感觉自由,这由他的世界观决定。每个人首先必须认识客观世界,世界上万事万物都按客观的发展规律运动,只有当人们认识了事物的客观存在及其发展规律时,而且使自己的思想、行动都适应客观规律并善于利用这些规律时,人,才能成为自由的人。要做到这点,应从改造世界观着手,要求每个人都去认识自然、适应自然,进而改造自然。也只有到了这个时候,才能由必然王国跃进到自由王国。我们每个人都有这个任务,否则就会不适应客观形势,感到一举手,一投足,处处都有矛盾,那怎么能有自由呢?

陈副总理提出这个问题,很及时,希望大家多多考虑,最好学习马列主义理论,从根本上解决这个问题。

既是深奥而抽象的理论问题,又是丰富而多彩的实践问题。虽然周恩来和陈毅富有哲理的讲话内容严肃,接见过程的气氛却是活泼的、轻松的。总理和副总理互相插话,有时也与被接见的人对谈几句。

谈到对特赦人员的期望,陈毅心直口快,实话实说:"大家要把身体养好,能对人民做点事情也好,就是不做什么也好。"周恩来插话:"把自己的经历写下来,写写材料也是贡献。"总理又说,"毛主席讲过的话要兑现,你们讲过的话也要兑现。以后还有很多人要被特赦出来,希望你们好好学习,成为他们的标兵。党和政府正在考虑,适当的时候,安排你们中间一些人参加政治活动。"

周恩来的话深深地吸引了溥仪及其他特赦人员,抓住了他们的心。博大的理论,形象的解释,幽默的语言,使溥仪、杜聿明、康泽这些人都有茅塞顿开之感。他们当然懂得总理所谈"参加政治活动"是什么意思。对于这些历史上出任过特别高级职务的人来说,绝不希图晚年再交官运,但他们渴望新中国的关怀,新社会的温暖,因为他们毕竟已经置身于新的环境之中,而要在这里度过全部余年啊!

讲话结束之前,周恩来宣布,明年春暖花开的时候,所有在京的特赦人员,可以携带家属到祖国东南和西北去参观游览。他还再三叮嘱中央统战部和全国政协领导人,要好好安排,不要弄得太紧张、太疲乏。陈毅插话说:"为了各位更好地了解新中国社会主义建设规模和新社会面貌,总理安排各位在明年春暖花开的时候,携眷到祖国各地参观建设项目,游览名胜古迹。前不久,我曾陪伴各国驻华使节赴安徽黄山游览,奇峰异壑,苍松翠柏,真是风景优美的好地方,令外宾赞不绝口,他们说欧洲没有这么好的地方,我劝各位不要错过机会,一定去看看。"这参观游览的决定,引起特赦人员极大的兴趣。当过皇帝的溥仪尤为兴奋,因为他既未去过江南,也没到过西北,真想补上这人生的缺课啊!

陈毅讲完话,张治中、傅作义也作了即席发言。会见完毕,周恩来热情邀请在座同志合影留念。随后,工作人员通知:晚宴在新疆厅举行。这时约是6时半许。

　　1963 年 11 月 10 日,周总理和陈毅等在人民大会堂福建厅接见在京的前四批特赦人员及其家属时合影

　　走出福建厅,周恩来热情招呼溥仪夫妇一起走,还向李淑贤关切地问起身体和家庭情况。

　　"你父亲是做什么工作的?"

　　"他原在上海中国银行工作。"

　　"父母现在的情况怎样?"

　　"都不在了。母亲死时我还不懂事,父亲去世,我也只有 14 岁。"

　　"噢!"总理同情地点了点头。

　　周恩来还问李淑贤读过几年书? 现在干什么工作? 听说在朝阳区一家医院当护士,总理微笑道:"好啊! 医务工作者。"并鼓励她,"要注意学习专业知识,做好本职工作"。李淑贤领受着人民总理那似春风如雨露的教诲,激动的泪花在眼眶内滚动、闪光……

　　新疆厅内灯火辉煌,总共 40 余人,坐满了 5 张大圆桌。周恩来等领导同志挨桌敬酒,气氛欢快、热烈。

　　入席时,周恩来就把溥仪夫妇拉在自己身边,陈毅也坐在一旁。席间,总理勉励溥仪说:"你还年轻,好好学习吧!"他又注意到拘谨的溥仪夫人很少夹菜,就对她说:"你来吃吃咱们南方菜嘛!"说着,夹起菜盘中的"狮子头",放在

周恩来与溥仪夫妇从福建厅走向新疆厅时亲切交谈

李淑贤面前的小碟内，一直看着她吃进去。

总理又转向同桌的杜聿明夫人，真诚而热情地说："邓颖超同志让我代问你好！"曹秀清女士礼貌地起身致意，表示感谢，话题遂又落在她的丈夫身上了。周恩来称赞了杜聿明在《文史资料选辑》第21辑上发表的文章《淮海战役始末》。当年解放军方面的战役指挥官陈毅对这篇文章的兴趣更浓，他向当年国民党方面的战役指挥官杜聿明说："你写的那篇文章我看了几遍，过去我们只知道解放军方面的情况，对你们的情况知道得不多。看了你写的东西后，才完全了解你们当时为什么要那样部署。淮海战役是解放战争中最大的一次战役，双方动员的兵力达100多万，是中国历史上罕见的战役，这次胜利缩短了全国解放的时间。你这位最高指挥官写下的这篇东西，不仅在中国战史上是一篇重要文献，在中国历史上也是一篇重要文献。最难得的是由你亲自把它记录了下来，使研究淮海战役的人获得了最宝贵的资料。"

周恩来和陈毅对一篇文章的评价，不但鼓励了杜聿明本人，而且使在座的专员们无一不为之感动，原来国家领导人如此重视他们笔下的文史资料啊！溥仪感触更深，他自撰的书稿正印制中，两位总理一席话使他认识到，自己还不是被国家养着白吃饭的，也能创造价值。

宴席上的话题，又转到正确认识国民党的问题上。周恩来说，大革命失败以后国民党走向反动，但它在初创时期、东征北伐的轰轰烈烈的时代，还是进步的和革命的。由此又谈到国民党的前身——"同盟会"，总理像忽然想起了什么，遂向在座的前国民党将军们问道："同盟会的前身叫什么会来？"同桌

的人一时语塞,另一餐桌的董
益三答称"兴中会",总理充分
肯定国民党前期的革命史绩。

董益三原在国民党高级
特务机关从事电讯技术工作,
他在日记中叙述了自己与妻
子当时的心态、颇能反映应邀
出席总理宴请的人们的心情:

文史专员周振强、王耀武、溥仪、杨伯涛在一起

在这样的场合,我和
她还是第一次,她对我的
作风还不熟悉。以这次
不寻常的场面来说,我事
先对这次会见的重点有
个估计,对我自己有个适
当的认识和安排,坐最普
通不显眼的位置,态度要
谦虚,衣着本色,着重清
洁、朴素,当人们相互敬
酒闹得热烘烘的时候,我
保持沉默、冷静,使自己

溥仪正在阅读《毛泽东选集》,摄于1964年

的头脑清醒。如非必要,不随便发言(如周总理连问"同盟会"以前
是个什么会? 无人答。我才说了"兴中会",帮助了总理的谈话。)特
别注意不在这样的时候有意显露自己,时时不忘谦虚谨慎,我认为
这样做,才是比较正确的。

周恩来熟悉溥仪,熟悉杜聿明,也熟悉董益三等同桌和隔桌的朋友们。
他无拘无束,谈笑风生,他的言行感染了在座的人们,并帮助他们消除了精神
负担。有趣的是,当他看到陈毅此时只顾大口喝酒,却很少说话时,就开玩笑
说:"我叫你少喝点儿嘛,你怎么还是这个样子喝呀!"陈毅连说:"今天高兴!
今天高兴!"餐桌上的气氛更活跃了。

晚9时许宴会结束,溥仪夫妇回家以后仍很兴奋,辗转反侧不能入睡。特

溥仪撰写的文稿《中国人的骄傲》　　　　溥仪在全国政协三届三次会议上的
　　　　　　　　　　　　　　　　　　　　发言初稿

别是从小缺乏母爱娇抚的李淑贤,更有说不尽的感慨……

　　次日下午,专员们在办公室座谈,共同回忆两位总理的讲话,谈体会。溥仪和杜聿明先后发言,大家评论他俩都说出了心里话,生动感人。宋希濂接着发言,他说:"我和老伴太激动了,直到后半夜一点多钟仍睡不着觉。考虑今天还要上班,每人吃了两片安眠药,才得以入睡。"

　　人们常用"辽阔无边"这个词组形容大海,其实大海是有尽头的,真正辽阔无边的是周恩来的胸襟……

29

一位政协
委员的真情

在全国政协礼堂第四会议室,溥仪等文史资料专员,根据周恩来和陈毅在 1963 年 11 月 10 日接见中宣布的决定,正热烈讨论携眷旅游参观的行程及具体事宜。参加会议的领导人士有中央统战部的徐冰、张执一两位副部长和全国政协申伯纯、辛志超、梅龚彬三位副秘书长。

这是 1964 年第二个月份的末日。

会议决定:第一轮旅游参观,将按周恩来总理和陈毅副总理所说,放在上半年的春暖花开之际,3 月 10 日出发,先往长江南北的苏、浙、皖、赣、湘、鄂六省和沪市,五一前返京参加庆祝活动;第二轮旅游参观,确定在下半年的金风驱暑之际,再赴黄河上下的延安、西安、洛阳和郑州等地,预定在十一前归京参加国庆庆典。关于沿途的生活起居,领导向大家宣布说,路费、宿费全部由国家报销,伙食费每人每天交 0.5元,国家补贴 1 元,另外给每位专员发 200 元零用。

下江南,上西北,对溥仪来说都是头一次,他高兴极了。从南方归来,他写了《我头一次到江南旅行》一文,从西北归来,他又写了《到河南、陕西参观的感想》一文,先后在中央人民广播电台的对台广播节目中播出,反映很好。溥仪还多次以参观游览为题,在专员座谈会上说体会,谈感想,又应邀到北京植物园等单位作专题报告,讲述他在外地的见闻。

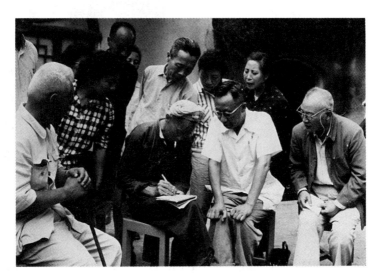

溥仪在延安参观毛泽东旧居并请当地农民签名留念

值得提出的是,1964 年 5 月 7 日,专员们从南方回来不久,郑庭笈和杨伯涛提议起草致周恩来的书面报告,汇报参观收获并表达感激之情。溥仪热烈赞成这项提议,在溥杰受托起草期间,提供了许多积极建议。

在人民大会堂福建厅,周恩来还谈到"党和政府正在考虑",要在适当时候,安排专员中间的一些人"参加政治活动"。一年之后,这些话兑现了。

1964 年 11 月 18 日——北京深秋季节里的明媚的一天,溥仪收到了全国政协秘书处发出的通知,上面写着:

爱新觉罗·溥仪委员:中国人民政治协商会议第三届全国委员会常务委员会第四十四次会议协商决定:你为中国人民政治协商会议第四届全国委员,特此通知。

"宣统皇帝"当上了政协委员! 消息一下子传开了。那几天,溥仪喜得常常睡不着觉,这倒不是因为提升了职务,而是他看到了自己的进步,看到了政府和人民的信任。同时当上政协委员的,还有杜聿明、宋希濂、范汉杰、廖耀湘和王耀武,他们都很激动。溥仪和杜聿明等还挥笔写信敬呈周恩来,表达对党和政府的感激之情，决心以有生之年，为新中国建设事业，为台湾返回祖国的民族统一大业，竭尽股肱之力。

1964 年 12 月 20 日，溥仪以全国政协委员的身份，光荣地出席了由周恩来亲自主持的中国人民政治协商会议第四届全国委员会第一次会议。他还在 12 月 30 日上午的全体大会上发言，畅谈中国共产党把战争罪犯改造成为新人的伟大政策。自 1960 年 3、4 月间召开的全国政协第三届第二次会议以来，溥仪多次以"特别邀请人士"的身份列席会议，今天，已由列席转为出席了。

参观八路军办事处旧址的感想

是周恩来最先想到组织专员们携眷旅游参观，也是周恩来最先想到提高特赦的旧中国军政人员的政治待遇，并逐步把其中有代表性的人物引导到国家政治生活中来。如果说这是国家总理面对一个颇有特殊性的社会群体，或者说是面对从历史中走来而如溥仪那样富有影响的社会层面上的人们，所做出的政策性的考虑和安排，那么，更令溥仪动情的是总理从思想上给予他的无微不至的关怀和爱护。

周恩来对溥仪的期望很高，希望他能够成为特赦人员的标兵，成为当时尚在关押中的一切战争罪犯学习的榜样。溥仪和杜聿明等人刚特赦的时候，总理在西花厅接见他们时就说："你们是标兵，要经得起考验，要给人以好的印象。"总理认为，第一批特赦人员要当改造的标兵，他最担心这批人遇到新的环境以后思想退坡，所以他常常告诫说："你们是特赦了，但是过去的历史罪恶，还是客观存在不能改变的，并不因为特赦就一笔抹掉，而人

游览临潼华清池的感想

的思想行为是可以改变的。赦人不赦罪，大家要引以为戒，继续改造自己。"①总理还认为，在首批特赦人员中间，溥仪进步最快，能够影响许多人，更要当好标兵②。有鉴于此，总理对溥仪的要求最高、最严格，一方面不断指出他的进步，同时也很尖锐地提醒他说，"你后几年进步了，但不能说巩固"，"你学得还不够，要努力学习"③。

周恩来的关怀、勉励和要求，溥仪非常理解，非常感激。1960年1月27日，即总理首次接见溥仪及其亲属的次日，溥仪一回到当时集体食宿的崇内旅馆，就十分激动地对杜聿明等人说："总理在百忙中抽出时间来召见我们，真是感激万分。我的罪恶很大，对人民还没有一点儿贡献。可是党对我这样照顾，总理问我想做什么工作，让我检查身体。我的生命完全是党给的，我应当怎样报答党的恩情呢？"④这是溥仪的真情流露。后来，在溥仪致抚顺战犯管理所副所长金源的几封信中，在北京植物园生活即将结束时溥仪写的思想总结中，在无数次的专员座谈会、讨论会上溥仪的即席发言中，在连续几届政协会

①　参见杨伯涛：《回忆周恩来总理、陈毅副总理第二、第三次召见》，摘自杨先生交给本书作者参阅的文稿。
②　依据周恩来1960年1月26日与溥仪及其亲属谈话纪要。
③　依据周恩来1960年1月26日与溥仪及其亲属谈话纪要。
④　依据有关档案记载。

议的讲坛上溥仪作为列席或出席代表的讲话中,也有这种真情流露。

溥仪还在自己的日记中,多次恭笔摘抄周恩来接见谈话的语录,以吸取力量,鞭策自己。1965年3月17日,抚顺战犯管理所副所长金源和公安部梁平一起到医院看望溥仪,勉励他说:"你应当做现在在押战犯的学习榜样。"溥仪很感动,想起刚特赦时总理勉励自己"应当起标兵作用"的话,遂在日记中写下长篇心得。如此篇章,在溥仪日记中多处可见,从中既可以看到1964年以来发生在溥仪思想深处的许多变化,又可以看到总理针对这些变化所做的大量及时而有效的工作。只需摘录若干原文,完全不必解释或说明,就能够在万千读者面前,呈现一幅心灵交流的真实、生动的图画,而交流的双方正是人民爱戴的当今总理和经过改造的末代皇帝:

周总理十分关心我的改造和进步,告申[伯纯]老,让我不可产生自满,不要(因写著作、见外宾,有些成绩)飘飘然。要过

中国人民政治协商会议全国委员会

爱新觉罗·溥仪
委员:

中国人民政治协商会议第三届全国委员会常务委员会第四十四

次会议协商决定:作为中国人民政治协商会议第四届全国委员会委

员。特此通知。

通知函:1964年11月18日,溥仪被推举为全国政协委员

1962年12月20日至1963年1月11日,溥仪出席了在北京举行的全国文史资料工作会议

溥仪专员：

　　你的来信和参观总结已收到。从你的参观总结里，可以看出你通过参观又有了很大的提高，对于祖国在建设上所取得的伟大成就有了进一步的认识，我们对你的进步感到高兴。我们相信你的话，一定注意身体健康，特别是思想健康，一定不断的自我改造，永远跟着党走，听毛主席的话全心全意为人民服务，在祖国六亿五千万人民中，争取做一个永不生锈的螺丝钉。希望你永远要记住这些语言，并且要做到。

　　蒋所长现在抚顺市工作，你如果给他写信，可寄到管理所来，然后转给他。

　　我们下次再去北京时，一定去看你。祝你

思想、身体双健康

金　源
李福生
一九六四十·十三

1964 年 10 月 13 日，金源和李福生致溥仪的信内文

全国政协文史委副主任沈德纯(中)、文史办公室副主任张述孔
(左)探望溥仪

好关:社会主义关,为人民服务关。……真是比父母还亲。

　　　　　　　　　　　　——1965 年 4 月 14 日

　　就是工作有些成绩也绝不可自满。毛主席曾对党员说:"虚心使人进步,骄傲使人落后。"对党员尚如此,何况我的出身、历史,完全是剥削者、反动统治者,又对人民犯过滔天罪行。经过党的伟大改造政策,才把我从罪恶的黑暗深渊中拔救出来。即或有一点儿成绩,也是为祖国、人民服务,理所应当的,又怎能有什么自满情绪?何况我的工作并没有成绩。

　　　　　　　　　　　　——1965 年 4 月 14 日

　　我产生自满情绪有以下几点:一,以为 10 年改造已认罪恶,痛恨过去崇亲帝国主义思想,痛恨封建思想,这两者都解决了,没有其它大的罪恶思想了;二,以为未经过改造的起义的民主人士,还不如自己经过改造的人;三,写了《我的前半生》,揭露封建的、帝国主义的罪恶;四,常见外宾,宣传党的改造政策;五,当了政协委员,得到党和政府的信任。基于以上诸因素,自以为改造不错了,逐渐产生了自满情绪,不仅妨碍改造、前进,而且,自满正是旧社会个人主义的萌芽又发生。

　　为了党和人民的需要,任何工作都是为人民服务,即或有成绩,也是党的改造政策的伟大成绩,是属于党和祖国人民的,是自己的本分和义务,特别是赎罪的表现。

　　何况,确切说来,几年工作并未做出什么成绩。相反,近来还不如过去改造。初到北京以及植物园时期,那时没有自满,能认罪并向劳动人民学习。现在又倒退了,不如以前了。工作、学习没有主动性,而且又逐步产生懒散的恶习,不认真研究、思索,因而很少提出问题……这都是自己的毛病。还有自满,真是妨碍进步,妨碍改造。

　　周总理及时提出我有自满情绪,挽救我。我一定改正这些毛病,巩固 10 年改造,不断自我改造,随时克服缺点错误,永远跟党走,听毛主席的话,过好社会主义关,不断前进,才不辜负党和毛主席重生父母之恩情,真正做一个对人民有益处的新人。

　　申老和我谈话中,讲到周总理多次谈溥仪:"又为他出书,又常见外宾,不要飘飘然,飘飘然就要退步了。""在抚顺进步,到政协退步就不行!"总理还用"命令"口吻对申老说:"把溥仪交给你,不能坏!"……总理对我真是父母般的关怀!党是我的主心骨……我有自满,及时告申老,帮助我进步,克服我思想上的毛病、自满情绪,又一次挽救我的新灵魂,使我思想健康……

　　　　　　　　　　　　　　　　　　——1965 年 4 月 20 日

30 毛泽东侃侃论溥仪

　　"湘味家宴"的芳香已经飘散,毛泽东再不曾找到时间接见溥仪,但是他可没有忘记这位中国末代皇帝。在许多外事活动的场合,在他主持的一些十分重要的座谈会上,甚至与家属或亲属的谈话中,主席都屡屡提及溥仪,1963年和1964年两年内,这种情况尤多。

　　周恩来在福建厅接见前四批特赦人员之后5天,毛泽东会见阿尔巴尼亚总检察长阿拉尼特·切拉时谈到了溥仪,又过10天,即1963年11月26日,毛泽东会见古巴诗人、作家和艺术家比达·罗德里格斯的时候,再一次谈到溥仪。

　　比达说,他形式上是个诗人,实际上是个革命者。毛泽东跟比达谈话,思路很宽,话题广泛,从中国的革命文豪鲁迅,谈到他的故乡湖南韶山,又从哈瓦那的革命任务,谈到中国的革命策略。

　　比达说,古巴革命过程中,总有一部分人在观望。毛泽东回答说,那就让他们看看嘛。北京也有观望的人,革命到底谁胜谁负?他们要看看。对社会主义建设,他们也要看看。每个大风浪,他们总要动摇。但他们是少数,我们不怕他们,不欺他们,不杀他们。

毛泽东转向参加会见的古巴驻中国大使皮诺·桑托斯先生,问他在北京住了几年? 大使回答说,三年。主席说,你可以看到,我们很少逮捕人,很少杀人,而用群众监督的方法监督坏人劳动。依靠 70%、80%、90% 的大多数人民群众去监督 1%、2%、3% 的人劳动。一般说来,坏人大多数在一定条件下,能改造成为好人。说到此处,陪同主席会见客人的国务院对外文化联络委员会副主任张致祥插话,引出关于溥仪的话题。

张致祥:比达同志见过溥仪。

比达:我正要告诉主席,见过溥仪。

毛泽东:我也见过他一次,请他吃过饭。他可高兴啦!

张致祥:溥仪今年 57 岁了。

比达:他给我的印象是确实改造了。他和我长谈他过去的错误,很真诚。

毛泽东:他很不满意他过去不自由的生活。当皇帝是很不自由的。

在"中国革命"这篇由毛泽东主持撰写的大论文中,溥仪是一个有力的注脚。60 年代里来自亚、非、拉美的国际友人,都因此在北京会见了溥仪。在溥仪的日记中,记载了比达来访的简要情况:

> 11 月 18 日(星期一),下午 2 时半,对外文委介绍,我在全国政协接见古巴文联文学部主任、诗人比达·罗德里格斯夫妇。谈我的经历,特别着重我的思想改造方面。晚 6 时许客人辞去。《北京周报》副总编辑石方禹在座,陈曾慈陪坐。

作为中国革命的例证,溥仪的经历证明:人,是应该教育的,是可以改造的,是能够变化的。毛泽东认为,这是社会革命和人类进步的一个基本方面,是不可忽视的。

1964 年 2 月 13 日,旧历正月初一。在人民大会堂暖融融的北京厅内,毛泽东亲自主持的春节座谈会于下午 3 时开始。

出席人员中有国家主席刘少奇,中共中央总书记、国务院副总理邓小平,全国人大常委会副委员长、全国政协副主席、北京市市长彭真,中共中央宣传部部长、国务院副总理陆定一,全国人大常委会副委员长、全国政协副主席、中国科学院院长郭沫若,全国人大常委会副委员长、全国政协副主席、中国民主建国会主任委员黄炎培,全国人大常委会副委员长、全国政协副主席、全国政协地方工作委员会主任委员陈叔通,全国人大常委会副委员长林枫,全国政协副主席康生,教育部部长杨秀峰,水产部部长、九三学社主席许德珩,科学技术委员会副主任、中国科学院副院长张劲夫,中国科学院副院长陈伯达,教育部副部长蒋南翔,新华通讯社副社长朱穆之,北京大学校长陆平和全国政协常委章士钊等。全国人大常委会副委员长、中国国民党革命委员会副主席程潜和水利电力部部长傅作义也接到邀请,因外出未到会。

面对众多的中央领导人和著名民主人士,毛泽东坐到了章士钊和黄炎培的中间。"开场白"很随便,也很风趣。主席说,开个座谈会,谈谈国内外情况。他转向两旁的章士钊和黄炎培,一语切题地说,你们看,帝修反勾结起来反对中国,中国会不会亡啊?你们民主人士都上了"贼船"了,下不去了。美国一扔原子弹,我们一起完蛋,这没有什么了不起的,无非是再回延安嘛!当时延安城市只有一二十万人口,整个边区不过 150 万人口。再抗战嘛!整个抗战就在那里,最后还是胜利了。主席说,人,总是要被人骂骂才好,做个共产党员怕挨骂还不行啊!大约是 1939 年前后,那个时期的国民党比较聪明,并不公开骂我们,却在内部发个"限制异党活动办法"。到了 1941 年 1 月,国民党发动皖南事变,搞掉了我们新四军,消灭了 7000 多人,以后又发动几次反共高潮,教育了我党和人民。蒋介石有机会就要进攻我们,后来抗战胜利了,蒋介石又谈和平,请我去重庆谈判。到重庆后,我与蒋介石各下各的令,就在谈判期间,先打了上党战役,把阎锡山的 9000 人消灭了,后来又打了邯郸战役,消灭了马德武等三个军,国民党第十一战区副司令长官高树勋率部起义。主席说到这儿,有人插话了。

"高树勋现在已经参加共产党了。"插话者即邓小平,他是促成高树勋起义的关键人物之一。

"可见人是会变的。"毛泽东接过邓小平的话茬并加以引申。

"宣统皇帝今年来拜年了。"康生这时联想到溥仪颇为适宜。

"是给你拜年的?"毛泽东追问。

"是到政协拜年的。"康生答。

"对宣统,要好好团结他。他和光绪皇帝都是我们的顶头上司,我做过他们下面的老百姓。听说溥仪生活不太好,每月只有 180 多元薪水,怕是太少了吧!"毛泽东扭头对坐在右侧的章士钊继续说,"我想拿点稿费,通过你送给他改善改善生活,不要使他'长铗归来乎食无鱼,'人家是皇帝嘛!"

"宣统的叔叔载涛的生活也困难。"章士钊说。

"我知道他,去德国留过学,当过清末的陆军大臣和军机大臣,现在是军委马政局的顾问,他的生活不好也不行。"主席说。

毛泽东关心溥仪,也关心溥仪家族的其他成员,1950 年 8 月 10 日载涛被聘为军委炮兵司令部马政局顾问,委任令便是毛泽东亲自签发的。把他定为行政十三级,一夜之间成为国家高级干部,月工资近 200 元,继而又当选为人大代表、政协委员,月发车马费 50 元,载涛觉得一步登天了,政治上有了地位,专长能得以发挥,生活又有了保障。当时他还感到奇怪:毛主席不曾见过他,怎么这样理解他? 夜不能寐,载涛恭恭敬敬地给毛主席写了一封倾诉无限感激之情的信。这时他已经 63 岁了,为了报答主席知遇之恩,他兢兢业业地投入工作,每天骑车往返数十里之外的马政局机关上班。中央领导得知后,通过军委总参致函载涛:

> 载涛顾问:我们考虑到您年迈,每日在马政局工作恐有不支,为照顾您的健康,决定自即日起请您在家住宿,平时可不到局办公,遇有磋商事务时,当有马政局临时通知。特此,顺祝健康,并致敬礼①。

人民政府对载涛无微不至的关怀,再一次打动了这位皇叔和前清朝大臣的心。

章士钊这回在春节座谈会上提出载涛生活困难,原来也有一段插曲。有一天,载涛正在开会,突然接到家里打来的电话,说北房东南角上塌了个大窟窿,让他赶快回家张罗修房。载涛放下电话,向主持会议的领导请假,大家关切地问他出了什么事? 载涛风趣地说:"天不作美,房子塌了,我怎能修得起啊!"这固然是玩笑,其中也有实情。虽然载涛当时的工资不低,但他是大家庭,人多嘴多,有可能一时掏不出修房的钱。章士钊听说这件事情,就向毛泽东反映了情况。主席说:"载涛生活不宽裕,房子坏了,没有钱修。从我的稿费中拿出 2 千元,给先生修房。"

春节座谈会结束以后,毛泽东立即兑现,从个人稿费中拨出两笔款项,请章士钊先生分别送到西城东观音寺胡同溥仪家和东城宽街西扬威胡同载涛家。溥仪感动至极,表示盛情可领,钱不能收,因为《我的前半生》刚刚出版,

---

① 参见郑怀义、张建设:《末代皇叔载涛沉浮录》,群众出版社 1989 年版,第 108 页。

也将有一笔稿酬收入,生活并不困难。经章士钊一再劝收,才留下了。载涛接到毛主席赠送的修房款,也感动得说不出话,提笔疾书,第二次给主席写下发自内心的谢函①。

毛泽东在事关国家教育方针、体制等大计的座谈会上,谈溥仪,谈载涛,当然不在于仅仅帮助他们"食鱼修房",主旋律还在一个"变"字上。从溥仪的"变",载涛的"变",主席联系历史讲了在座许多人的变化。他从自己说起,谈及南昌起义以后的一段历史,井冈山会师,实行武装割据。主席说,我本不会打仗,也没有想到要去打仗。1918年在北京大学图书馆做事,每月8块大洋,衣食住行全管。说到这儿,主席好像想起了什么,跟坐在右侧的章士钊对起话来。

"就是那年内,由杨怀中介绍,开始认识你的吧?"毛泽东问。

"还要早一些,是在湖南认识的。"章士钊答。

杨怀中即杨开慧的父亲,他既是毛泽东的岳父和老师,又是章士钊的至交,正是他在湖南长沙掀开了毛泽东与章士钊两人数十年情谊的序幕。1920年主席筹备建党、开展湖南的革命运动并资助部分青年赴欧勤工俭学,急需巨款。章士钊鼎力相助,发动社会各界捐款,给主席筹足两万银元,帮了中国革命的大忙。原来主席从8块大洋想到了两万银元。

毛泽东继续说,章士钊手捧清初桐城人姚鼐主编的《古文辞类纂》不放,可谓"桐城谬种",而自己则上厕所也要翻几页六朝萧统主持编辑的《昭明文选》,故可自称"选学余孽"。主席说,章士钊当时不愿做袁世凯的官,被拉去当北大校长,就是陆平同志那个位置。可是,章士钊已看出袁世凯有做皇帝的意图,不干。自去上海主办《甲寅周刊》,后来又到日本去办,比在上海办要好,因为反帝、反袁可以无所顾忌。章士钊以后又当司法总长,教育总长。

说过章士钊,又谈黄炎培。毛泽东转向左侧,称黄炎培的字问道:

"黄任之当时是君主立宪派吧?"

"我不是君主立宪派,是革命派。"

毛泽东和黄炎培之间也有一段故事,1945年7月1日黄炎培等6位国民

---

① 参见《从"皇叔"到全国人民代表》,王乃文口述,辛芳整理,载《团结报》1983年9月24日。

参政员,应邀飞赴延安访问,毛泽东在机场跟他握手时说:"我们 20 多年不见了!"黄炎培闻而愕然,这是第一次见面呀! 主席笑着说,1920 年 5 月某日在上海,江苏省教育会欢迎杜威博士,你主持会议,在演说中说中国 100 个中学毕业生,升学的只有多少多少,失业的倒有多少多少。那一大群听众之中有一个毛泽东。黄炎培这才明白了,原来当年的青年毛泽东曾听过他的演讲!

毛泽东继续说,不管是君主立宪派,还是革命派,章士钊、黄炎培、毛泽东,现在我们都坐在一起了。主席特意坐在章士钊和黄炎培中间,原来还有这深层的含义啊!

毛泽东说下去,傅作义今天没来,先不谈他。许德珩的水产部,管的海岸线很长嘛,养海带很有希望。陈叔通作为中华民国第一届国会会员,起初属于梁启超发起的"研究系",是拥护段祺瑞的,后来属于李根源发起的"政学系",是拥护蒋介石的。大家都在变,现在都坐在一起了,一起参加社会主义建设。今年的工作要想办法搞得好些,这是共产党的事,也是你们民主党派的希望。

溥仪、载涛、毛泽东、章士钊、黄炎培、傅作义、许德珩、陈叔通,"大家都在变",从不同的起点走到一起来,参加祖国社会主义建设,这就是历史。溥仪也为这段历史做出了说明,这正是他一生经历的最大价值。

从溥仪说到上列人物,再谈及这段历史,然后才转入教育方面的学制、课程设置、教学方法和考试制度等具体问题的座谈。毛泽东以这种方式主持会议,恰能体现他的教育思想的基本内容,即从人的可教、可变的角度出发,培养符合社会主义政治标准的建设人才。

借助溥仪这个活的典型,毛泽东还在许多场合阐发他的教育思想。

春节教育座谈会开过才几天,毛泽东与一位亲属中的晚辈谈话时又一次提及溥仪。主席批评他的亲属"不懂得辩证法,不会辩证地分析自己和分析别人,不懂得一分为二,以前把自己看得了不起,现在又把自己看得一钱不值。"主席说,辩证法是很好的东西,人们所知有限,但只要会运用这个方法,不明白的问题一分析就明白了。当那位亲属谈到学院有几个学生因犯错误而被开除和受处分时,主席说,当犯错误的人知道自己犯了错误的时候,你对他主要是鼓励,要指出他的优点,事实上他的优点还是很多的,同时又得给他洗澡,要洗温水澡,热水受不了,冷了也受不了,温度要适合。对于犯错误的人,只靠开除是解决不了问题的,开除倒是很简单,但是你把对立面又搞没有了,你不是到农村去了吗? 对待那些地富反坏分子,主要是放在群众中监督改造,而不是送交法院,送交法院只是把矛盾上交,但是这不解决问题。溥仪、杜聿明、康泽,那样复杂的人都改造过来了,青年人有些是党员,有些是团员,还改造不过来?

1964年6月23日,毛泽东会见智利新闻工作者代表团时,谈到国内建设和社会秩序等情况。代表团团长席尔瓦、代表团成员巴斯克斯和佩雷斯等,来到中国将近一个月了,先后参观了北京、上海、沈阳、鞍山、抚顺、长春、南京、无锡和杭州等地,他们认为中国人民有组织,有纪律,干劲十足,抱着牺牲的精神,取得了很大成绩。主席说,有点成就,不算很大。我们这里还有一些贪污分子,我们对他们进行批评,我们把它叫做整风。要做到政府工作人员不贪污,不是一件容易的事。我们把他当做人民内部矛盾来处理,把这少数人教育过来,总相信多数人是好的。无论哪一国的人民,做坏事的总是很少数,并且做坏事的人也可以改变,甚至跟我们打过仗的被我们俘虏的国民党将军也可以改变。经过改造,他们不那么反对我们了。还有一个清朝的皇帝也是这样。他现在在全国政协搞文史资料工作,他现在自由了,可以到处跑啦。过去当皇帝,好不自由!

"过去他只能看小山的景致,现在他解放了。"智利客人刚在北京访问了溥仪,就凭着这位中国前皇帝留给自己的深刻印象,巴斯克斯先生在毛泽东面前插嘴评论了。

客人的评论更加激起毛泽东的谈兴,他继续说,过去当皇帝时,溥仪不敢到处跑,是怕人民反对他,也怕丧失自己的尊严,当皇帝到处跑怎么行! 可见人是可以改变的。但不能强迫,要劝他自觉,不能强压。西方有人说我们"洗脑筋"。脑筋怎样洗法,我还不知道。我的脑筋就是洗过的,我从前信孔夫子、康德那一套,后来不相信了,信了马克思主义啦! 这是帝国主义、蒋介石帮了我的忙,是他们给我洗的。他们是用枪屠杀了中国人民。譬如日本在中国就不知杀了多少人,占领了大半个中国,后来美国支持蒋介石又发动了全国性的反对我们的战争。他们都是些给人洗脑筋的人,使全中国人民都团结起来和他们斗争,中国人民的精神面貌从而起了变化。你们说是谁把卡斯特罗的脑筋给洗了?

　　在毛泽东这个问号引起的一片笑声中，席尔瓦开口道："我要亲自向主席说，你们不仅洗掉了我们脑筋里西方的谎言，也使我们睁开了眼睛，看到了中国的现实。"很显然，从毛泽东引述的溥仪这个实例中，席尔瓦团长得到的启示，已不仅限于"人是可以改造的"这一句话，还了解到，改造溥仪一类的人，关键在于启发他们的觉悟，而不是强制，关键在于社会实践的教育，而不是说教。

　　半个月以后，会见佐佐木更三、细迫兼光等日本社会党中、左派人士时，毛泽东又谈及经过改造释放回国的前日本战犯，称那些在中国打过仗的将军等各级军官，共 1100 余人，回到日本写来了信，除一人外都对中国友好。世界上的事就是这么怪的。说到这里，主席问那个例外的人叫什么名字？在场的工作人员回答说，叫饭森，现在当法官。主席讲，1100 余人，只有一人反对中国，同时也反对日本人民，这件事值得深思，很可以想一想。

　　15 个月以后，毛泽东又从改造日本战犯谈到改造国民党战犯。那是在杭州同几个人谈哲学问题，当主席以解放战争中对国民党的分析与综合为例，来说明分析与综合既不可分又可分这一道理时，提及一位前国民党名将，当时他已经是溥仪的同事和好友了。主席说，我们过去是怎样分析国民党的？我们说，它统治的土地大，人口多，有大中城市，有帝国主义的支持，军队多，武器强；但是最根本的是他们脱离群众，脱离农民，脱离士兵，内部存在无法克服的矛盾。我们过去是怎样综合国民党的？综合就是吃掉敌人。把敌军的东西拿来改造，俘虏的官兵不杀掉，一部分放走，一部分补充我军；武器、粮食、各种器材，统统拿来。不要的当中还有要的，用哲学的话说，就是扬弃。对待杜聿明这些人正是这样。

　　从哲学的高度，来认识溥仪和杜聿明等人的改造实践，这也是毛泽东的理论创造。

31 *希望之路*

　　覆盖北方的积雪和冰碴儿尚未消融,羊城早已是花团锦簇的世界了。1962年3月2日,周恩来在广州对参加全国科学工作、戏剧创作等会议代表发表了以《论知识分子问题》为题的讲话,谈到中国现代知识分子的发展过程时,说了一段很重要的话:

　　　　从鸦片战争到现在120多年的历史事实证明,为帝国主义、封建主义、官僚资产阶级服务的知识分子,都是没有前途的。溥杰过去到日本留学过,有什么作为? 还是新中国改造了他,才有了用。他的叔父载涛过去做过军咨大臣,不如现在当人大代表,可以为人民服务。在我们这里有不同等第的人,沈衡老是进士公,黄任老是举人公,董老是秀才公,还有翰林公。秀才、举人、进士、翰林都有。过去想做点事业,可是做不成,有什么办法? 北洋军阀时代的李根源是我的"同行",当过国务总理,能为国家民族做什么有益的事? 国民党时代的行政院长翁文灏回来了,也是高级知识分子,当时跟他们走有什么出路? 死心塌地为美帝国主义服务的胡适，直到了结生命，还是没有出路。反过来，历史的发展证明，知识分子只有同无产阶级，同劳动人民，同共产党一道前进才有出路。革命时期和社会主义建设时期都证明了这一点①。

为了说明旧社会的知识分子没有出路，周恩来列举了清朝时代、民国时代和国民党时代一些著名的知识分子。但周恩来没有提溥仪，或许因为他是清朝皇帝，在封建时代至高无上，对他来说是没有"服务"二字的。然而，溥仪从5岁起开始接受选自全国的名儒的"御前进讲"，不但学过中国历代古文献的精华内容，还专门聘请了外籍老师庄士敦教授英文和现代科学知识，溥仪当然也属于知识分子的一类。这位三次当皇帝的知识分子，并没有找到真正的出路，到底还是钻进了囚笼。历史证明，溥仪与一切旧社会的知识分子一样，出路在新中国，恰恰是周恩来指引他走上了希望之路。

早在1959年4月29日，那是政协第三届全国委员会第一次会议闭幕的日子。在会上当选为政协第三届全国委员会主席的周恩来，当天举行茶话会，招待60岁以上的全国政协委员。座谈中，总理提出了"把亲身经历记录下来传之后代"的号召。他解释说，这是为了向在晚清、北洋和国民党统治以至新中国成立以前的历史时期内，具有各方面亲身经历和见闻的人士，征集回忆录性质的文稿，以充实和丰富我国近、现代历史资料，并运用由此提供的真实、可靠、具体的历史情况和经验教训，服务于祖国的社会主义建设。

同年7月20日，全国政协文史资料研究委员会在周恩来直接指导下宣布成立，范文澜任主任委员，通过了文史资料研究委员会的《组织原则》和《工作办法》等文件。这个机构作为抢救文史资料的有效的组织形式，不久之后又为获得特赦的前皇帝、前将军和前高级官员们提供了报效国家的工作岗位。

1961年2月23日，在全国政协秘书长办公会议上，根据周恩来的指示，研究了第一批特赦人员的工作、学习和生活安排问题，并决定溥仪等7人任文史资料研究委员会专员。从此，文史资料的撰写、研究和编辑等项工作，成为溥仪、杜聿明等专员的业务。大家都非常满意，感到工作很适宜，心情很舒畅。每人都在实践中做出了突出的贡献，溥仪则完成了以《我的前半生》为题

---

① 参见《周恩来选集》下卷，人民出版社1984年版，第357—358页。引文中"沈衡老"指沈钧儒，"黄任老"指黄炎培，"董老"指董必武，"翰林公"指陈叔通。

的长篇回忆录。

希望之路,往往不是平坦的大道,而是崎岖的必须攀登的山间小路。

无论是三岁登极的溥仪,还是身经百战的前国民党将军们,毕竟都是旧社会过来的人,或者说是不久前才从敌人营垒中分化出来的人。他们参加工作的热情虽然很高,却不可能不遇到许许多多的实际问题和由此带来的思想问题。比方说,作为近、现代史料的最大特点,就是涉及一些仍然健在的人士,涉及被叙述者的子女和亲友。要不要为贤者讳?为亲者讳?为自己讳?面对这样严肃的问题,有人怯笔,有人彷徨。据有关档案记载,杜聿明等专员们都认为溥仪感激党的心情最真诚,依靠党的态度最坚决。然而,正是溥仪在这个应否避讳的问题上,也曾苦闷,也曾犹豫。再比方,有位专员写回忆录,详明列出了当年向蒋介石建议而未被采纳的作战方案,甚至认为如果他的方案不被否决,国共内战胜负未卜。这里披露的内幕性史实固然有益且重要,其间也流露出兵败而不服气的思想。

错误的思想认识如不能及时纠正,势必导致撰写文史资料离开事实,从而失去它应有的价值与作用。

周恩来总是在关键时刻出现。在工作指导上的彻底性,是周恩来作风的一个伟大方面。把溥仪、杜聿明等人从战犯改造成为公民,又引导他们走上文史资料的工作岗位,这仍然不是结束。日理万机的国家总理,还要挑灯批阅溥仪的长篇回忆、杜聿明的《淮海战役始末》、宋希濂的《南京守城战役亲历记》、王耀武的《南京保卫战的回忆》、廖耀湘的《辽西战役纪实》、范汉杰的《锦州战役回忆》等等。他看到专员们取得成绩时,就欢欣鼓舞地给予赞扬;一旦发现问题,就严肃指出,立即纠正。

1965年3月18日,周恩来在全国政协四届一次常委会上发表重要讲话,总结了文史资料工作的成绩和不足,于希望之路再指迷津。

周恩来说,《文史资料选辑》到现在已经编印51辑,起初大家感兴趣,但后来有几辑就不好了,质量低了。某些文章内容有问题,连低级、黄色的东西也出来了。

周恩来强调说,文史资料工作的方向要对头,要存真,实事求是。总理解释说,我曾听取两个报告,很不一样,还是第一手的实在。所以,调查研究可要注意第一手材料,下去蹲点要看怎样蹲法,走阶级路线,但不能忘掉实事求是。文史资料工作也是如此,不是任何稿子来了也不加分析选择,当然也不主张大改,如不合适,可商请作者改写,若感到事实有出入,就请几位有关的人士来谈谈。如果作者坚持不改,就先保存起来,不急于发表嘛。总之,对稿件要研究,要选择。"文史资料研究委员会"这个名称上就有"研究"二字嘛!

谈到文史资料工作的意义时,周恩来说,文史资料要搞好,对后世研究历史很有帮助。不要哗众取宠,故作惊人之笔。总理说他曾看过一篇文章,讲袁世凯挟制熊希龄解散国民党的经过,很好,可以教育青年认清中国的封建政治。我们搜集文史资料,是让同辈写出遗迹,以启发和教育后代,并不是只为让读者消遣。

周恩来希望改进工作,要求《文史资料选辑》从第52辑开始要有新的面貌。他说,一为历史研究的资料,一为废纸,这就是文史资料工作的两个前途。

周恩来讲话传达后,文史资料研究委员会下设的几个组都热烈地进行了讨论。溥仪所在的北洋组,也于3月29日、4月29日和5月8日三次讨论了总理讲话,大家表示,一定要按照总理的指示做。为此,北洋组重新制订了组稿和审稿计划。

周恩来的讲话和相关指示,以工整的钢笔字迹出现在溥仪的工作笔记本上,他热烈响应总理的号召,积极地投入了工作。翻开溥仪在1965年第二季度写下的日记,我们便能发现他为了贯彻总理指示,提高《文史资料选辑》的质量,与其他专员一起做了大量工作。他参与了制定新的组稿计划的工作,这个计划是根据历史学家何干之所拟提纲制定的,溥仪熟悉这段历史,提供了不少意见。他认为应在薄弱环节和空白点上加强组稿,他还多次提出具体的组稿题目。除了组稿,溥仪也积极参与拟定审稿条例的工作,他曾在一次讨论中提出,审稿者必须不断提高自身素质,既要善于发现线索,又要负责澄清史实,以保证达到"存真"的标准。在溥仪留下的笔记资料中,记载着他参与讨论和制订《文史资料研究委员会1965年工作计划》以及《关于文史资料工作若干问题的意见》等文件情况,反映了中国这位末代皇帝,作为第一代文史资料工作者,在周恩来直接指导下所发挥的开创性的作用。

周恩来指引的希望之路,在溥仪脚下,也在爱新觉罗家族中经历改造和未经历改造的其他人脚下。

1957年4月,溥仪的三妹夫郭布罗·润麒和五妹夫万嘉熙获得宽大处理,免予起诉,从抚顺战犯管理所释放回京。两人精通日语,被政府安排在北京编译社工作,发挥一技之长。据万嘉熙留下的日记记载,他时而翻译"微生物"、"粮食土豆"等自然科学资料,时而翻译"日本历史"等社会科学资料,工作得非常努力。他的妻子韫馨说:"周恩来总理是我们的恩人,老万他只想以自己力所能及的劳动来报答"。

韫娴在溥仪的几个妹妹中是最苦的,丈夫赵琪璠在 1949 年一走了之,杳无音讯。从此,她孤身一人,领着两个孩子,靠父亲卖房分得的一份遗产,坐吃山空。更凄苦的是韫娴身体不好,患过大病,连周恩来接见的难得的机会,她也几次因病痛失。总理得悉她的情况,为了照顾她的生活,考虑她的身体承受能力,亲自安排她在故宫内档案部门从事适当的工作。

韫娱和丈夫王爱兰都是著名国画家,他们的儿子王昭受到家庭的熏陶,也从小就有画名了。60 年代初,才十一二岁的王昭受到中国人民保卫儿童全国委员会的高度重视,其画作先后被选送法国、日本、巴基斯坦、索马里等 10 多个国家展览。溥仪特赦后,王昭还把 11 岁时的作品《戴冠鹤》的签名照片送给大舅留念,这幅画已经拿到索马里去展览了。1961 年的春节除夕,爱新

溥仪的外甥、六妹韫娱之子王昭把 11 岁时的作品送给了大舅

觉罗家族的人们在中南海西花厅做客。时任中国人民保卫儿童全国委员会副主席的邓颖超,向周恩来介绍了王昭的绘画成就,总理高兴地对韫娱和王爱兰夫妇说:"你们家学渊远啊,有画画的传统。从小就注意培养孩子,很好嘛,下次把你们那个小画家也带来。"为了鼓励小画家,邓颖超还亲自到荣宝斋买了笔洗、颜料和宣纸,派总理的秘书送到王昭家里。从此王昭的画技进步得更快了。他为 1965 年儿童节创作的大型国画《我们就是向阳花,太阳就是共产党》参加了第二届全国少年儿童画展,并受到社会好评。

溥仪的出路在新中国,爱新觉罗家族的出路也在新中国。

1965 年 8 月 8 日,毛泽东会见贡代·塞杜为首的几内亚教育代表团和几内亚总检察长法迪亚拉及夫人时发表的谈话,能够说明为何在新中国才能找到溥仪的出路。

法迪亚拉曾作为亚非法律工作者代表团的成员,在 1960 年访问过中国,贡代·塞杜则是头一次来华。

毛泽东:中国的经验不都是好的,有一部分是好的,有一部分是坏的。

法迪亚拉:主席很谦虚。

毛泽东:不是谦虚。这是实际问题。世界上没有哪一块地方、哪一个国家只有优点没有缺点。没有哪一个人不犯错误,也许上帝不犯错误,因为我们都没有看见过他。我们的工作,无论哪一项工作,都正在改造过程中,教育工作也是如此。我们过去没有大学教授、中学教员、小学教员。我们把国民党留下的人统统收下来,逐步加以改造。有一部分人改好了,另一部分人还是照他们的老样子,你叫改造,他们不听你的。法院、检察院工作也是一样。到现在还没颁布民法、刑法、诉讼法。

说到这儿,主席转向参加会见的中国政治法律学会书记处书记韩幽桐,问他民法等现在是否在搞? 当主席听到"正在搞"的回答后继续对外宾说,大概还要 15 年。

法迪亚拉:在我看来,规定不重要。重要的是精神,有了精神,办法就有了。规定不过是把已经做过的工作明确下来,规定是次要的。

毛泽东:你这个话讲得对。现在正在做些工作,譬如,改造反革命分子,改造刑事犯。我们有几十年的经验,不只 15 年,过去在根据地也有些经验。

法迪亚拉:1960 年我曾和中国的最高人民检察院检察长张鼎丞、中国政治法律学会会长董必武谈过这个问题,中国重视战犯的改造问题,我们几内亚也有同样的情况。把战犯改造成为对社会有用的人,需要动员人民,把司法机关和人民结合起来,我们两国的问题是相同的。当然,其结果是你们取得了很大的成功,而我们现在还在试验阶段。你们无论在研究方面还是在实际工作方面,都取得了巨大的成就。例如,你们把最后一个皇帝改造成为公民,使他为人民的事业而工作。主席先生,你信任人民,认为改造人民是可能的,这完全正确。我们两国的社会条件有所不同,但目的是一致的。

毛泽东:贡代·塞杜部长先生,你是搞教育的,犯了罪的人也要教育,动物也可以教育嘛!牛可以教育它耕田,马可以教育它耕田、打仗,为什么人不可以教育他有所进步呢?这是方针和政策问题,还有方法问题。采取教育的政策,还是采取扔了不要的政策?采取帮助他们的方法,还是采取镇压的方法?采取镇压和压迫的方法,他们宁可死。你如果采取帮助他们方法,慢慢来,不性急,一年、两年、十年、八年,绝大多数人是可以进步的。

贡代·塞杜:非常正确。

毛泽东:要相信这一点,如果有些人不相信,可以先试点。

主席这时转过头来对韩幽桐说,将来要把这些内容写进法典里去,民法、刑法都要这样写。说完,主席提高声音继续与外宾谈话,他说,要把犯罪的人当作人,对他们有点希望,对他们有所帮助,当然,也要有所批评。譬如,劳改工厂、劳改农场,就会办得更好。不仅犯人自己能够自给,而且还能够给国家积点钱。现在我们的劳改工作还有缺点,主要是我们的管理干部不太强,有些地方的方针不对。

法迪亚拉:我看他们还是很强的,这个工作不能立竿见影,已经取得的成就使人充满希望。因为改变一个机构比较容易,要改造人们的思想比较困难。

毛泽东:这个问题不决定于罪犯,而决定于我们。我们有些干部不懂得把改造人放在第一位。不要把劳动和生产放在第一位,不要赚犯人的钱。

法迪亚拉:这一点同意。在我们那里有同样的问题,做一件事,首先要教育干部才能收到效果。

毛泽东:办教育也要看干部。一个学校办得好不好,要看学校的校长和党委究竟怎样,要看他们的政治水平和思想水平如何?

贡代·塞杜:这很正确。

毛泽东：校长、教员是为学生服务的，不是学生为校长和教员服务；我们的法院工作、检察工作是为犯人服务的，不是要犯人为我们老爷服务。

贡代·塞杜：这是正确的，我们很同意。

毛泽东：整个说来，我们的政府是为人民服务的，人民给我们饭吃，吃了饭不为人民服务，干什么呢？

希望来自尊重。毛泽东思想照耀着，希望之路在延伸……

32

国事活动请柬

发生在首都机场的一个重大事件,把 1965 年 7 月 20 日上午 11 时这个庄严的时刻永远地嵌入了历史,也把一条轰动的新闻,以迅雷不及掩耳的速度传向世界每个角落。

曾任国民党政府代总统的李宗仁先生,偕夫人郭德洁女士万里来归,飞临北京。在盛大的欢迎人群中,周恩来微端右臂,站在最前列的显要位置上,他后面是全国人大的副委员长、全国政协的副主席、国务院的副总理、中国人民解放军的元帅、各民主党派的领导人,还有当年经代总统派出的国民党和谈代表,以及作为李宗仁的部下而在解放战争时期率部起义的国民党高级将领和被俘 10 年后获得特赦的前国民党高级军政人员等。

人们还注意到,有位面容清癯、前额微宽、鼻梁挺直的瘦高个的先生,与李宗仁的老友章士钊、黄绍竑等一起站在靠前边的地方,他正是文史资料专员爱新觉罗·溥仪,他的年轻漂亮的妻子李淑贤就站在身边。

当走下舷梯的李宗仁由周恩来陪同来到溥仪夫妇跟前时。停下脚步的总理,以敏锐而深邃的目光发现了将在这里出现的历史性场面,乃向李宗仁和郭德洁介绍说:"这是中国末代皇帝溥仪先生！"于是,中国历史上的末代皇帝和末代总统,就在现任中华人民共和国总理面前,热烈地握紧了双手。瞬间之内,中国近半个多世纪的历史凝聚起来了,凝聚了悲怆的苦难岁月,凝聚了沾满铁屑和鲜血的时光,凝聚了历史大潮中的片片帆影、点点浪花,凝聚了昨天、今天和明天……

1965 年 7 月 20 日,由周恩来介绍,溥仪与李宗仁亲切握手

　　是周恩来又把激动的人们从历史中拉了回来,他向李宗仁说:"溥仪先生新生了,你看他,已经 50 多岁了,不像吧?"溥仪也愉快地告诉这位前国民党代总统:"已经 59 岁了,在今天,我感到越活越年轻啊!"总理又指着李淑贤对李宗仁说:"这是溥仪夫人,是我们杭州姑娘呢!"前后左右的人们都笑了。

　　当天晚上,人民大会堂内华灯照耀,盛宴初开,在周恩来主持的这个接风洗尘的场面上,李宗仁操一口浓重的广西乡音,发言盛赞中国共产党"不咎既往"的"宽大精神",抒发回到美丽祖国的欢愉之情。他认为"祖国已经进入了一个伟大灿烂的新时代"。在座的溥仪不由得联想起自己特赦后刚刚回到北京的情景,他们的感想竟是如此的一致! 一位是封建社会中地主阶级的代表人物,一位是半封建半殖民地社会中资产阶级的代表人物,到了 20 世纪 60 年代,他们在共产党领导下的社会主义祖国,在对客观真理的追求中,达到了认识上的一致。

　　半个月以后,那是 8 月 6 日下午,溥仪又应邀出席了周恩来主持的全国政协欢迎李宗仁的茶会。李先生承认历史，赞扬"服输"精神，他表示，一切国民党人和海外爱国人士，应该"让中国共产党和毛主席领导建国，国家建设好了，我们大家都有份。"这番话令出席茶会的溥仪很有感触，回到家里以后对夫人李淑贤说："宗仁先生有'服输'二字，我也有'认罪'二字，这也很好嘛！因为这不仅意味着中国共产党的胜利，更是中国人民的胜利和祖国的胜利，也可以说是我和宗仁先生后半生的胜利。"

尽管溥仪前半生当过的皇帝不过是娃娃皇帝、关门皇帝、傀儡皇帝，但毕竟是从时代的风风雨雨中走过来的。作为政治家，他当然懂得"特赦"二字的含义，而且对自己的社会处境和应有的历史使命也很理解。

毛泽东和周恩来总是非常适宜地把溥仪介绍给重要国宾，总是忘不了邀请他出席节日观礼等重大国事活动，虽然这是从溥仪被特赦的时候就开始了的，然而自从他跨进全国政协的大门，这类活动就更加频繁了。

1961年6月14日，国家主席刘少奇与政府总理周恩来，设国宴招待正在我国访问的印度尼西亚共和国总统兼总理苏加诺，溥仪、溥杰、韫颖以及到北京不久的嵯峨浩、町田干子和嫮生等都应邀与席。席间，周恩来像往次一样把溥仪介绍给国宾，总理在这

9月26日，溥仪出席李宗仁为招待中外记者举行的冷餐会时与来宾交谈

种场合谈到一个人，总是非常得体又极有特色，可惜的是，其间细节未见披露。然而，总理随后向国宾介绍溥杰的情形已有人记述了。据说总理边进餐，边向苏加诺介绍了溥杰的转变过程，还故意提高嗓门说："那张桌子坐在边上的一位就是溥杰先生！"听见说到自己，溥杰忙站起来向国宾微笑致意，他这时也看出总理在递眼色，却不解其意，坐在旁边的徐冰就捅捅他，小声说："总理让你和夫人敬酒去。"溥杰恍然大悟，乃携浩夫人前往贵宾席敬酒，

在李宗仁招待中
外记者的冷餐会上溥
仪接受记者采访

总理高兴地对苏加诺说:"你看,清代王爷跨进了新时代,连旧的影子也找不
到了吧? 不简单啊!"①

　　就在这次陪宾前后,周恩来在人民大会堂剧场举行文艺晚会,招待前来
我国访问的越南民主共和国总理范文同及其率领的代表团。溥仪和其家族
的一些人,应邀观看了优美的京剧、歌剧等节目。

　　3 个月以后,又有许多国家的友好代表团前来我国进行国事访问,其中最
尊贵的客人是古巴共和国总统奥斯瓦耳多·多尔蒂科斯·托拉多和尼泊尔
国王马亨德拉·比尔·比克拉姆·沙阿·德瓦及王后拉特纳·拉古雅·拉
克西米·德维。在 1961 年 9 月 30 日举行的盛大国庆招待会上,周恩来向古
巴总统和尼泊尔国王及王后介绍了中国的末代皇帝,随后溥仪和贵宾们一一
亲切叙谈。溥仪给马亨德拉国王留下的深刻印象在两年后得到印证,那是
1963 年 10 月 25 日,应郭沫若的邀请,溥仪出席了中国人民对外文化协会和
中国尼泊尔友好协会联合举行的文艺晚会,热烈欢迎尼泊尔全国评议会议长
比什瓦·班杜·塔帕和夫人,以及由塔帕议长率领的尼泊尔全国评议会代表
团全体贵宾。中间休息时,郭老特意介绍溥仪与塔帕议长见面,议长告诉溥
仪说,临来时,马亨德拉国王陛下曾嘱他转达对溥仪先生的问候,因为他在两
年前见过溥仪,还听他讲了一段"动人的故事"。

　　在特赦后的那段岁月里,溥仪每年都收到周恩来给的重要节日招待会和

――――――――――

① 　参见戴明久:《中国末代皇弟溥杰》,春风文艺出版社 1987 年版,第 281—282 页。

观礼活动的请柬。

对溥仪来说,1961 年的国庆观礼活动是终生难忘的。那天,在晴朗的天安门广场上空,迎风飘动的大气球高悬着巨幅标语:"艰苦奋斗,勤俭建国!""加强农业战线,战胜自然灾害,力争农业增产!""增产节约,生产更多更好的工业产品!"工人队伍抬着钢铁联合企业的模型,开着盛满煤块的彩车。农民队伍则以沉甸甸的大穗红高粱、金黄色的稻穗、一尺多长的玉米棒,在彩车上垛起巨大的粮堆……工人和农民通过各种形式表达自己战胜困难的坚强信念。站在西侧观礼台上的溥仪,看见眼前的一切,自然联想起某次接见中周恩来和他之间一段非常有趣的对话。

出席 1965 年 10 月 1 日观礼时戴在胸前的红绸条

"处在困难时期,生活上有困难吗?"周恩来颇为关心地问道。

"没有别的困难,就是这张嘴巴过去吃馋了,总想往里边填点儿好东西。"溥仪笑笑,说了一句老实话。

"馋也没有什么,你可以用全部工资买吃的,只要不再借钱花就行嘛!"周恩来的诙谐语言也不无根据:溥仪当时还没有结婚,住在政协机关的独身宿舍里,衣物、用品大体上都由国家包下了,工资的主要开支就是买饭票、买烟卷,总理真诚希望他能把买烟卷的钱省下用到解馋方面。

"在宿舍里总是自己买东西吃,多不好意思"。溥仪说这话就有点儿羞羞答答的。

"你觉得自己不好意思吃,就给别人分点,大家都尝尝嘛!"周恩来把溥仪说笑了。

溥仪想,这虽然是笑谈,也是总理对自己的勉励,应该像祖国这样,昂首挺胸,勇敢地前进。溥仪十分激动地对站在身旁的宋希濂说:"有这样的气概,什么困难都能克服!"那个时期和溥仪一起工作的专员们都有一个共同的印象:溥仪在整个困难时期,生活上很克己,要求自己非常严格。对于一个当过皇帝的人,一个向来挥金如土的人,一个吃惯了山珍海味、穿惯了锦绣衣袍的人,这是多么难能可贵啊!

1961 年 10 月,在辛亥革命 50 周年纪念大会上,周恩来特意让他们三人坐在了一起。左为鹿钟麟(1924 年 11 月驱逐溥仪出宫的人),右为熊秉坤(1911 年武昌起义中放第一枪的人)

半月以后,溥仪又出现在周恩来为招待出席辛亥革命 50 周年纪念活动的各地代表而主持的盛大国宴上。特别有意思的是,由于总理的着意安排,溥仪恰与鹿钟麟和熊秉坤同桌邻座。人们知道,他们曾是历史上的政敌:鹿钟麟即于 1924 年 11 月 5 日奉冯玉祥将军之命驱逐溥仪出清宫的执行者,而熊秉坤则是 1911 年 10 月 10 日武昌起义中放了第一枪的人。他们坐在一起,干杯畅饮,款款叙谈,把半个世纪的历史风云凝结在新的篇章中,令在座的历史学家和新闻记者们留下一段段感慨万千的文字。

当 1963 年 9 月 30 日被金色的秋风吹到人间,溥仪照例收到了由周恩来署名的请束。这一年的国庆招待会确实不同寻常,会聚了来自 80 多个国家的 1800 多位外宾。特别引人注目的是招待会结束之前,毛泽东、刘少奇、周恩来、朱德、宋庆龄、董必武等党和国家最高级领导人一起登上主席台,向在座的内外宾客致以节日祝贺,顿时响起长时间雷鸣般的掌声和欢呼声。溥仪回到家就告诉妻子说,他把两只手都拍疼了。

1964 年的劳动节前夕,溥仪在刚刚结束南方六省一市的参观活动的第二天就偕同夫人出席了中华全国总工会等 12 个全国性人民团体联合举行的招待会。在宴会大厅里,周恩来发现了溥仪夫妇,立即招呼他们到主桌席这边来,先介绍他们与布隆迪王国国民议会议长塔得·西里乌尤蒙西见面。总理指着溥仪说："这是中国末代皇帝溥仪先生。"又指着李淑贤介绍说："这是溥仪夫人。"议长显然很熟悉这个名字,他很礼貌地说："见到溥仪阁下和夫人非常荣幸!"溥仪夫妇也十分高兴地向议长祝了酒。当时,刘少奇就坐在塔得议长旁边,溥仪岂肯放过这样的机会? 当即向国家主席介绍了自己的妻子李淑贤。刘少奇和颜悦色地向她询问了工作、生活等情况,听到回答后,满意地点着头。

1965 年的国庆节,是在中国发生了末代皇帝与末代总统的历史性握手之后来到的。节前节后溥仪参加的社会活动更多了,9 月 28 日这一天,溥仪与几位文史资料专员一起应邀出席第二届全国运动会闭幕式,落座就在距国家领导人和外国来宾席很近的主席台一侧。溥仪在日记中详细记载了闭幕式的程序,并述及主席台上的活动:

> 刘主席、周总理向全运会冠军和打破世界纪录的运动员授以体
> 育运动的荣誉奖章。西哈努克亲王还赠送部分优秀运动员以柬埔
> 寨王国纪念章。之后,领导人和运动员照相。

西哈努克亲王也是溥仪熟知的外国元首之一,溥仪特赦刚满一年之际,就曾应邀出席周恩来在人民大会堂宴请柬埔寨国家元首的盛会,那时他已领略了亲王的风采。

溥仪的日记对 9 月 30 日的活动的记载颇为简要:"晚 7 时赴人民大会堂

溥仪与辛亥革命老人合影

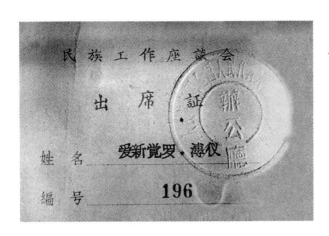

周总理招待会,庆祝中华人民共和国 16 周年国庆。我们毛主席、刘主席祝酒,周总理讲话。"然而,溥仪十分珍视这次活动和次日的国庆观礼活动,特意在一个大白色信封内保存了有关这些活动的几件实物:有邀请出席招待会的红色请柬,有说明本人席位所在区、桌的附条,有带烫金国徽图案的招待会菜单,有证明观礼资格的红绸布条观礼证,有说明观礼注意事项的通知。其中最富纪念意义的,还是那张由周恩来署名的红色请柬,上面写道:

　　为庆祝中华人民共和国成立十六周年,订于一九六五年九月三十日(星期四)下午七时,在人民大会堂宴会厅举行招待会。

　　　敬请

光临

　　　　　　　　　　　　　　　　　　　周恩来

落款上的 3 个字,在溥仪看来,是那么亲切,那么凝重,那么伟大!

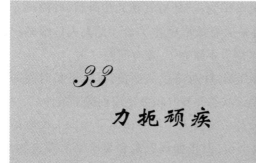

33

力拒顽疾

　　溥仪不幸身患不治之症,1965年正是顽疾猖獗的时候。然而,轻微的尿血现象,早在1962年5月中旬就在溥仪身上出现了。经中医诊断为"膀胱热",竟未能引起应有的注意,以至一种完全可以置人于死地的病态细胞得以长期潜伏。到1964年9月初,尿血现象再度发生,经西医检查,又以"前列腺炎"误诊。两个月以后,尿血更加严重,遂被送入人民医院住院治疗。

　　周恩来就在这时得知溥仪的病情。

　　有一次,周恩来派车到东观音寺胡同来接溥仪,请他以陪见身份出席由总理亲自主持的招待国宾的宴会,溥仪未能出席。总理这才了解到溥仪因尿血而住院的实情。第二天上午,全国政协主管文史工作的申伯纯副秘书长,接到了从西花厅打来的电话。

　　"申伯纯同志吗?"

　　"是我——我已听出总理的声音。"

　　"我是周恩来。听说溥仪先生已经住院,一定要把他的疾病治好! 根据他已尿血来看,绝不是一般的疾病,因此要请专家会诊。"

"请总理放心,我们一定尽力。"

当天晚上,以著名泌尿科专家吴阶平为主,还有其他几位外科、肿瘤科专家参加,对溥仪的病进行会诊,同时采取有效措施止了血。吴大夫已经感到问题比较严重,他以忧虑的口吻说:"别看不尿血了,还有问题。"

从周恩来亲自安排的这次会诊开始,针对溥仪的病情,进入了长时间的观察和检查的阶段。从而,为结束误诊状态并展开积极治疗创造了条件。

溥仪在1964年12月上旬出院,其后又投入工作并出席了中国人民政治协商会议第四届全国委员会第一次会议,但正如周恩来和吴阶平所预言的,问题很快又出现了。到1965年2月5日,经人民医院检查,尿血又趋严重,溥仪再度入院。

3月初,临床检查的结果,发现溥仪膀胱内长了两个乳头状小瘤子,一如黄豆粒大,一如小桑葚大,而且当时就怀疑这是两个恶性瘤子,果真如此,两年多的尿血现象,无疑就是肾癌的可怕的先兆了。当医生提出施行外科手术的建议后,溥仪颇表担心,同事们纷纷来医院劝慰,政协机关的领导也极为关心,这一切,日理万机的周恩来居然了如指掌。他又一次打电话给全国政协副秘书长申伯纯,指示立即把溥仪转移到医疗条件更好的协和医院高干病房,全力以赴,精心治疗。总理强调说:"一定要把溥仪膀胱生瘤的病治好。"他还指示医院,要随时报告溥仪的病情①。

3月12日,全国政协机关遵照周恩来的指示,把溥仪由指定的公费医疗单位——人民医院,转到国内水平最高的协和医院,准备施以切除瘤子的手术。

3月19日,根据周恩来的指示,协和医院第一次向国务院总理办公室呈递《关于溥仪的病情报告》,详细说明了诊断情况和施治方案。

3月23日,协和医院为溥仪施行火疗手术,顺利烧掉了膀胱瘤。溥仪非常高兴,把这一天视为"难忘的日子"。他在当天的日记中,充满感情地写道:

　　今天是个难忘的日子。由于党的关怀,才使我在协和医院医治好了几个月尿血日益严重的膀胱瘤。这是党和毛主席又一次挽救了我,又给了我新生命。我应当努力学习,努力工作,珍惜自己的新

---

①　参见溥仪日记1965年3月23日,手稿。

生命,以为人民服务的实际行动报答党。

4月5日溥仪出院,第二天他就参加了文史专员的学习。在与申伯纯副秘书长促膝谈心的时候,溥仪了解到周恩来对自己的亲切关怀和热切期望,特别是亲自过问自己的医疗事宜,他流泪了。他把自己的感想,抒发在4月20日的长篇日记之中,他写道:

> 总理对我真是父母般的关怀,和我从抚顺到北京前金源所长送我在沈阳车站说的话"希望你身体健康、思想健康双丰收"的意思是一致的。党是我的主心骨。我有病,及时告申老,为我转院到"协和",治好我的瘤子重疾,又一次挽救了我的生命,使我身体健康。我有自满,及时告申老,帮助我进步,克服我思想上的毛病——自满情绪,又一次挽救我的灵魂,使我思想健康。

溥仪热爱总理的一片深情流诸笔端,然而那铁面无情的癌细胞继续生长,这实在是毫无办法呀!

写完"长篇日记"的第5天,溥仪因尿血趋重再度住进协和医院高干病房。这不奇怪,医生早已明明白白地告诉溥仪的家属:"火疗"仅是当时的医学水平能够达到的成就,但它的成功并不意味着根治,而且,轻微的尿血现象在手术之后仍时有出现。

病源终于在这次最关键的全面检查中弄清了,溥仪日记有载,5月27日上午,由主治大夫吴德诚主持检查,作膀胱镜并肾造影,同时电烧膀胱内尚有存留的瘤根。问题在于发现了左侧肾内有两个花生米大小的瘤子。这是两个什么性质的瘤子呢?考虑到病人的精神负担,吴大夫没有告诉溥仪,却把诊断结果明明白白地写进病历:左肾乳头状瘤,须行左肾及输尿管切除术。

医院的确诊结论和施行手术的意见,是在5月28日下午推出的,就在这同一个下午之内,发生了一连串的"立即",十万火急!

医院就溥仪的病情立即向全国政协机关作了全面的汇报说明;

申伯纯副秘书长立即向周恩来总理汇报了医院的确诊结论和施行手术的意见;

周恩来立即下达明确而具体的指示:"手术问题要征求家属同意";

申伯纯立即前往护国寺街52号,向溥杰说明了经过情形,并征求家属对手术的意见。

　　仅仅这些,也足以说明周恩来对溥仪的健康是多么关切! 也足以说明总理那博大的胸怀以及紧张而踏实的工作作风!

　　当李淑贤和溥杰表明了"尊重医嘱,同意手术"的态度以后,协和医院立即制定了周密的手术方案,这个方案最后经周恩来亲自审阅批准。总理还在手术前亲自打电话给医院,要求他们一定要把手术做好。

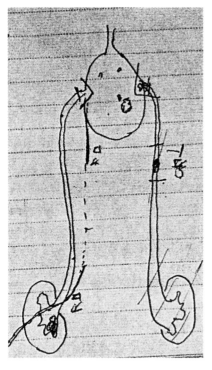

1965 年 6 月 7 日,吴德诚在溥仪的日记本上画的左肾及左肾输尿管切除手术示意图之一

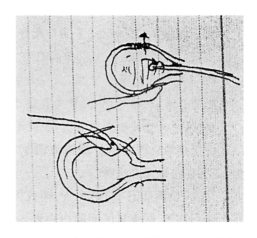

1965 年 6 月 7 日,吴德诚大夫在溥仪的日记本上画的左肾及左肾输尿管切除手术示意图之二

　　1965 年 6 月 7 日,协和医院高干病房泌尿科手术室房门上方闪亮的指示灯表明,周恩来非常关注的一次手术正在进行。处于麻醉状态的溥仪先生静静地躺在手术台上,主刀的著名泌尿科专家吴德诚大夫,眼疾手快,果断、准确、迅速,取左肾手术一小时,切膀胱一小部连输尿管半小时,顺利施行完毕。经化验,结果是相当可怕的,已切除的左肾肿块并不是其他什么东西,按医学术语叫做"移行上皮细胞癌"。溥仪的亲属和同事们这时都松了一口气,看来他已从死神笼罩的阴影中挣脱出来了。

　　拆线那天可热闹了,前来医院探望并祝贺手术成功的领导同志中,有中共中央候补书记、全国政协副主席刘澜涛,有中共中央统战部副部长、全国政协秘书长平杰三,还有全国政协副秘书长李金德等。溥仪出院后身体有所恢复,病情稳定。

　　整整一个夏天过去了。

　　整整一个秋天又过去了。

　　秋去冬来,尽管溥仪本人并无异常感觉,主治大夫吴德诚还是在1965年12月5日发出了要求溥仪住院检查的通知单。这是因为医院负有使命,他们必须对周恩来的嘱示负责,必须对溥仪的身体负责。

　　非常遗憾,在入院一周内的初步检查中就发现了尿里的癌细胞,化验结果又呈阳性。这是个危险的信号,左肾已经切除,难道右肾也会出问题吗?

　　为了查明疑点,由国内泌尿科权威专家吴阶平主持,吴德诚大夫参与,在12月18日对溥仪进行了临床全面查验,终于不幸地发现他唯一的右肾内又有了可疑的阴影!

　　阴影作为不祥之兆尚未引出结果,不料溥仪又陷入急性阑尾炎的剧痛之中,入夜尤甚,几不可耐,医院领导当机立断,于12月20日深夜给溥仪施行了阑尾切除术。手术虽正常,但溥仪在术后常常处于昏迷状态,口吐黑沫,排尿困难,并发尿毒症,头晕、恶心、腹痛、咳嗽等症状也都出现了。

　　正当病痛纠缠溥仪的时候,沈醉恰来探望。作为最早知情的人,他马上返回机关向文史资料研究委员会副主委沈德纯汇报了溥仪的病情,沈德纯便和沈醉一道,前往中共中央统战部副部长、全国政协秘书长平杰三的办公室。平杰三闻讯立即打电话向周恩来汇报,总理特别忙,电话总是占线,反复挂了半个小时才叫通,总理当即指示平杰三,要立即召集北京的名医,千方百计抢救溥仪的生命①。

　　指示传出,专家云集,溥仪的主治大夫吴德诚提出采用膀胱镜和肾管导尿的建议,排尿问题一时缓解。直接受托于周恩来的著名中医学家、中医研究院副院长蒲辅周也来到溥仪的病房,他认为,溥仪大小便不畅是"三焦失

---

① 参见沈醉:《皇帝特赦以后——回忆与溥仪在一起的时候》,载香港《新晚报》1981年4月14日。

溥仪治病期间与海军医院张荣增老
医师(左二)等合影

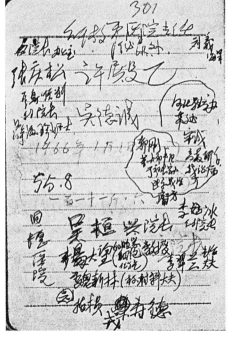

溥仪在1965年的日记本上记下了与治
病相关人员的姓名

调、清浊紊乱、气化失常"所致,他开出的几服中药终于使溥仪能够通畅地排尿了。

如果说,急性阑尾炎并发尿毒症给溥仪带来了巨大痛苦;那么,令溥仪有生命之危的,应该说还是右肾内那个可疑的阴影。事实上,"可疑的阴影"已被查明是可怕的肿瘤!看来,溥仪的唯一的右肾也难保了。"双侧肾脏性癌瘤"是一种非常罕见的顽疾,尽管如此,还是在溥仪身上发生了。为此,协和医院发出了致国务院总理办公室和全国政协的《关于溥仪病情的报告》。周恩来看了报告以后,指示全国政协的领导人,要一面与协和医院商量具体的治疗方案,一面给溥仪送去温暖与关怀。

1965年的最后几天,正是溥仪最痛苦的时候,中共中央统战部和全国政协的领导人平杰三、申伯纯、李金德和沈德纯等人,都到医院看望过溥仪。有一次,溥仪刚从昏迷中醒转,就看见中共中央统战部平杰三副部长俯下身来,轻轻地告诉自己说:"周总理和彭真市长都很惦念你,让我来看看。"溥仪当时还说不出话来,就连连点头,热泪盈眶。那几天,溥仪头昏眼花手发颤,连笔也握不住,但他还是坚持着把平杰三转达的盛

溥仪治病日记

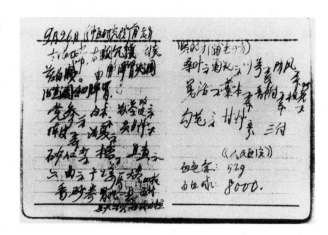

意写在日记上①。那颤动的笔迹着实难辨,而清晰可见的是,在弯弯曲曲、断断续续的字里行间,正跳动着一颗真诚的心。

　　随着已经翻过去的 1965 年的最后一页日历,由于阑尾炎和尿毒症引起的大小便不畅等病变终于平复,尿量恢复正常,肾功能也达到了这次病变之前的水平,在这种情况下,协和医院于 1966 年 1 月 5 日又组织了一次专家会诊,北京医学院附属第二医院院长吴阶平、日坛肿瘤医院院长吴恒兴等著名医学家参加了会诊。遵照周恩来的指示,就在这前后不太长的时间里,如此高水平的专家会诊举行过多次。专家们趋于一致的意见是,尽可能保留溥仪仅有的右肾,不再采用手术治疗。至于今后的施治方针,拟在日坛医院慎重的采用小剂量放射治疗,辅以国产口服新制剂等化学抗癌药物治疗,力争控制病情的进展,并延长患者的寿命。当总理看到协和医院根据这次专家会诊情况写成的病情报告后,立即批示:"请平杰三同志注意。"总理指定党的领导干部负责,正是为了保证贯彻执行专家会诊的意见,他替溥仪想得多么周到啊!

　　1 月 12 日,日坛医院派来有经验的细胞学大夫,了解溥仪的病历、病情,为承担放射治疗预做准备。

　　1 月 13 日,日坛医院院长吴恒兴亲自动手,与协和医院放射科张大夫一起,为溥仪标定放射 X 光的肾部位置。

_____

① 参见溥仪日记 1965 年 12 月 23 日至 25 日,手稿。

1月14日，溥仪被送往日坛医院接受第一次放射治疗，由吴恒兴亲自掌握，魏新林和杨大望两位大夫操作，照射钻60_2，计9分钟。

1月17日，溥仪接受第二次放射治疗。

1月27日，由吴恒兴亲自决定，把放射点的范围扩大1公寸，外围照射3分钟，内围照射5分钟。

2月25日，因出现白血球下降的情况，暂停钻放射两周。

3月25日，吴恒兴告诉溥仪，经过放射治疗，癌细胞数量迅速减少，本日验尿结果，已无癌细胞。

4月14日，协和医院和日坛医院为溥仪会诊，据吴恒兴谈，经十数次查尿，均无癌细胞，可以出院，也可以半日工作，但必须监视病情，每周验尿一次。

上述记录表明，在周恩来关怀下开始的放射治疗，取得了初步的成功。

从放射治疗之初，就有许多干部把温暖送到溥仪床前。国务院总理办公室主任童小鹏是带着周恩来的直接的问候最先来的，他爱说爱笑，使整个病房充满了欢快的气氛。继而，全国政协文史资料研究委员会副主任委员沈德纯及夫人来了，全国政协文史办公室第一副主任张刃先和联络组办公室主任赵增寿代表徐冰和平杰三两位领导来了，国家卫生部也派人来了，精神的力量有时不亚于药物……

1966年4月16日，溥仪带着"右肾癌，左肾乳头状癌术后"的诊断结果出院，从而进入一个新的病情稳定时期。在大约半年的时间里，溥仪一面坚持中医治疗，长治慢养，一面跑到协和医院找主治医生，软磨硬泡地让人家写了一张"可以上班"的诊断证明，然后就去找机关领导。李金德、申伯纯、沈德纯和张刃先都劝他"暂不工作"，"安心静养"，如果一定要上班，"可以适当参加学习，听一听，不必发言"。领导同志说："总理很惦念你，如果我们对你的身体照顾不好，我们要受批评的。"①

周恩来虽然没能阻挡死神的最终降临，却让溥仪的有限生命得以延长。然而，正当溥仪以这种"延长"为契机而满腔热情地投入工作的时候，由北京大学一张大字报而祸及全国的人间浩劫，比病魔更厉害十倍地袭来了。

---

① 参见溥仪日记1966年4月30日，手稿。

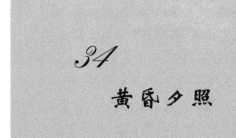

34

黄昏夕照

　　在中国当代史的册页上,1966年无疑是痛苦的年代,因为它总是和人们伤感伤情的回忆联系在一起。对溥仪来说还有更不幸的,当他与几亿中国人无可选择地跨进这令人不堪回首的年代的同时,又踏上了人生的最后途程。作为国际人物、历史人物和新闻人物,溥仪的生命的黄昏固然伴随着扭曲和动乱,但也同样得到了可贵的夕照,这便是毛泽东和周恩来在非常时刻送来的温馨。

　　当"文化大革命"风暴席卷大地的时候,"四人帮"绝不可能放过溥仪,因为在经过改造的末代皇帝身上,体现了周恩来"化腐朽为神奇"的业绩,而在视总理为冤家对头的"四人帮"眼里,这是一座必须推倒的丰碑。而总理千方百计地保护溥仪归根结底是要保护已在世界上产生了深远影响的新中国的改造人的政策。

　　北京大学聂元梓的大字报尚未贴出的时候,全国政协机关内的工作、学习和各项活动还很正常,溥仪参加政协直属学习组的活动,与许多社会知名度相当高的人士在一起,只是学习时间增加了,由原来的两个半天增加为三个半天。有一篇介绍梁漱溟先生的文章,谈到了那个学习组当时的情况:

　　从1966年四、五月份以来,梁漱溟先生所在的全国政协直属学习组也由周二次改为周三次,加紧学习讨论"文化大革命"问题。无奈这个组的大多数成员,诸如于树德、王芸生、杜聿明、宋希濂、范汉杰、爱新觉罗·溥仪、唐生明、秦德君等等,都没有具体的工作岗位,若与工农兵和干部及有岗位的知识分子相比,可谓是局外之人。他们对于由批判"三家村"而开始的风风雨雨,自然无法理解,难以捉摸。虽然是一周三个半天的学习,大部分时间用于念文件,读报纸;常常是发言者寥寥,主持者深感为难;几乎所有发言者,都是重复文件、报纸上的话,然后说一句"坚决拥护,要认真学习,改造自己"①。

　　该文作者当时就在全国政协机关工作,是知情人。其文中还谈到梁漱溟在6月7日上午发言的情况,梁先生对邓拓、吴晗、廖沫沙,北京市委的主要负责人和其他若干重要人物全被撤换,完全不能理解。他说,问题的症结是,搞了多年的革命,受到党和人民很高的信任,已经进入党的领导核心的人,还出这种大问题,如何理解?怎样解释?说他们早就是混进来的反革命,还是变质后成为反党反社会主义分子,都不大好自圆其说。梁先生也是中国现代史上一位叱咤风云的人物,他的这些宏论,不能不深深影响着对突变的政治形势同感迷茫的在座的爱新觉罗·溥仪,令他睁大了眼睛。

　　"红色风暴"经天掠地的时候,溥仪目睹中共北京市委统战部部长廖沫沙被批斗,目睹本机关内文史资料研究委员会副主任委员申伯纯被批斗,目睹许多平时常有接触、关心且帮助过他的党的领导干部被批斗,他愕然了;全国政协机关的群众组织突然在8月27日贴出告示,要求专员们从即日起停止集体活动,回家"学习"。对溥仪来说,工作的权利是经历10年改造才赢得的,是国家总理亲自安排的,竟被强行剥夺,他愕然了;攻击国家主席刘少奇的大字报,揭批中共中央组织部长安子文和统战部副部长徐冰等人的大字报,居然贴在了新街口繁华的市面上,而曾经帮助溥仪整理《我的前半生》书稿的群众出版社编辑也被打成"特务",他愕然了。那个时期他看到的、听到的,一切都使他无可自拔地陷入了困惑之中。他完全不能理解,甚至在心底默默地怀疑当年那位显赫的"旗手"。据沈醉回忆,那时去看溥仪,一说到"四人帮"的

───────────────

①　参见汪东林:《梁漱溟与毛泽东》,吉林人民出版社1989年版,第55—56页。

横行不法,他总是气愤异常。沈醉劝他不要惹事,他还是满不在乎,而且一再说,这种搞法是违背毛主席的政策的。然而,毛泽东在他心目中的崇高威望,又使他无论如何不敢漠视眼前这场"文化大革命"的"史无前例"的"伟大意义"。他学习社论,认真思索,加快脚步前进,希望能够跟得上毛泽东的战略部署。

不久,形势急转直下,文史资料专员们的处境发生危机。杜聿明和沈醉首先遭到政协机关家属中的孩子们的捉弄、围攻和辱骂,继而廖耀湘夫人张瀛毓、王耀武夫人吴伯伦等,也被中学生"小将"们当作"国民党将军太太"而攻击。接着,杜聿明、宋希濂、董益三等人被抄家,造反派无理取闹,竟连董家妻子宋伯兰的退职金也抄走了。一连串的事情使溥仪感到,他已不再可能站在旁观的角度而避开世上的喧嚣,他和他的家庭也不会安宁了。

袭扰溥仪的第一件事是降薪。在震撼全国的"红八月"中,政协机关内和文史资料专员的住宅区,纷纷贴出命令专员们参加劳动并降低工资的大字报。有一张内容得以保存至今的"通令",就贴在杜聿明、宋希濂和郑庭笈等人居住的前厂胡同内。上面写道:

国民党残渣余孽、牛鬼蛇神们,你们听着:(一)勒令你们自动减低工资,过与劳动人民同等的生活;(二)勒令你们不许雇用保姆,禁止再过寄生虫生活;(三)勒令你们从明天起,分工负责清扫前厂胡同,不得有误。

××中学红卫兵总队

1966 年 8 月 26 日

由宋希濂执笔的答复的大字报,也在第二天上墙了。上面写道:

诚恳接受红卫兵小将监督、改造。

(一)每月工资已从本月起由政协机关扣除一部分,减低了工资,与劳动人民过同等生活是应该的;(二)我们没有雇用保姆,今后也不会再雇,过寄生生活是可耻的;(三)从明天起,保证把分配给我们的胡同地段打扫得干干净净。另外还有什么活儿,只要我们能做的,还可再多干一些。

杜聿明　宋希濂　郑庭笈

1966 年 8 月 27 日

按照全国政协机关内的造反派的规定:政协委员一级(原薪 200 元)降薪

50%,文史资料专员一级(原薪100元)降薪30%。溥仪颇感苦恼,倘取消一半,则只有百元之数了,对两个病弱之人来说,怕很难维持,遂提出"保留130元"的要求,竟不获批准,9月份开工资,已经是降薪之后的100元了。

"红八月"的日历刚刚翻过,五花八门的事情又接踵而至。

据溥仪日记记载,不报姓名的奇怪的电话常令溥仪坐立不安。溥仪上人民医院看病,挂号处先要问问"家庭成分",他想说自己就是"宣统",却怕吓坏了对方,又不肯说谎话,觉得很苦恼,遂找董益三同往政协机关请示。当时,机关领导一个个都是泥菩萨过河——自身难保,实在没有能力管溥仪等人的事情,就让他们自己去找派出所或街道组织商量解决。溥仪没去找,他想,还是自己克服为好。

不料,能够容忍的和难以容忍的事情,仍是一宗宗、一件件地继续冒出来。

李淑贤到粮店买细粮也被拒绝,售粮员正式通知她:今后只售玉米面,不再供应面粉和大米。原来溥仪已被作为"黑五类"对待了。妻子希望丈夫再找机关领导或找街道领导谈一谈,溥仪却宁可吃粗粮,也不愿意麻烦人。他跟妻子说,自己克服吧!还能用粮票上街买馒头,填饱肚子就行呗。

可是,东观音寺胡同22号那两扇黑漆大门终于关不住了,臂戴"红卫兵"袖章的"小将"们一批又一批地敲门闯关。来者不善,他们或者上房敲掉屋脊上的石狮,或者入室勒令送走客厅的"资产阶级家具"……

溥仪想起了机关领导的提示,为了保持正常的家庭生活,他带着一个公民的最基本的要求,踏上了管区内的福绥境派出所门前的台阶。他的要求很简单:请负有保护管区居民之责的公安派出所立即派人长驻22号院内,因为这里随时会发生情况。然而,派出所没有义务进驻每个居民院落承担保护的责任,实际也无法这样做。但是,考虑到溥仪的特殊身份,考虑到事关党和政府的改造政策,他们决定向上级部门请示。在当时的条件下,这是很困难的,无论北京市公安局,还是国家公安部,都不敢贸然在一些敏感的具体问题上擅自表态。这时有人想起了周恩来,他们知道,溥仪特赦以后得到总理的关照最多,于是,他们尝试着接通了西花厅总理办公室的电话。答复是明确而令人鼓舞的:对于已经改造而成为公民的溥仪先生,应该加以保护。有了尚方宝剑,福绥境派出所的同志高兴地告诉溥仪说:"问题解决了,今后遇有异常情况打个电话来就行。"溥仪也乐了,立即掏出随身携带的长二寸、宽二寸

半的横式小通讯录来,记下了当时在场的人员和电话号码:

　　福绥境派出所:史所长、唐所长、方所长、王所长(指导员)、李志

　义(民警)、陈银生(民警)。

　　电话:66.6807、66.6723。

　　9月和10月,果然又有几支造反小分队前来叩门,溥仪就照约定接通派出所的电话,民警马上就到了,有时还带来管区内的红卫兵,令那些心怀非分之想的"造反小将",汹汹而来,悻悻而去。

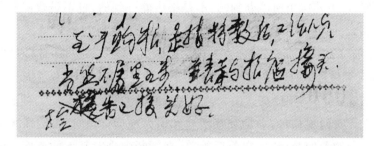

1966年9月24日,溥仪日记载有细粮供应问题"接头好"记录

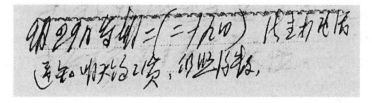

1965年9月29日,溥仪日记记载,"明天领工资,仍照原数",
恢复原薪的记录

　　派出所所长还超权越域,"干涉"粮店的内政。原来这位所长平时常至溥仪家了解情况,听说停供细粮,就主动与粮店交涉,一出马便奏效,立即恢复了对溥仪全家的细粮供应。

　　在溥仪看来,这一切都是派出所的威力,这一时期的溥仪日记中,也大量记载了与派出所的交往和对他们的感谢之辞。然而也有一件事显然是派出所不曾过问的,自己也未曾主动要求,当溥仪按通知在9月29日那天到机关财务科领取为欢庆国庆佳节而提前发的工资时,惊奇地发现已经恢复了每月

200元的原薪。这使他开始认真地思考了。

为什么已经闯进内院的红卫兵，肯在"破四旧"的巅峰时期，屈从几个民警而放弃"造反"之举？派出所公开出面保护他却不怕承担"保皇"的罪名？

为什么粮店干部敢于在一片"打倒"的喊叫声中，单单对他这个当过汉奸皇帝的人恢复已经停止的细粮供应？

为什么全国政协大院内的大字报还在张贴，高音喇叭还在叫嚣的时候，降薪才实行一个月的溥仪等文史资料专员就被迅速恢复了原薪？

显然，这不是派出所能办到的，不是粮店能办到的，也不是政协机关能办到的。那么，他们有什么背景吗？如果说溥仪无从得知福绥境派出所获取"尚方宝剑"的内幕，那么，应邀参加国庆纪念活动这一事实，却有目共睹。

1966年9月30日，溥仪与杜聿明、宋希濂一起，应邀出席了周恩来为庆祝新中国成立17周年而在人民大会堂举行的盛大国宴。第二天，他们三人又一起登上天安门观礼台，参加观礼活动和焰火晚会。当时，人们惯于从这类礼仪性活动的参加与否、名次前后等等，来判断中央对某人的态度。溥仪能够出席国庆纪念活动，等于穿上一件政治保险外衣，连其他专员也因此看到了希望，感到安心。当然，这样的政治效果，正是发出邀请的总理所预期的。在形势极端复杂的内乱的年月，为了保护党的改造政策，总理煞费苦心。他千方百计地给溥仪安排出席重大政治活动的机会，借以为他树立正面形象。

溥仪作为清朝的末代皇帝，参与中国资产阶级革命领袖和首任总统孙中山诞辰百周年纪念活动的组织工作，这自然是很有意义的事情，也是"文化大革命"初年一个突出的事例。组织这次纪念活动，本来是在1965年10月24日召开的全国政协四届三次常委会上决定的，在刘少奇为首的271人筹备委员会名单中，就有溥仪的名字。一周之后，溥仪出席了孙中山诞辰百周年纪念筹备委员会第一次会议，听取了刘少奇主任委员的讲话，他引以为荣，在当天的日记中热情赞颂了中山先生的历史功绩。他写道：

> 中山先生始终坚持反帝反封的斗争，推翻了封建皇帝，建立了中华民国，并一直与康、梁等保皇党进行针锋相对的斗争。十月革命胜利后，他又在共产党的帮助下改组国民党，提出联共、联苏、扶助农工三大政策。他敢于提出打倒帝国主义的口号，敢于和无产阶级先锋队合作，从而把旧民主主义发展为新民主主义，这是他适应

世界潮流、人民愿望,不断进步的表现。孙中山先生不是鲁迅,不是马列主义者,但他敢于反对帝国主义,是伟大的革命家。

正如人们所知,国内政治形势在半年以后风云突变,刘少奇固然没有资格当主任委员了,就连孙中山还要不要纪念? 溥仪还可不可以出席? 这显然也成了问题。

1966 年 10 月 24 日,距孙中山诞辰百周年纪念日还不到 20 天了,毛泽东在中央汇报会议上一锤敲定,纪念活动照常进行。主席说,民主党派还要,政协也还要。同红卫兵讲清楚,中国的民主革命是孙中山搞起来的,反康、梁,反帝制,今年是孙中山诞生 100 周年,怎么纪念? 和红卫兵商量一下,还要开纪念会。

11 月 10 日,溥仪出席了孙中山诞辰 100 周年纪念筹备委员会最后一次会议,听取筹委会秘书长廖承志报告筹备工作情况,并决定了召开纪念大会的日程。

11 月 12 日下午,纪念大会在人民大会堂隆重举行。大厅高高的圆顶上,红五星放射着无比的光华。主席台的帷幕上悬挂了一幅三四丈高的孙中山彩色巨像,两边各挂五面红旗,每面代表十年飞逝的时光。红旗下是"1866"和"1966"几个大数目字,表示这位中国巨人从出生到此刻,已经走过了整整一个世纪的历程。会议由董必武主持并致开幕词。继而周恩来讲话,称颂孙中山的丰功伟业。接着,年事已高的宋庆龄站在讲台上娓娓而述中山先生的生平。中国国民党革命委员会主席何香凝和日中友好协会理事长宫崎世民也先后讲了话。刘少奇、朱德、邓小平和陶铸等中央领导人也出席了大会。溥仪和首都各界万余人一起参加了大会,宋庆龄的讲话给他留下深刻印象,散会回到家里他对夫人说:"宋副主席 70 多岁了,连续讲话 50 分钟,真了不起!"

然而,溥仪并不知道,以他"封建皇帝"的"成分",能于红卫兵运动的巅峰时期,在中山先生纪念活动中抛头露面,原是周恩来说了话的。这是溥仪一生中最后一次参加重大的国事活动。这类事项以外,周恩来还果断干预溥仪等专员碰上的具体问题,支持他们,保护他们,预防或挽救他们于不测和伤害。

不久,9 月份减薪、10 月份又恢复原薪,这件怪事的底牌也露了出来。事情的缘起在沈醉身上,他 10 月初到机关财务科领工资,同时他还接受了杜聿明等人的委托代领他们的工资。打开工资袋一看,已恢复了原薪。沈醉奇怪地问，为什么没有扣除减少的部分？答复说，接到上级通知，以后不扣了，上月扣的补发。这上级又是谁呢？财务科不说，沈醉也不便问。等他提了工资送到前厂胡同，给住在那里的杜聿明、宋希濂和郑庭笈等人分发时，几个人又在一块儿议论起来，都感到迷惑：全国政协和中央统战部的领导人都自顾不暇，肯定没有能力过问这类事情，那么这"上级"到底是谁呢？这时，住在同院的民主人士、曾任国民党第一兵团副司令官而在1949年参加湖南起义的全国政协委员唐生明走进屋来，他十分激动而肯定地说："我刚才打电话询问了可靠人士，是周总理办公室给政协打的电话，不许扣发民主人士和特赦人员的工资。"在场人员的眼眶都潮湿了。后来，梁漱溟从另外的渠道也获悉了同样的信息，他深信，当时唯有周总理体察并关怀他们那种度日如年的处境。沈醉顺藤摸瓜，终于把这件事的来龙去脉弄清楚了。原来，9月份那次减薪是政协机关的造反派们把老领导打倒以后，根据中学红卫兵贴在街头的"通令"、"勒令"一类时髦文告而决定的。事情很快就传到了周恩来的耳朵里，他立即下令说，一定要恢复民主人士和文史资料专员们原来的工资待遇，一块钱也不许减，已经减去的必须补发。造反派头头们虽然很不情愿，面对中南海严肃的命令只好执行①。

与此同时，周恩来收到大批来自全国的请示电，询问应否改变被斗干部的工资，总理遂在1966年9月18日发出给全国的电报指示：

对被批判斗争对象的工资处理意见：即使已定性的，也暂不改变；如本人少领工资，或捐献一部分工资作党费，听其自愿，但不强求，也不许其由减少用费而致病。凡未定性的，工资仍照旧②。

这显然已经是一项具有普遍指导意义的政策了。话说得很有分寸，经历了那个时代的人们都有体会，这是在基本待遇方面对干部的最大限度的保护。

当一件保护溥仪免受红卫兵冲击的个别事例，经过周恩来的大脑而转化为一项政策的时候，即由中国末代皇帝一个人的解脱发展为一大批人受惠的

① 参见汪东林：《梁漱溟与毛泽东》，吉林人民出版社1989年版，第274—275页。同时参见沈醉：《皇帝特赦以后——回忆与溥仪在一起的时候》，载香港《新晚报》1981年4月18日。

② 参见《周恩来选集》下卷，人民出版社1984年版，第452页。

时候,其内幕才逐渐外露。数月后,溥仪的两位颇负盛名的专员同事,曾有过一回私下闲谈,谈话内容可靠而宝贵,遂被一位专员追记在日记上了,颇有点儿"泄露天机"的味道:

> 据公安部有关同志讲,我们在无产阶级文化大革命中能有今天,大体无事,是因为中央有指示,不搞这批人……这个指示对公安部、公安局,对我们机关都传达过。不然,谁能保这批人?公安部保不了,公安局、派出所更保不了,机关也保不了。

这里提到的"中央指示",无疑就是周恩来的指示!在那个特殊的历史时期,唯有他作为毛泽东的代表,有魄力和能力,发出保护溥仪这批人的指示并使之卓有成效地贯彻执行。同一时期里,总理不是还拟发了一大批"应予保护的干部名单"和保护干部的文电吗?其间内幕,20年后才从章含之的一篇回忆文章中披露出来。

当时,章含之在北京大学任教,受到红卫兵的冲击,厄运进而又落到她父亲章士钊的头上。1966年8月29日夜,章家被抄,章士钊连夜给毛泽东写信说明了被抄被斗的情况。信送出的次日就收到了主席的亲笔复信,告知"已请总理予以布置"。主席批转章士钊的信时作了明确批示:"送总理酌处,应当予以保护。"趁着这个机会,总理不仅采取了保护章士钊的周密的措施,还陆续而适时地提出了一批又一批的保护名单①。毛泽东和周恩来在保护一批国家领导人和革命老干部、保护对国家做出了重要贡献的高级民主人士和起义将领的同时,也没有忘记保护从皇帝到公民的溥仪和从战犯到公民的他的专员同事们。

周恩来对溥杰和嵯峨浩夫妇的保护,就是鲜明的实例。正是周恩来使溥杰避开了造反派的锋芒,西园寺公一先生说过:"溥杰也同样生活在周总理的身边。溥杰要是被红卫兵揪斗,那他是吃不消的。"②溥杰自己也说过:"红卫兵到我家里来过。因此,我和妻子都受到周总理的保护。每当工作单位要开会批判我的时候,我就呆在家里,不去上班。"

---

①　参见章含之:《毛泽东和章士钊》,载《毛泽东交往录》,人民出版社1991年版,第236—238页。

②　参见《红色贵族春秋——西园寺公一回忆录》,中国和平出版社1990年版,第220—221页。

　　确实有过那么一回,深悉内情的红卫兵在溥杰完全无备的情况下从天而降,霎时之间,护国寺街幽静的四合院内口号震天,红旗飘舞,他们不但是冲着"汉奸皇帝的弟弟"而来,也是冲着"长期潜伏的日本女特务"而来。更奇怪的是,进院后先奔厨房,并立刻找到了摆在调料橱内的陆续从日本寄来的酱油瓶子、醋瓶子之类的东西,就像见到十恶不赦的敌人,立即动手砸个粉碎。红卫兵扬长而去,留下溥杰和嵯峨浩茫然地望着满地玻璃碎片和酱油汤发呆。嵯峨浩在北京定居以后,亲友们常从日本寄些食品或调味品来,难道这就是"罪恶"吗?他们想不通。这帮人头天走了,次日又来,溥杰便从里边插上门,关上灯,一声不吭。嵯峨浩在她的回忆录中叙述了此事的来龙去脉,她说做梦也想不到带头的红卫兵竟是丈夫的一个外甥,他们感到受了沉重的打击。然而,红卫兵这次到底没敢破门而入,此后也没有再来,这是为什么呢?原来周恩来已经获悉,并立即传出指示,制止了胡闹。他一面教育红卫兵正确对待特赦后已为国家做出了贡献的溥杰和嵯峨浩夫妇,一面嘱示有关部门,保证溥杰住宅不受侵犯。对此,嵯峨浩满怀感激之情地写道:

　　　　"文化大革命"中,很多北京市民都受到了这样的冲击。有的人吃尽苦头,饱尝磨难。周恩来总理不知从什么地方得到了消息,立即对我们采取了保护措施。在漫长的"文化大革命"期间,是周总理的关怀拯救了我们一家①。

　　周恩来在特殊的历史环境中,挽救溥仪,挽救溥杰,也尽力挽救爱新觉罗家族的其他人。据道光皇帝长子隐志郡王奕纬的四世孙毓岷回忆,"文化大革命"初期,红卫兵从他家中抄出其父"红豆馆主"溥侗与洋人合影的历史照片,当作"里通外国"的证据,于是给毓岷挂上"帝王后代子孙、反革命分子"的牌子施以批斗,把胳膊都给拧残了。他忆出了下面这件珍贵的史实:

　　　　有一次,我被红卫兵扭打。派出所所长对红卫兵说:"他年纪小,过去是家庭历史问题,从这段表观看,他还不很坏,也不胡作非为,不要打他。"他这句话救了我的命,1982 年代见到这位所长,向他

---

　　①　参见嵯峨浩:《流浪王妃》,北京十月文艺出版社 1985 年版,第 185—186 页。

致谢,他才说,当时周总理有指示:对北京爱新觉罗家族的人要保护,只要他们不是反党反社会主义的,就要保护。幸亏周总理的保护,否则我当时很可能会被打死①。

———————————

① 　参见郭招金著:《末代皇朝的子孙》,团结出版社 1991 年版,第 117 页。

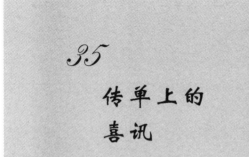

35

传单上的
喜讯

　　得力于毛泽东和周恩来的保护,溥仪以及他的家庭安然
度过了"破四旧"的"红色"狂潮,然而,溥仪写的那本书,却在
这时"落水"了。

　　《我的前半生》在1964年3月出版,第一次印制3.45万
册,尽管用"内部发行"几个字做了限制,仍然不胫而走,俄顷
告罄。当年11月间,第二次印制3万册,也很快销售一空。
遗憾的是,出版者没有把握好第三次印制的时机,事定于内
乱之前,书成于浩劫之中,刚刚印好的2万册书,从印刷厂拉
出来就被付之一炬,在这个意义上不是"落水"而是"火
葬"了。

　　这样的事情放在那样的年代里,是怨不得任何人的。从
出版机构的领导者到新华书店的营业员,谁都不可能为了推
销几本书而承担"美化封建帝王"的罪名,他们承担不起。

　　作为作者,又是长篇自传体著作的传主,溥仪自然摆脱
不了书的干系。以批判《我的前半生》为名,向溥仪算旧账的
信件,终于在1966年9月15日叩开了东观音寺胡同22号安
静的溥仪宅门。那封信通篇是以威胁的口吻写成的,开头
便是:

爱新觉罗·溥仪:你是真接受改造了吗?释放以后你给党和人民做了些什么?你拿人民的钱,吃共产党的饭,在写些什么?

信中对《我的前半生》的批判显属吹毛求疵,说溥仪把祖父奕谟写"荣耀"了,把祖母刘佳氏写"仁慈"了,把父亲载沣写成"不爱做官",把隆裕皇太后写得太"爱民",又把自己的罪恶"推到别人身上"了,还污辱宫里的电工"愿当镇桥猴"等等,反正都是毛病。该信的最末一段,更加充满咄咄逼人的语气:

告诉你! 我先打开你的《前半生》几十页让你回答。如不然,我就呼吁全国工农兵批判你,一直批判到最后一页,批判到你承认错误为止。你要声明这本书有毒,稿费5000元退回国家。我是不做暗事的,叫你在思想上有所准备。

写信的人原是伪满皇宫中的一名"童仆",他会记得当年的"康德皇帝"的凶残和暴虐,也不可能忘记惩罚在自己身上留下的累累伤痕,信中注入了这位"童仆"的阶级仇恨原也可以理解,而淹没于字里行间的"文化大革命"型极"左"思维当然不足为怪,但对当事人溥仪来说则何以堪!

1966年9月15日,溥仪日记载有孙博盛来信情况

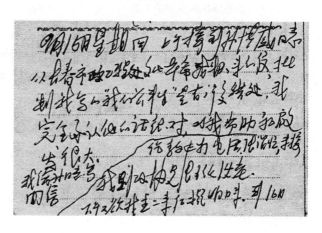

据李淑贤回忆,溥仪见着这封信,"害怕极了,就像没有魂,木呆呆地站在电话机旁,两只拿信的手哆嗦着,长时间不动一动"。等他稍微清醒一些,立即给全国政协机关和群众出版社打电话,却总是叫不通,好不容易通一回又找不到人,真别扭哇!那天,溥仪水米未进,夜不安枕,在睡梦中也时而哭醒过来。

遵照长春来信的要求,第二天溥仪就把稿费上交全国政协机关了。这笔

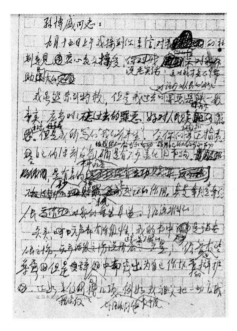

溥仪给孙博盛的回信第1页   溥仪给孙博盛的回信第2页

稿费总数1万元,在当时这是一笔很可观的数目,得到稿费以后的溥仪并没有忘记帮助整理书稿的编辑,分了一半给他作为酬谢,剩下的一半的去向,溥仪记载在1966年9月16日的日记里了:

> 到政协机关,交张刃先主任4000元稿费,另外1000元:对于帮助提供材料的人酬谢600元,其余400元已为淑贤治病用。现在实存只有400元,交机关奉还国家。

来自远方的严厉质问并不因溥仪交出稿费而取消,长春来信仍然每隔几天就有一封。

或者指斥溥仪复信不盖章,说什么,"这是不够负责的表现,我可去信盖章了,那么你的印章还像玉玺那样吗"?

或者抨击溥仪"又在说谎话",并威胁道:"我今天告诉你,答复不满意,我要根据你的事实和红卫兵总部取得联系……我可以印传单散发各地,你别后悔,再想检查也不容你!"

或者跟溥仪纠缠不休,说什么,"以前我去信给你,是非正式性的批判,是告诉你作思想上的准备。因为我工作很忙,现在开始逐页进行批判,希你能周密地看看,以备深刻地认识。文化大革命是触及人们灵魂的,就几张纸能触及你的思想深处吗? ……现在你敷衍了事,封门主义是不行的"。

或者干脆教训溥仪说:"你在共产党教育之中也不算短了吧? 从你被释放到 1964 年时间不算短了吧? 你是真感谢党还是假感谢党? 你是真改造好了吗? 你说你的《前半生》一书是宣扬党的伟大改造政策,我说你是宣扬自己和你们家世。事实胜于雄辩,那么就打开你的所谓《我的前半生》一书找一找吧!"

尽管写信的人大量使用了令人难以容忍的尖酸刻薄的词语,溥仪却从内心里谅解他,并为他少时遭受的苦难而深感内疚。溥仪认真阅读每一封来信,一页一页检查自己的著作,希望能认识得更正确,检查得更深刻,让人家满意。在第一封回信中,溥仪就诚恳地说:"我虽然蒙到特赦,但过去对祖国、对人民犯下的罪恶是铁一般的事实,应当时时不忘。"他承认《我的前半生》"尽管也有些暴露,但是辞句中却露出为自己做坏事的辩护"。在第二封复信中,溥仪还附寄了一份检查材料,从《我的前半生》第 1 页看到第 104 页,查出毛病 14 项,逐项"上纲上线",自我批判。到溥仪第九次回信时,已经自我检查了 60 多项"错误",寄往长春的信一封比一封厚,奇怪的是,无论怎样检查都过不了关。

写信的人,提出的问题愈来愈多,占用的篇幅愈来愈长,吹出的调子愈来愈高。起初仅仅批判书的内容,后来就追查起"政治背景"来了。就在写于1966 年 12 月 1 日的第五次来信中,白纸黑字写着这样一段话:

《燕山夜话》不是含沙射影地咒骂党吗? 那么你又为啥在书中骂共产党呢? 你的书是 1964 年出版的,而不是解放初期写的,你不知道是什么意思吗? 我说你是别有用心,认为没有人揭你的,可以流毒中国下一代。你是在什么思想基础上写的? 是谁支持的? 后台老板是谁? 是群众出版社某些领导人吗? 还是谁呢?

人所共知,出版于 20 世纪 60 年代初的邓拓所著《燕山夜话》,作为"文化大革命"的"开台锣鼓"而遭到极不公正的批判,被望风捕影地指责为"反党反社会主义黑话"。于是乎,千种书万种书,包括《我的前半生》在内,也都成了"黑话",这种莫须有的罪名又让溥仪如何认可? 还要追问"后台",溥仪最清楚不过,谁支持他写了这本《我的前半生》呢? 正是毛泽东和周恩来! 对此,在那样的历史环境中,溥仪又能做何解释? 又能怎样答复?

怀着满肚子的问题,顶着一脑袋苦闷,溥仪先往全国政协机关找到文史资料研究委员会副主任委员沈德纯和文史办公室主任张刃先两位老领导,他们表扬溥仪"依靠组织好",同时启发他"遇事自己也要动脑"。那是一个特殊的历史时期,许多事情,领导也束手无策,话说及此虽已明白,溥仪却感到不得要领。

1966年12月2日,溥仪又打电话给出版社的责任编辑,要求提供帮助,设法消除"不良影响",但对话人却说知情负责同志外出了。溥仪在电话中十分恳切地说,他不是依靠个人,而是依靠组织。因为长春来信对他的反复检查仍不满意,要求他继续详细、全面地检查,这使他很为难,他说:"自己限于水平,再也检查不出什么来,所以要和出版社商量一下。"对话人虽然答应"向领导反映一下",却从此不见下文。

组织似已无从依靠,同事董益三乃以自己的经验相传授,他告诉溥仪说,在这种特殊而又特殊的历史环境中,"只有自己独立地去迎接困难,解决困难"。然而对溥仪来说,要像普通人那样自立已经很难,何况又处在四面楚歌的环境之中,实在太难了。溥仪自喻为"溺在水中的人",恰能体现他此时此刻的真实景况。

情急之下,溥仪血压猛升,并在1966年12月23日并发尿毒症,住进协和医院。住院期间,李淑贤仍不断收到长春来信,考虑到丈夫的健康,她不再把信件带到医院来了,而以个人名义复信,实事求是说明溥仪住院的情况,并保证说,待病情稍轻身体允许,将

1966年12月2日,溥仪打电话向出版社求助

继续检查,直到对方满意。不料,这下子触怒了千里之外写信的人,他威胁说要到北京来,"要印传单小报散发北京市","呼吁革命工农兵"斗争溥仪。千钧压顶,溥仪踏上了后半生中最艰难的一段途程。

祸不单行,与"童仆"对《我的前半生》的批判俱来,溥仪再度经历沉疴的批判,那个开始于4月的极其宝贵的病情稳定时期结束了。对于回到抽血、注射和输液等治疗生活中去,溥仪并不陌生,也不担心,令他睁大眼睛惊诧不已的是,赫赫有名的协和医院,换成"反帝医院"的招牌,而在内乱的污泥浊水中一改容颜了。

入院头几天,溥仪自觉病势趋重,希望邀请蒲辅周诊治并试服中药,但医院内根本就无人理睬,似乎他已不再是那个改造好了的皇帝,而又回到历史中去了,又成了"童仆"眼里的暴君和作为人民公敌的丑恶的傀儡元凶了。令人气愤的是,连医院内部的两派争斗,也把溥仪这个病入膏肓的知名人士牵了进去。"造反派"指控"保皇派"把"货真价实的封建帝王"安排在高干病房,是"坚持资产阶级反动路线",扬言要驱逐溥仪;"保皇派"也觉得犯不上为了一个早已失去皇冠的溥仪,而把小辫子丢在对方手里,遂通过主治医生下达了逐客令。当李淑贤痛苦地得到"医院群众不同意溥仪继续住在高干病房,必须立即搬走"的通知后,她的一颗心就像被油煎了似的,急得乱蹦。这哪里是治病? 分明是对《我的前半生》及溥仪本人的继续批判! 它有别于文字的批判,它是对生命的更加残酷的批判!

李淑贤含泪请求医院,先不要把驱逐令告诉溥仪,再给她一个晚上的时间,允许她再想想办法。于是,她连夜赶回全国政协机关,已经找不到任何能负责的人,遂又急往护国寺街,向溥杰说明医院的真实情况,也谈到溥仪想请蒲辅周老先生看病的事儿。溥杰急如星火地前往沈德纯家汇报,沈老再也顾不得左思右想,大字报、高帽子、黑牌子全都不在话下了,他拿起电话听筒,拨通了国务院总理办公室。

一位伟人得知了溥仪的近况,一条明确的指示立即从中南海西花厅传达到"反帝医院":应当允许溥仪继续住在高干病房,必须给予悉心周到的治疗和护理。

周恩来还亲自转告蒲老,说溥仪要请他诊诊病,并委托他去时代致问候之意。

1966年12月29日,蒲老受托于周恩来而来到协和医院住院部五楼高干病房,年近八旬的老人家,见了溥仪说出的第一句话就是"周总理很惦念,让我来看看你!"

周恩来的关怀和蒲辅周的到来,给四面楚歌的溥仪带来了欢乐和希望。他热泪盈眶,紧紧握住蒲老的手,好半天也不撒开。这一天,溥仪觉得痛快,精神也好,一直有增不降的尿毒从此迅速下降了。

也是在同一个严峻的历史时刻,周恩来听说溥杰为重病在身的兄长而忧心忡忡,又怕接触多了,照顾多了,将在政治上贻人话柄,很觉得为难。总理就让人转告溥杰,消除顾虑,兄弟之间应该照常走动,不要因为运动中间遇上点儿麻烦而耽误了诊病。有了总理的关照,溥杰也不用左顾右看了,常携妻子看望兄长,给他带去食品或从日本寄来的药品。嵯峨浩在《流浪王妃》一书中回忆当时的情形道:

对我来说,当时唯一能做到的,就是常常去探望他。我问他:"想吃点什么?"

不料他回答说:"想吃日本的鸡肉汤面。"

大哥平素一直认为中国菜是居世界第一的,从小吃最高级的宫廷菜长大。大概是因为生病,想吃点清淡的饭菜。我在北京定居以后,亲友们常从日本给我寄一些日本食品,其中有方便面,大哥很喜欢吃。他还说想吃用面糊裹上鸡肉烤熟后放凉的冷鸡肉。我做好后给他送去。

然而,医院第12次向国务院总理办公室、全国政协、中央统战部和卫生部发出的《溥仪病情报告》表明,溥仪的病情已处于危重阶段。报告说,患者仅存的右肾,肿瘤仍在发展,虽经放射治疗有所抑制,但目前尿中毒加重,并有严重酸中毒及贫血。经抢救后仅酸中毒有所改善,说明右肾情况进一步恶化,尿中毒也有可能再度恶化,现正采用中西结合积极抢救中。

长春那位写信的"童仆"一定不知道溥仪身患如此严重的疾病,否则,他能用那样的口吻,写那样的信来吗?

"文化大革命"年代,遭受批判的书籍千千万万,没有哪一本书当时就能翻案并摆脱厄运,《我的前半生》却是例外,溥仪幸甚!那么,究竟是谁能把它从水中捞起、从火中抢出呢?

1967 年的日历刚翻过几页，消息灵通的万嘉熙，手持一张宝贝似的红卫兵传单，急冲冲踏进溥仪的病房。传单上印着毛泽东与一位亲属中的晚辈谈话的内容，其中提到溥仪的名字的地方，已被老万重重地打了横线，那些字也因此而显得大了、突出了：

对犯错误的青年人不要开除，开除是害了他，对立面也没有了。

溥仪、康泽这样的人也改造过来了，青年人有些是党员，有些是团员，还改不过来？开除太简单化。

其实，这段话是两年前说的。但是，既然伟大领袖认为中国末代皇帝溥仪已经"改造过来了"，而且是藉助于动乱年代的时髦传单广泛流传，对于像溥仪那样复杂的历史人物，无疑具有巨大的政治保护作用。

激动不已的溥仪泪流双颊。

时隔不久，万嘉熙又送来一个来自传单的新的喜讯，原来周恩来在 1967 年 2 月中旬的一次讲话中，再度肯定了《我的前半生》是一部好书。总理啊总理，他最善于利用最有利的时机，保护应该保护的人！与此同时，党报上还刊登了题为《坚定地走与工农兵相结合的道路》的重要文章，作者引录总理的原话说，溥仪从苏联回来 16 年了，他写了一本书，心情是很沉痛的。我们把末代皇帝改造好了，这是世界上的奇迹！

沉疴中的溥仪又一次听到了周恩来的声音，再也无法抑制泉涌般的泪水，在妻子和妹夫面前哭得泪眼模糊。伴随《我的前半生》而来的满天乌云顿时消散了。

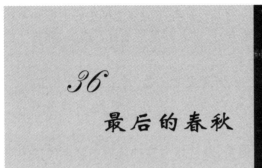

36
最后的春秋

在中国当代史上那个非常时期里，毛泽东和周恩来保护了溥仪，溥仪也以深厚的感情爱护人民的主席和人民的总理。

写信批判《我的前半生》那位原伪满宫廷中的"童仆"刚刚退去，另一位更熟悉溥仪的女士又找到北京并闯进溥仪住院的病房，这就是在长春伪皇宫同德殿内住过两年多、又在天津和北京的皇族旧家守节10年的"福贵人"。她和她的家嫂由东北来到北京，找到当年的"康德皇帝"，是为了澄清一段与自己有关的历史。"福贵人"再不愿背那口"皇娘"黑锅了，兄嫂则希望摘去"皇亲国舅"的一顶虚帽。这一切本来都是可以理解的，然而在特定历史环境中，加之溥仪重病在身，问题就变得复杂化了。

1967年1月30日，"福贵人"和家嫂推门跨进"反帝医院"住院部高干病房，"代表东北人民"来和溥仪"算老账"。赶巧碰上溥仪的妻子李淑贤陪床，愤而替丈夫鸣不平，结果发生了一场病房里的辩论。一方要求溥仪证实当年规定"21条"和"6条"禁令、虐待"福贵人"及其娘家亲属的情况，还批判了《我的前半生》并索要有关的信件及照片；另一方则要求照顾病人的身体，反对用吓唬人的口气讲话，主张证实历史问题要实事求是。然而,辩论的结果,无助于问题的解决,却给溥仪增添了思想负担。显然,溥仪希望看到的是今天的妻子与历史的故人握手言和,而不是她们的纷争不已。

辩论虽在黄昏时刻"休战",却只能是新一轮鏖战的前夜,这样下去,溥仪能够承担得了吗?李淑贤对此极为担心,遂提出给周恩来写信,

李玉琴"文化大革命"年代插队到敦化县大桥公社兴发大队

以争取有力的帮助,迅速脱身,但溥仪不赞成。他在当天日记中写道:

> 淑贤 7 时回家,她说打算写信向周总理报告……为了顺利解决矛盾,不应再添无谓的纠缠。可以答应给李玉琴写一材料,替她澄

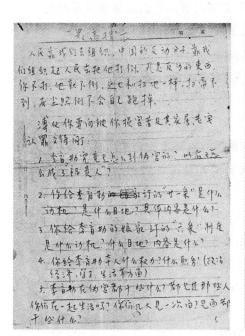

李玉琴要求溥仪对 14 个问题作出回答　　　　"我可以写这个证明"溥仪答应了玉琴

清一下。如果因此就给总理写信,矛盾未得解决,反而转为尖锐,两相争辩起来,我们哪能以自己可以解决之事,让总理于百忙之中操心?还是暂不告总理为宜。当然,如果对方有意寻衅、斗争或要求往它处迁移,则必须给总理写信汇报。

在强大的压力面前,溥仪并不打算借助周恩来的声望渡险过关,更不愿写信打搅总理,这不是因为有什么顾虑,而是感情真挚的敬爱。处在动荡的内乱年代,日理万机的总理太忙了,太累了,太辛苦了!溥仪唯恐因自己的事儿,增加总理的负担。其实,溥仪在"文化大革命"中每走一步都要付出难以承受的力量,这力量何尝不是来自毛泽东?何尝不是来自周恩来?他总是忘不了平生最后一次参加国庆纪念活动的情景,1966年10月3日,他以工整的楷书写下一篇长长的日记,其中谈到他与当时担任全国政协常委的原著名东北救亡运动领导人阎宝航一起参加纪念活动的经历。他写道:

前天晚8时,和阎宝航到天安门参加晚会,看焰火。阎宝航和我回寓较早些(9时许),后来看报才知道:我们最敬爱、最伟大的领袖毛泽东主席,在9时30分乘车来到天安门前。我们主席身穿草绿色军装,精神焕发,健步走出金水桥,来到群众中间。

太可惜!我为什么和阎宝航回去那么早?在那天晚间……没有看见毛主席他老人家和群众会见、同坐在地上看焰火的情况。我看见10月2日《人民日报》登载我们主席和群众见面,席地而坐,和群众在一起……

我看到这一切,我太想念毛主席了。我还想念他老人家1962年对我的接见,并一同照相、吃饭,对我的种种关怀和勉励。我永远忘不了这个最幸福的时刻。

……

毛主席啊,我老没有看见您老人家啦,恨不能长了翅膀,立刻飞到您的身旁。但是,我的床旁悬挂着毛主席的相片,我看见您的相片那样慈祥,好象向我微笑,这对我就是最大的安慰,最大的鼓励,最大的幸福!

这字里行间洋溢着多么真挚的感情啊!

1967年2月7日的夜幕拉开,一台有声有色的人间悲喜剧悄然问世,参加演出的,有历史上的"皇帝"和"贵人",又有60年代高干病房中的公民溥仪以及他的妻子,还有作为"文革特产"的红卫兵等等,时间跨度大,内容丰富,情节生动,作为一幕真剧,它留给人们的启示,是永远值得玩味的。

"福贵人"带着当年叱咤风云的"首都红卫兵三司"特派观察员,来到位于白塔寺附近的人民医院病房,找刚刚转移到这里的溥仪"算账",并开会斗争了他。据溥仪在日记中记载,对方当众控诉溥仪迫害造成的"种种苦境",引来前廊病号,围观这场特殊的"批判会"。其间,戏剧性的场面屡屡爆出,如"福贵人"的家嫂冲着溥仪大声恫吓:"今欲揪你回东北,打碎你的狗头!"阵前炮火轰然,继而展开凌厉的攻势,这就是他们提出的早有预备的"14项问题"。溥仪展纸细看,只见第一行上赫然写着:"溥仪!你要向被你损害者及其家属老实认罪,交代问题!"溥仪当皇帝——即使是傀儡皇帝的前半生,也经历了许多庞大场面,改造期间则虔诚地低头认罪,后半生作为公民的历程中,更一再接受国家领导人的邀请而参与重大国事活动,但是,像今天这样的事情,还真是头一遭碰上。溥仪把无边的苦闷倾注笔端,在1967年2月10日的日记上,留下了抹不掉的历史遗痕:

> 自己在历史上确是对人民犯了罪行,党和政府特赦,重新做人,才有今天。现在有人要借东北人民的名义,煽动不明真相的人向我攻击,自己实在无法对待。

李淑贤可沉不住气了,为了这个"无法对待"的问题,她东奔西走,先找七叔载涛问策。载涛建议向周恩来报告,李淑贤又往董益三家,拟请他代笔起草给总理的报告稿,还就此事与溥杰商量过。然而,这项拟议中的事情,最终还是被溥仪取消了。这一过程已经详明地载入了1967年2月10日董益三的日记,可谓信而有征:

> 下午3点左右,李淑贤来告诉我们,她曾找载涛告诉了溥仪的情况。载涛建议向总理汇报。李淑贤要求我代笔,我认为不大合适,建议她找溥杰商量,由溥杰起草较为适当。

> 李淑贤在我们晚餐后又来了。告诉我们说:溥仪认为现在不要向总理反映情况,等等以后再看。我同意溥仪的意见,暂缓反映。

这位旁观者当时写下的日记,已经成了珍贵史料,因为它内含了溥仪的一份感情,也可以说是清朝末代皇帝对中华人民共和国首任总理的真挚而深厚的感情,这份感情的产生并不奇怪,是一次又一次的革命调整了历史结构的缘故。

不久,"福贵人"及其家嫂带着溥仪写的证实材料和溥仪通过全国政协机关代付的返程旅费,满意地离京而去。这恰是 1967 年的春天降临的时候,溥仪的身体也有起色了。

然而,溥仪并没有得到安宁,正是一波未平一波又起。"四人帮"的笔杆子戚本禹借影片《清宫秘史》攻击刘少奇的长篇文章《爱国主义还是卖国主义?》发表以后,直接到病房找溥仪询问清宫历史背景等情况的人就很不少。4 月下旬溥仪出院,从此,在自己以公民身份首创的小家庭中度过了生命末期的 5 个月时间。其间,因《清宫秘史》而来查问的人,又络绎不绝地找到东观音寺胡同来了,仅在 4、5、6 三个月内就有 10 多批人登门。

溥仪在生命的末期,几乎天天看病,他最信赖的大夫,就是蒲辅周老先生。直接受托于周恩来的蒲老,为了延缓中国历史上最末一代皇帝的生命,总是尽着最大的努力给溥仪诊脉开方,希望他能随着这时代走得更远些。尽管如此,溥仪的病势还是日趋沉重,从不能走路到生活不能自理,连洗脸、洗脚、洗澡也要由妻子服侍了。

真是雪上加霜,由戚本禹那篇"清宫"长文引起的另一个批判题材——中国新闻社拍摄的大型纪录片《中国末代皇帝——溥仪》,就在这样残酷的时刻被推上前沿阵地,对准它的炮火则直接威胁到溥仪本人。

署名为某某单位"红旗兵团"的大字报,是最早贴上天安门和王府井街头的,这篇长长的大字报把《中国末代皇帝——溥仪》指为"卖国主义影片"《清宫秘史》的"续集",猛烈而无情地加以讨伐。其中写道:

> 溥仪是个什么东西?他是封建社会最后一个反动统治者,是屠杀中国人民的伪满洲国的头号战犯,是卖国投降日本帝国主义的大汉奸、卖国贼!就是这样一个罪恶滔天、反动透顶的家伙,一小撮反革命修正主义分子却公开地为他树碑立传,公开地为已经覆灭的中国封建王朝大唱挽歌……公开地向无产阶级专政发动猖狂进攻,真是何等嚣张,何等可恶!

对于大字报中咒骂自己的词句,溥仪并不怎么理会。然而,把他非常熟悉的许多统战领导干部打成"一小撮反革命修正主义分子",并把"树碑立传"

一类罪名加于其身,这是溥仪最感到难过的。他当然做不到"力挽狂澜",甚至不敢照直说出内心的真实想法,但他对大字报内容所持的保留态度,却是显而易见的。

这张大字报于 1967 年 7 月 3 日贴出之后的第 5 天,有位橡胶厂的工人特意到溥仪家中告知这个消息。据溥仪日记记载,来人转述大字报内容说,影片专照溥仪在 1964 年参观各地游山逛景,是"大毒草",还说溥仪看样片时"曾大加赞赏"。溥仪当即驳斥说,"该片系对外宣传,对内并未公演",他也没有"赞赏"过。那位好心的工人表示愿意代抄一份再送来给溥仪看,遂告辞去了。

溥仪为此陷入深沉的思考之中。借助于当年的日记,人们在今天得以了解溥仪的思绪,了解他如何整理被现实搞乱套的思想。他写道,文史资料专员们在 1964 年集体参观,"是周恩来总理在大会堂接见时的号召和决定,是统战部筹办,由政协负责干部率领出发"的。至于拍电影,则是政府派"中国新闻社来人照相","我们绝无拒照之理"。特别是拍摄纪录片,"并非如演员的拍照",溥仪作为个人,"更无理由和权利拒绝拍照这集体摄影"。电影拍完以后,溥仪应邀观看样片,"也并未有何赞叹"。事实既然如此,大字报的炮制者们到底要挑谁的毛病呢?

明眼人早已看出,这张大字报所代表的倾向,不过是"四人帮"执导的一台小戏。演这种戏就是要造成舆论,造出气氛最终把人民敬爱的周恩来总理置于死地。对于这场"项庄舞剑,意在沛公"的大阴谋,虽然还不能说溥仪已经透过现象而认识了问题的本质,已经看穿了其中微妙复杂的关系,但他毕竟认真思考过,并已经琢磨了这样的问题,即大字报的罪恶矛头究竟指向谁?而且,也有了自己的初步结论。

就在那个夜色深沉的晚上,好心的访者又送来了代抄的大字报全文。溥仪一口气读完,握别夜客,又伏案埋头写起日记来。溥仪并不是无畏的战士,但他已经懂得关心别人,关心党、国家和民族。他正直,有良心,是一位合格的公民。他在日记中这样倾诉了自己的感想:

> 参观是总理的号召,总理直接告诉我们政协各专员的。自己罪恶很大,百死不足以蔽其辜。只是在毛主席和中国共产党的伟大改造下,才变鬼为人,这是史无前例的事。根据毛主席建议,特赦改恶

从善的战犯,我因而在 1959 年 12 月 4 日获释,从此看到了真正为人的光明前途,这一切都是党和毛主席给的。

我心中总是想:在各方面都不要辜负毛主席和党中央的重生再造之德。只许好,不许坏。同时也有了思想包袱,一度认为自己改造不错了,这是错误的想法。

拍电影的问题上,过去自己不认为是毒草。认为拍摄自己成为新人以后的生活,是借以表现伟大的毛泽东思想,表现党和毛主席改造世界、改造人类、改造罪犯的光辉成就。拍电影是为了宣传党的政策。

这里看到的批判,我认为其中所说"多照特赦以后的参观、生活场面,而少照和不照劳动、学习、改造等方面",是美化了自己,这个批判我同意。但这只是主持拍照人的观点方面的错误。

溥仪没有勇气正面否定大字报,在当时的环境里,这一点儿都不奇怪。但是,他站在维护党的改造政策的立场上发表了自己的意见。他希望把党的改造政策和自己的缺点错误区分开,他希望把拍摄电影的真正意图与具体制片人的观点错误区分开,归根结底,他希望周恩来的"号召"能为更多的人所理解。

溥仪的思想出发点是可取的,他有难言的苦衷,也有斗争的愿望,他在艰难时日,还惦记着深深爱戴的总理。

从 1966 年 10 月到 1967 年 10 月,溥仪鼓起生命的风帆,航行在"史无前例"的惊涛骇浪之中,度过了自己的最后一个春秋。

37

时钟停摆

　　溥仪生命的时钟终于停摆！历史，永远记下了这个时刻：1967年10月17日凌晨2时15分。从身患绝症的角度来说，这是意料之中的事儿，然而，这个时刻本来可以来得更晚些，大可不必这样匆忙。

　　"文化大革命"前，溥仪的病已有好几年的发展史了，凭借医疗条件优越，才一次又一次地抑制了恶性的发展。可是，急风暴雨把一切都冲刷了，改变了。沈醉先生叙述过这种情形：

　　　　十年浩劫之前，周总理特别下手令规定过："全国政协文史专员（即特赦留在全国政协的十多个帝王将相）的医疗关系，一律按高级干部待遇。"所以我们看病不排队，只要打一个电话到医院的保健室，告诉他们自己医疗证的号码，要看内科或外科等，他们就会在电话中回答你，什么时候去保健室。他们根据高干医疗证上的号码，先把病历调出来，等在那里，到时去了，就可以由一些医术较精的老医生诊治。看完病去取药，也是在药房专设的一个小窗口去取，都是用较名贵的药品。如果要住院，只要经过保健室的医生决定后，便可住进高干病房。

　　十年浩劫一开始，红卫兵便把这一规定取消，保健室关门了，高干病房也没有了，连中央各部部长看病也一律排队，我们更是被称为牛鬼蛇神的"黑五类"分子(地主、富农、旧军政人员即反革命分子、坏分子、右派)想去看病，连挂号都挂不上，即使等了好久挂上了号，轮到去看病时，医生一看是"黑五类"，有时随便给一点药，有时药也不给，还骂上一句："死一个，少一个，不给药，回去等死吧！"(粉碎"四人帮"后，这一保健医疗制度又恢复了，我们也和从前一样按高干待遇。)所以我便经常带我妻子去看看溥仪，尽可能不让他去医院排队受气①。

　　沈醉的新婚妻子是位医务工作者，可以给溥仪看看病，买点药，但不能解决很大的问题。在失去常规的高干医疗待遇之后，溥仪只有依靠周恩来的过问和具体指示了。

　　1967年10月4日清晨5时。

　　溥仪突然病重，呼吸急促，脸色苍白，用手指轻按脸部和腿部，都能发现浮肿性凹痕。亲友们护送他先后在人民医院和协和医院做了检查，根据病情，急需住院，可是两家医院全都拒收。

　　病床紧张固然属实，更重要的原因不在于此，当时这是人人都能明白的。当极"左"思潮泛滥的年月，谁还愿意沾"封建皇帝"、"汉奸"和"战犯"的边边沿沿呢？那年头，连摘掉帽子的地、富、反、坏、右都是黑色的，当过汉奸皇帝的溥仪岂能白了？

　　非一般的疼痛折磨着溥仪，病情正在质变的发展之中，每一分钟都包含着死亡，告急，告急，刻不容缓！

　　连当时控制全国政协机关的群众组织的头头，也感到了责任的重大，遂在家属的强烈要求之下，向中南海西花厅总理办公室反映了情况。周恩来知情后，很生气，提笔在电话记录上亲批了"特殊照顾"几个字，这是溥仪患病期间得到国家总理关照的最后记录。总理办公室工作人员立即用电话向医院作了传达，可人民医院泌尿科病房内竟然找不出一张闲床，于是暂住内科病

---

　　① 参见沈醉：《皇帝特赦以后——回忆与溥仪在一起的时候》，载香港《新晚报》1981年4月13—14日。

房。周恩来的批示,虽然解决了溥仪的住院、治疗问题,却对于病入膏肓的患者爱莫能助,无力回天了。

从 10 月 8 日开始,溥仪只能依靠输氧和注射葡萄糖维持生命了。这是尿毒症并发心力衰竭的结果。当时的溥仪躺在床上,痛苦地呻吟着,鼻孔里插着氧气管,眼球不停地向上翻动,随时都有可能停止呼吸。

致命的问题还是排不出尿来,但医护人员并不经常给他导尿。有什么办法呢?总不能让周恩来给每位值班护士也写一条"特殊照顾"的批示吧!据当时在人民医院实习的一位医生讲,他发现溥仪小便困难,状甚痛苦,而李淑贤在一旁抽泣,遂主动给溥仪导了尿。这位医生后来著文回忆说:

> 排空尿液后,溥仪轻松一些了,频频向我点头致意,李淑贤也连声道谢。我心中很不是滋味,知道溥仪在世的日子不长了,而护士出身的李淑贤也不会不清楚这一点①。

尽管溥仪的生命已经垂危,亲属和同事们探病仍然受到严格的限制。沈醉先生记述探望溥仪的情形说:

> 我第一次去医院看他的时候,被几个认识我的人发觉,不但不准我去看他,还把我连推带骂地撵了出来。在他病重垂危时,我再也忍不住了,便趁中午休息时溜进了医院,只见他鼻孔里插着氧气管,脸色难看极了。当他发觉我站在他的身旁时,两眼泪汪汪地看了我一下,我紧紧地握着他的手,心里难过异常,正想问问他的时候,一个值班的护士走了进来,毫不客气地把我用力推出去②。

在溥仪的最后的日子里,受托于周恩来的蒲辅周老大夫没有忘记他,三度亲临病榻,诊脉处方:第一次在 10 月 4 日,第二次在 10 月 7 日,第三次在 10 月 12 日。溥仪每次都要把处方原原本本抄录在日记上,到第三次抄录时,仅仅写出七八个模糊难辨的字,就再也无力握管了,这便是溥仪的绝笔。

蒲老的处方至今保存着,这是一件珍贵的文物,上面虽然只记载着 13 味药和服用方法,人们却能看到周恩来为改造中国末代皇帝的思想所付出的极

---

① 参见原北京医学院附属人民医院实习医生张崇信的回忆文章,载《解放日报》1985 年 2 月 24 日。

② 参见沈醉:《我这三十年》,湖南人民出版社 1983 年版,第 221 页。

富价值的心血：

中医研究院广安门医院处方

（1967 年 10 月 12 日）

姓名：溥仪　性别：男　年龄：成

台党参（一两）　附片（二钱）　茯苓（三钱）　白术（二钱）

白芍（二钱）　泽泻（一钱）　上安桂（五分·后下）

川楝子（二钱·炮）　木香（五分）　砂仁（五分·打）

陈皮（一钱）　车前子（三钱·包煎）　锦砂金（二钱）

水煎服五剂，每剂煎二次，每日服二次。

蒲老处方　薛明寿写方

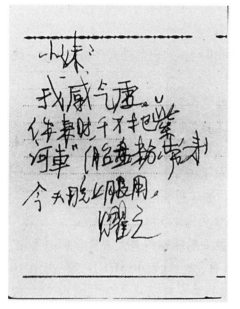

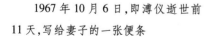

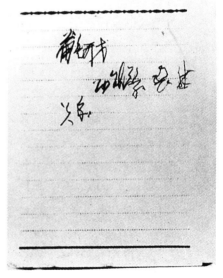

1967 年 10 月 6 日，即溥仪逝世前 11 天，写给妻子的一张便条

1967 年 10 月 12 日，溥仪临终前的绝笔日记

　　蒲老是摇着头，搓着手，叹息而去的。三天之后，病势危笃的溥仪被送入单人病房，医生说，尿中毒已经进入后期，溥仪的生命危在旦夕！亲属们纷纷前来守护，同事们也一个接一个地来到床前诀别。

　　"我终于能够作为真正意义上的人而离开这个世界了，我为此而高兴！"

这是溥仪留给二妹韫和和郑广元夫妇的最后的话。

"我不行了,希望你能记住:好好干,要为国家出力!"这是溥仪留给族侄毓嵒的最后的话。

"很长时间没有抽烟了,我想吸,就给我点上一支吧!"杜聿明不顾医院的禁令,眼噙泪水,满足了溥仪这最后的愿望。

"我还不应该死呀,我还要给国家做事! 你们先别走,等等杰二弟,把孟大夫找来,你们要救救我呀!"这是溥仪在逝世前4小时向李以劻和范汉杰提出的最后的要求。

在溥仪的生命的弥留时刻,杰二弟终于赶到了。溥仪似乎有什么重要的话要说,嘴里喃喃不止,溥杰遂把耳朵贴在他的嘴边,虽然声音低微,却分明听到一句话:"真想再见总理一面啊!"这是溥仪向溥杰,也是向人间说的最后的话。

从这些最后的声音中,不是分明辨得出毛泽东的教诲和周恩来的嘱示吗? 不是分明辨得出溥仪对人民领袖深情的爱戴和诚挚的敬仰吗?

凌晨时刻,溥仪停止了呻吟,停止了呼吸,停止了心跳。凌晨之后是崭新的黎明,而黎明将带来徐徐东升的红日。溥仪却等不及了,他撒手而去,走得太急促!

主治医生在死亡证明单上开列了致死的几样疾病:肾癌、尿毒症、贫血性心脏病。它们乘着"红色风暴"摆动"文化大革命"的污泥浊水而来,埋葬了中国这位作为公民的最后的帝王。

溥仪死了,死得很冷清。只有妻子、二弟溥杰和三妹韫颖的一个孩子,以及一位保姆守护在侧。当天上午,李淑贤在保姆的帮助下,为溥仪穿上了刚刚拆洗完毕的棉衣棉裤,口中喃喃说:"这是为今年冬天准备的,穿去吧,能遮遮风寒。"因为溥仪双脚膀肿,李淑贤特意让保姆上街买双大号新鞋给溥仪穿上,她说溥仪生前爱散步,鞋要穿舒服些。李淑贤还把溥仪平时最喜欢戴的一顶深蓝色的呢帽端端正正地给他戴在头上。接着她又让人取来溥仪平时使用的枕头和褥子,为亲人展铺身下,垫正头部。

李淑贤凝望着丈夫的遗容,对纷纷上前劝她节哀的亲友说:"溥仪的眼睛和嘴还半睁半闭,这是对我不放心啊!"于是,她用手轻轻抚摸丈夫的脸,直到眼闭上、嘴合拢为止。最后又给丈夫梳梳头,这才允许保姆把盖在溥仪身上的白布拉过头顶……

与此同时,根据刚刚获悉的有关情况,国务院总理办公室迅速写出关于溥仪病逝的简要报告。当周恩来以沉痛的心情看完以后,立即批转一位副总理,要求全国政协机关提出处理溥仪后事的方案,送呈待批。总理还委派一位工作人员,向李淑贤当面转达了自己的慰问之意,来人说:"总理获悉噩耗,心情沉痛,衷心希望夫人节哀,保重身体。"根据总理指示,他还详细询问了溥仪的病情以及逝世前后的具体情况。他说,总理最担心的是,处在"文化大革命"的条件下,医疗方面可能对溥仪先生照护不周,"总理嘱咐我们,一定要查清这方面的责任"。

范汉杰、罗历戎、李以劻和邱文升夫妇、董益三和宋伯兰夫妇、廖耀湘夫人张瀛毓、王耀武夫人吴伯伦等专员同事及其家属,纷纷来向李淑贤表示慰问。根据大家的请求,由专员学习组副组长宋希濂出面,向机关负责人请示,希望允许在遗体火化之前搞一个简单的告别仪式,以表达对于溥仪的哀思。虽然得到了"待通知"的答复,实际却是"泥牛入海无消息"。

说怪也怪,对溥仪的死国内尚无人知晓的时候,10 月 18 日出版的日本各大报纸,已在显著版面上作了有关前"康德皇帝"病逝于"红色首都"的绘声绘色、图文并茂的报道。继而美联社、路透社也播发了消息。

正当中国末代皇帝之死在全世界传开之际,溥仪的遗体却在北京西郊八宝山火葬场悄悄地火化,不摆花圈,不放哀乐,只有李淑贤、溥杰以及李以劻夫妇等少数几位护送灵柩而来的亲友在侧。

千千万万的国内外华文读者,终于在 10 月 20 日出版的《人民日报》上,看到了溥仪逝世的简讯:

新华社 19 日讯:中国人民政治协商会议全国委员会委员爱新觉罗·溥仪先生因患肾癌、尿毒症、贫血性心脏病,经长期治疗无效,于 10 月 17 日 2 时 30 分逝世于北京。终年 60 岁①。

与日、美等国的电讯相比,对于因中国共产党的改造政策而洗心革面、成为新人的爱新觉罗·溥仪的逝世,我们的报道不仅整整晚了两天,而且也太少,又太简单了,甚至连一点点评价或悼念之意都没有透露。一位目睹了溥仪之死并亲眼看过死亡证明单的医生,评价报上登的那则简讯说,这段消息

---

① 溥仪生于 1906 年 2 月 7 日,逝于 1967 年 10 月 17 日,终年 62 岁。

就是照主治医师在溥仪的死亡证明上写的原文抄录的,一字未改,记者确实够小心谨慎的了。尽管如此,在造反派张牙舞爪的年月,溥仪之死的消息,居然也能登上充满语录的党报,占

关于溥仪逝世的报道

据一块虽说是并不显眼的版位,实在已经很不容易了。如果不是周恩来明确指示新华社立即播发,就不会有哪位主编敢冒天下之大不韪,而来抢走这条确有价值的社会新闻,这是一定的。

溥仪的遗体火化后,处理骨灰在当时也成为难题。他当然是位普通公民,但似乎也有跟普通公民不一样的地方,涉及他的问题,好像需要具有很老资格的人说话才成,否则人们会感到手足无措。全国政协机关议论过溥仪的安葬问题,没有拿出意见来。爱新觉罗家族的人们讨论来讨论去,也不知该怎么办好。后来还是周恩来作了指示,在困难的处境里,总理挺身而出,承担了责任;同时,为了尊重满族的民族习惯和爱新觉罗家族的历史传统,又把自决权交给了溥仪的家属和亲属。总理说,这个问题应由爱新觉罗家族的人自己决定,既可以选择在八宝山革命公墓、万安群众公墓寄存骨灰,也可以在其他地方修建漂亮的陵墓。总理这样说,是考虑到溥仪的具体历史情况,溥仪10岁那年,曾由端康皇贵妃做主,在清西陵内泰东陵后山上为他选定了一块"万年吉地",选址之后即行圈禁,并经"点穴",即在墓地范围内,确定置放棺木的"金井"的位置,破土挖一圆坑,加以覆盖,使之永远不见日、月、星三光。可谓一切具备,只待兴工修墓了①。遵照总理指示,爱新觉罗家族主要成员于10月21日再度聚会,亲属们全都不赞成修建"漂亮的陵墓",这显然不合时宜,果真那样做,就给总理添乱了,溥仪在九泉之下也难以安眠。七叔载涛提

————————————

① 另一说谓溥仪于1909年入承大统后,即在河北省易县旺龙村的"狐仙庙"选定"万年吉地",此处系方圆2公里的一块平坦盆地,三面环山,一侧临水。陵墓地宫确定在盆地西北面临近山坡处,隔水与光绪皇帝的崇陵相望。1910年动工兴建,后因辛亥革命爆发而停建,其时,地宫、明楼和宝城的基础工程已经完成。

议放在八宝山人民骨灰堂寄存,溥杰完全同意,李淑贤亦无异议,她说:"溥仪生前爱热闹的地方,放在群众公墓,长期和普通百姓在一起就很好。"家族其他成员也一致同意了。

大约两个月后,周恩来亲自批准了家族商定的意见,同意把溥仪的骨灰存放在八宝山人民公墓骨灰堂。李淑贤、溥杰和一位邻居的女儿,随即办理了骨灰寄存手续。

20世纪70年代中叶,趁着溥杰先生访日探亲的机会,日本共同社记者横堀洋一采访了他,谈到当年安葬溥仪的方式时,溥杰回顾说,周恩来曾向他询问:是否要建立一座漂亮陵墓?作为一个市民,他拒绝了。他还说,也没有必要设立墓石或墓碑,仅照一般公民存放骨灰的方式,也把溥仪的骨灰存放在骨灰堂内的木架上。

38

深情重恩
常驻人间

情深慰魂飞天外,

恩重加身驻人间。

溥仪去了,周恩来的温暖仍在。

在溥仪临终留下的两条遗言中,有一条是对妻子今后的生活放心不下。李淑贤当时还年轻,身体很不好,患多种慢性病,从1964年7月14日起就停薪留职,不再上班了。溥仪在世,可以依赖丈夫的收入,现在怎么办呢?

周恩来最先想到李淑贤的生活困难,溥仪逝世刚满两个月,在总理处理溥仪后事的指示中,就包括了照顾遗孀生活的内容:除按规定付给李淑贤520元抚恤金之外,还命全国政协机关立即发还溥仪一年前上缴的《我的前半生》稿费4000元,全部交给李淑贤。如果说这样的事情在落实政策的时候很平常,而在"文化大革命"泛滥的年月,这就是罕见的特例了。

考虑到今后还有漫长的生活,坐吃山空没有出路,李淑贤乃于1968年初向原工作单位提出了复职要求,单位却以"没有健康检查证明"为由拒绝了。"文化大革命"期间,没有人敢同情这位著名战犯的遗孀,对于孤儿出身的李淑贤来说,这似乎有点儿残酷。她要生活下去,在绝望中想起敬爱的周恩来总理,就鼓足勇气写了一封信,说明了自己的情况,贴上邮票就寄到中南海去了。她盼望伟人伸出援手,然而,正如她预料的那样,寄出的信根本不能达于总理之手,很快即被退回原单位,并被打入不理睬的冷宫。

在合法的人身权利惨遭剥夺的情况下,李淑贤艰难地打发一个个漫长的日子。她没有分文收入,难以长期承担东观音寺胡同那套有客厅、卧室及其他附设生活设备的宽敞住宅的房租、水电等项开支,遂自愿退掉大房子,搬入杜聿明先生院内一间由原卫生间改造的又黑又潮的小房内居住。

日复一日,到了1971年6月下旬,李淑贤再次鼓起勇气,冒着风险投书中南海,幸运的是,周恩来收到了这封信。据李淑贤回忆,她发信不到10天,国务院机关事务管理局副局长侯春槐,就奉了总理之命,来到李淑贤居住的那间又黑又潮的小屋,详细询问了李淑贤的身体和生活状况,问她有何困难?有什么要求?李淑贤提出两条:一是复职,安排力所能及的工作,以解决生活出路问题;一是现居房屋条件太坏,希望调一调。侯春槐一一记录在案,临走告诉李淑贤说:"我把您的要求带回去向总理汇报,处理结果,请和政协直接联系。"

不久,全国政协机关来人通知李淑贤,考虑到她的身体状况,即便是轻工作怕也难以胜任,因此可以暂不工作,由政协按月发放生活费,每次60元。与此同时,立即调换适当住宅,安排两间阳光充足的正房。说到此处,来人特别加了一句话:"总理亲自部署对你的生活照顾,连每个细节都考虑得很周到哇!"李淑贤此时流下了热泪。至此,溥仪辞世前一件耿耿于心的事情,已由周恩来亲自过问解决了,溥仪九泉有知,也会感到无限欣慰。

就在周恩来批示解决李淑贤的生活困难问题之前约10个月,溥仪的七叔载涛因心脏病和前列腺癌病逝。1970年9月2日,即载涛逝世当天,全国人大常委会就提出了关于料理载涛后事的报告,总理立即批示,同意照此办理,并批转李先念副总理阅处。

根据周恩来的批示,由国家民委按对待少数民族领袖人物的规格主办丧仪,全国人大常委会派人送葬,为护送灵柩和参加丧仪的家属、亲友提供红旗牌高级轿车等运输工具。民委主任谢扶民在火葬场的告别厅主持了简单的遗体告别仪式,面对逝者的遗体,人们肃立、三鞠躬并默哀。遗体火化后,被安放在八宝山革命公墓第八室。

载涛病逝的第二天，新华社就播发了电讯："全国人民代表大会代表、中国国民党革命委员会中央委员载涛先生（满族），因病医治无效，于 9 月 2 日在北京逝世，终年 83 岁。"

载涛和溥仪都死在"文化大革命"中间，后事也都是周恩来审定的。两相比较，载涛的丧仪规格稍高，这是因为 1970 年与 1967 年比，政治形势已明显趋于平稳。总理处理这类问题最掌握分寸，不以小事废大事，不因局部伤整体，于此可见一斑。

在溥仪去世后的几年中，有件重重的心事压在溥杰和嵯峨浩的心坎上。由于政治和外交方面的种种因素，嵯峨浩自 1961 年在北京定居以来，始终未能实现返回日本探亲的愿望。这中间发生了许多牵肠挂肚的事情，1967 年嵯峨浩的父亲嵯峨实胜侯爵病逝，继而女儿嫮生的婚事又提上了日程。嵯峨浩在《流浪王妃》一书中写道：

> 即便我们不必勉强去参加父亲的葬礼，但女儿的婚礼，我们是无论如何也想去参加的。然而那正是"文化大革命"中最乱的时期，想从北京去日本简直比登天还难。

> 昭和四十三年（1968 年）5 月，女儿举行了婚礼。我和丈夫在北京看了寄来的 16 厘米录像，喜笑颜开地看着身着盛装的女儿。

"文化大革命"中"最乱的时期"终于过去了，溥杰和嵯峨浩只能通过录像分享女儿的幸福的那段历史也随之终结。1974 年 12 月，由于周恩来的特别关照，溥杰和嵯峨浩赴日本探亲访友的申请获准。

实现了多年的夙愿，对溥杰夫妇来说，当然是一桩令人激动的喜事，同时也给他们带来了很大的不安，这是与当时的政治气候相联系的。"文化大革命"虽已进入后期，但"四人帮"总是发难，什么"评法批儒"、"批周公"、"批宰相"，明眼人一看便知，其矛头对准了周恩来，他们当时有很大的势力，要搬倒总理，扫除障碍，实现篡党夺权的政治野心。溥杰最大的顾虑就是担心在这个时候给总理添麻烦。他想，前半生中与日本军国主义勾结的那段历史毕竟是抹不掉的，这次赴日又不可避免要与旧贵族、旧官僚、旧军人，旧同学等会面交往，他们中间既有当年率兵侵华的大小司令官，也有今天政界和商界的头面人物，而中日两国建交未久，对共产党和新中国怀抱敌视态度的不乏其人,何况舆论界有时造谣生事不在话下。在这种情况下,万一出点儿说道,便给国内某些人留下话柄,这不是往总理脸上抹了黑吗?想到这些,溥杰甚至打算放弃这次访日的机会,可如果这样做,不但对不住妻子多年郁积思亲思乡的一片苦心,更辜负了总理和中央有关部门对自己的信任啊!就在这个时候,总理托付一位可靠人士给溥杰先生捎来口信,告诉他:你是以私人身份去日本访问的,你接触的是亲友、故交和民众团体。为此,你的言行和活动可以随便些,不要太拘谨了。相信你会处理好可能出现的各类问题……①

多么理解人的好总理啊!

1974 年 12 月 2 日,溥杰和嵯峨浩夫妇乘上中国民航班机,经 3 个小时的越洋飞行,自北京东郊机场抵日本羽田机场,访日成行。

1974 年溥杰夫妇到日本探亲,在宴会上嵯峨浩表演烤羊肉

在 3 个多月的时间里,溥杰和嵯峨浩夫妇看望了已经 80 高龄的母亲嵯峨尚子,在神户须磨的女儿嫮生的家中也生活了一段时光,接待了许多原日本士官学校时代的同期同学,广泛接触了日本各界友好人士,参观游览了东京、大阪、神户、京都、奈良、九州和北海道等日本各地,发表演讲,接受记者采访,利用各种形式宣传新中国的变化,为中日友好做出积极的贡献。值得一提的是溥杰和嵯峨浩夫妇与日本皇族秩父宫妃、高松宫夫妇、三笠宫夫妇的会见,溥杰详细介绍了在中国的生活,特别谈及周恩来对他们一家的格外关照,令

---

① 参见戴明久:《中国末代皇弟溥杰》,春风文艺出版社 1987 年版,第 272 页。

各宫殿下深为感动。

　　1975年3月,溥杰和嵯峨浩夫妇就要启程回国了。为了表达崇敬和感激的心情,嵯峨浩一定要给周恩来带点礼品回去。溥杰再三劝阻,说总理历来不肯收礼,但不能说服夫人。最后商定,只带两样:一束美丽鲜艳的玉兰花和一扇三折式镶嵌银色玛瑙富士山画的小屏风。他们已经听说总理病重,遂写好一封信,敬请总理安心养病,注意休息和治疗。因为担心鲜花枯萎,一到北京机场,立即赶往全国政协机关,把象征中日友好的两件礼品转送总理办公室。几天后,总理派人退回屏风,并给溥杰夫妇捎来口信说:"你们在日本表现得很好,我谢谢你们。你们为中日友好事业做了一件大好事。送来的礼物,我只收下玉兰花,屏风留给你们自己用吧,但你们的心意我全部收下了。"后来总理接见日本朋友时,还称赞了溥杰夫妇的日本之行,说他们是中日友好的使者,访日期间表现活跃,说了许多连官方之间也不便说的话,影响是好的。

　　10个月后,周恩来病逝于北京医院,哀乐随着电波传来,溥杰夫妇抱头痛哭,吃不香,睡不安,心神恍惚。许久以来他们就朝思暮念地要求去医院探望总理而未能实现,多年以来嵯峨浩就盼着能亲手烹制一桌饭菜请总理品尝,如今也成了未了的心愿!

　　当时,有关部门秉承"四人帮"的旨意,下令不许搞悼念活动,溥杰和嵯峨浩就在家中自设灵堂,挂起总理的遗像,把总理退回的屏风摆在一侧,嵯峨浩则亲手做了几样日本菜放在遗像前面,他们用这种方式寄托哀思,纪念心目中的总理。

　　在这沉痛的时刻,溥杰含泪泣书挽诗:

　　　　毕生革命千秋业,八亿吞声泪满巾。

　　　　总理大名服永世,甘棠遗爱在蒸民。

　　　　运筹帷幄从无敌,尽瘁邦家不顾身。

　　　　终始紧跟毛主席,古今中外一完人①。

　　这首《哭周总理》后来广为流传,但溥杰当时写给邓颖超的一封信,还很少有人知道。信中说:

---

① 录自溥杰先生的诗文笔记、手稿,故其中个别字、词与其他书刊所载略有差异。

　　总理与世长辞，如同明星陨落，导致大地减色失辉，我悲痛至极，恨不能替总理先赴九泉。

　　毫不夸张地说，总理不但是我的老师，而且也是我的兄长，是他教育我弃旧投新，改恶从善，重新做人；是他帮助我夫妻团聚，重享天伦之乐。他是我生活中的导师，做人的楷模。

　　我父亲去世，我也曾流过眼泪，但那只是出自一种封建孝道，并非感伤而悲。因为，他从未对我尽其启发教育之责，故而感情不深。

　　但总理去世，我眼泪已流干，我无法形容悲痛之情。总理待我胜似兄弟，我溥杰所以能有今日，完全归功于总理的关怀和教诲。这些，我将永志不忘！

　　化悲痛为力量，只有在我有生之年，竭尽全力，为国为民，鞠躬尽瘁，方不负总理教导之恩。否则，对不起九泉之下的总理英灵……

　　为了把周恩来的高大形象长久地留在身边，溥杰邀请画家绘制一幅总理的侧影半身像，自题"音容宛在"四字，镶嵌起来悬于客厅，还把意大利摄影家洛蒂拍摄的总理的彩色照片挂在书房里，这是一幅著名的摄影作品，逼真地表现出伟人的英豪之气。

　　1987年6月20日，嵯峨浩病逝于北京友谊医院。周恩来夫人邓颖超敬送了花圈。遗体告别仪式那天晚上，全国政协在和平门烤鸭店招待嵯峨浩的日本亲属，邓颖超又特派秘书前来看望大家，还捎了几句话："邓大姐很关心这件事，她本想亲自来看看大家，因为身体不大好，就派我代表她来了。"来自总理家的安慰，使悲痛欲绝的溥杰情绪好转，这已是总理逝世10年之后的事情了。

　　现在，嵯峨浩去世也有5个年头了，但她和丈夫在日本给周恩来买的富士山嵌画屏风仍摆放在书房之中。溥杰也已85岁高龄，作为全国人民代表大会常务委员会委员和民族委员会副主任委员，为了不负总理教导之恩，他仍在竭尽全力地工作着。

　　溥仪和溥杰的许多弟妹，除六妹病故，余皆健在，眼下都住在北京，或在偏僻胡同的某处宅院里，或在高层建筑的某个单元房中，遍布首都的东城和西城，想在这千万人口的大都市中找到他们太难。不过，总会有人走在大街上碰见他们，但谁能知晓这些相貌普通、着装一般的人，会是当年的"王爷"、

"福晋"、"格格"或"额驸"呢！正像周恩来所说的："溥仪做过清朝皇帝，其他弟弟妹妹也都是清朝皇族，现在各人都改变了，都有工作，参加劳动，自食其力！这说明，人是可以改变的。"

二妹韫和和妹夫郑广元都已年过八旬，现作为北京市西城区政协委员而安度晚年。

三妹韫颖也年近八旬了，她是北京市东城区政协委员。丈夫郭布罗·润麒作为全国政协委员，还参加法制委员会的工作，常就国家法制建设方面的问题赴各地调研。

四妹韫娴身体不好，在家养病多年，她的幸福在于晚年实现了夫妻团聚。丈夫赵琪璠系杀害秋瑾烈士的绍兴知府贵福之子，毕业于日本陆军士官学校，长期给溥仪当侍卫官。1948 年因躲避战乱从上海跑到台湾，又迫于生活参加了"革命实践研究院军训团"，结业后历任中校翻译、上校编审，以后转入蒙藏委员会任专员、当科长。从 1981 年春天起，由一位陆军士官学校的同期生搭桥，与大陆的老伴和子女通了音信。继而由溥杰安排，让赵琪璠的当了护士长的女儿赵丽瑛，作为嵯峨浩的随身护士于 1982 年春天到日本东京与父亲见面。溥杰向妹夫介绍了自己在新中国的生活，劝他以返乡代望乡，以团圆代思亲，叶落归根，实现夙愿。当他说到"周恩来总理多次问到你，希望你和四妹早日团聚，可惜，总理没有看到这一天"时，赵琪璠毅然做出了决定。1982 年 4 月末，72 岁的赵琪璠乘上飞往北京的客机回到老伴的身边。随即致函台湾蒙藏委员会委员长，明确表示愿在祖国大陆定居，并将其在台湾的存款、房产和财产全部捐给慈善事业。赵琪璠以实际行动赢得政府和人民的信任，被邀请担当北京市民族事务委员会委员和北京市政协委员。他已于 1989 年谢世。

五妹韫馨喜欢安静，善于教育子女，作为退休的国家工作人员，仍生活在前井胡同属于私产的一处小四合院内。丈夫万嘉熙已于 1972 年病逝。

四弟溥任和夫人张茂滢住在西城，他是全国政协委员，时而写点儿关于家庭文献或宫廷文物的考证文章发表。

六妹韫娱在粉碎"四人帮"以后多次举办画展，曾把根据毛泽东的《咏梅》词意绘成的一幅画送给邓颖超，不久，邓颖超派人回赠周恩来的遗物——古墨三方。她在 1982 年病逝，丈夫王爱兰也是才子，诗、书、画等都有很深的造诣。

七妹最小,也年逾古稀了。自 1979 年底从北京市第 227 中学副教导主任的岗位上退休,作为北京市崇文区政协常委,摆在她面前的工作不是少了,而是更多了。大量的社会活动冲淡了因丈夫早逝而带来的孤独。

他们兄弟姐妹一想起后半生的生活道路,就要对一个人流淌感激的眼泪,这个人当然就是周恩来。

周恩来的伟大,就在于他有远大的目光和坚定的原则。溥仪逝世以后,尽管浓重的阴云还长期笼罩中国大地,周恩来仍是亲自过问了溥仪的后事,过问了李淑娴的切身问题,过问了载涛的后事,过问了溥杰和嵯峨浩赴日探亲访友的行程,过问了爱新觉罗家族成员的大事小情,而且,他也没有忘记乘鹤归西的溥仪先生,继续肯定他的成功改造,并热情向国际友人推荐他的著作。

尾声
崭新的历史

人民大会堂北京厅。

中国人民的领袖毛泽东与埃塞俄比亚皇帝海尔·塞拉西一世正在亲切交谈。这位年近八旬的皇帝是在中埃两国建立大使级外交关系还不到一年的时候,作为埃塞俄比亚国家元首第一次前来我国进行国事访问的。塞拉西向毛泽东说,他到北京已经3天了,还能呆四五天,有个愿望,就是要见见中国的末代皇帝溥仪。他提出这样的要求完全可以理解,因为溥仪这个名字和他在清朝使用的年号——宣统,是塞拉西青年时代就非常熟悉的。海尔·塞拉西一世在1930年11月2日加冕,当时的埃塞俄比亚是一个独立的帝国。1936年5月至1941年5月该国被意大利法西斯侵占期间,塞拉西流亡英国,嗣后在英军帮助下返回亚的斯亚贝巴复位,继续实行君主立宪的政治制度,统治这个120多万平方公里的非洲国家。塞拉西当然知道,自己因意大利法西斯侵略而流亡的年代,在东方的某块地方,却出现了一个因日本法西斯侵略而当上了"皇帝"的人,他就是爱新觉罗·溥仪。由于这种历史上的缘由,塞拉西头一次来到中国的时候,想见溥仪那是不奇怪的。毛泽东告诉他,中国这位宣统皇帝已在4年前病逝。塞拉西闻讯扼腕长叹,惜乎夙愿难偿。

这是 1971 年 10 月 8 日的事情。

会见毛泽东以后,塞拉西着意参观了中国明清两代帝王的宫廷和溥仪青少年时代居住过的地方——紫禁城。他还向陪同活动的周恩来表示,没能见到溥仪而深感遗憾。

如果讲命运的话,在第二次世界大战中,面临法西斯的疯狂入侵,塞拉西被迫逃离了祖国,但他不曾背叛自己的民族,就此而言,他的命运比溥仪好,然而,从人生的角度来说,从生命的结局来说,他和溥仪就不能同日而语了。正是这位海尔·塞拉西一世,访华回国还不到 4 年,就被门格斯图领导的革命所推翻,他本人作为埃塞俄比亚的末代皇帝,终于没能逃脱被处死的命运,尤其可悲的是,其尸骨于 1975 年 8 月 27 日被秘密埋藏在新总统的办公室某一角落下面 3 米深的地方,16 年之后才因门格斯图总统被推翻而取出并重新安葬。

溥仪和塞拉西,他们都是末代皇帝,生前都遇上了法西斯,也都经历了革命,结局的差异竟如此鲜明,这当然不是"命运"所能够解释的。

就在海尔·塞拉西访华前后,周恩来又在许多外事活动的场合,说起了中国的末代皇帝爱新觉罗·溥仪。

1971 年 6 月 21 日,周恩来就台湾与中美关系问题,同美国《纽约时报》助理总编辑西摩·托平、《每日新闻》社长兼发行人威廉·阿特伍德和《华尔街日报》外事记者罗伯特·基特利等人谈了话,谈到台湾回归祖国的政策时,总理说,台湾回归祖国后,"我们有可能在他们原来的基础上逐步提高他们的生活水平",从而"使台湾得到更多的好处,不会使台湾受到任何损失"。同时,"中美关系会更好"。总理举例说:

> 诸位大概知道,中国最后一个皇帝,又做过"满洲国"的皇帝,曾被监禁过,后来得到解放,恢复了公民自由。很不幸,他 4 年前死了。他的夫人还在,他的弟弟还在。他弟弟的妻子是一个日本的贵族,也在中国,在北京。蒋介石底下很多高级将领在解放战争中被我们俘虏,现在都找到了职业,不少人在北京①。

---

① 参见《周恩来外交文选》,中央文献出版社 1990 年版,第 479—480 页。

　　周恩来这段谈话的大意,很快就在全世界许多报纸上传播开来。曾目睹1949 年中国人民解放军解放南京那一幕壮丽场景的托平先生,自北京发回的报道最早在《纽约时报》刊出,其中有这样一段:

　　　　周恩来追述说,自从 1949 年以来,被打败的中国国民党军队的高级军官一直住在北京,受到了很好的照顾。他还提到被废黜的日本傀儡、"满洲国"皇帝溥仪,直到 3 年多以前去世,生前一直住在北京,过着自由自在的生活。

　　日本《朝日新闻》也刊登了该报编辑局长后藤基夫访问我国东北地区以后会见周恩来时的谈话内容,会见是在 1971 年北京的初冬季节进行的,10 个月后就实现了中日两国邦交正常化。文章在《恢复邦交是人民的愿望》这一标题之下写道:

　　　　后藤编辑局长说,东北有了很大的发展。之后,周总理又说,发展是有,但不能说很大。不论怎么说,"满洲国"的时代是绝对不能再回来了。"满洲国"的皇帝溥仪已经死了。说句公道话,最后他改造得不错。周总理在给我们看了《我的前半生》后说,你们都读过他写的这本《我的前半生》吧? 从他来说,认识是提高了。如果不得肾癌的话,一定会活得更长。使一个末代皇帝能有这样的觉悟,不是一件容易的事!

　　溥仪是中国政府特赦的第一名战犯,赦于 1959 年 12 月 4 日。与这一天相对应的日子是 1975 年 2 月 19 日,在这个日子里,最高人民法院宣布特赦释放了全部在押战犯,共 293 名。至此,在押的战犯全部处理完毕。

　　作为处理战犯的最后步骤,决策权在毛泽东之手。1975 年 2 月 27 日,毛泽东看了公安部党的核心小组《关于第七批特赦问题的报告》和人大常委的说明后明确指示:

　　　　放战犯的时候要开欢送会,每人都有公民权,有些人有能力可以做工作,年老有病的要给治病[1]。

　　同年 3 月 17 日,第四届全国人民代表大会常务委员会第二次会议讨论了

────────────

　　[1]　参见孙世强:《抚顺战犯管理所历史沿革与大事简记》,载《震撼世界的奇迹》,中国文史出版社 1990 年版,第 262 页。

周恩来根据党中央和毛泽东的指示提出的关于特赦释放全部在押战犯的建议,并做出了相应的决定。一位副总理就此在人大常委会上作了简要说明,他说:

> 遵照毛主席的指示精神,对这次特赦释放的全部在押战犯,每人都给公民权;有工作能力的,安排适当工作;有病的,和我们干部一样治,享受公费医疗;丧失工作能力的,养起来;愿意回台湾的,给足路费,提供方便,去了以后愿意回来的,我们欢迎。释放时,每人发给新制服装和 100 元零用钱,把他们集中到北京开欢送会,由党和国家领导人接见,并宴请一次,然后组织他们参观学习。

这充分证明:特赦战犯的结束,与特赦溥仪那个开始一样,毛泽东和周恩来手订的改造政策,是有始有终的、一贯的,溥仪由皇帝到公民的转变,并不仅仅是一个人的改造,而是一项政策的成功和历史意义深远的胜利。

溥仪以投身光明的一页崭新历史,赢得了国家和人民的尊重。1980 年 5 月 29 日,全国政协为爱新觉罗·溥仪、王耀武和廖耀湘 3 位委员举行了隆重的追悼大会,邓颖超、乌兰夫等党和国家领导人送了花圈。在中央统战部副部长、全国政协副秘书长刘宁一所致的悼词中,对 3 位委员的政治态度、工作作风、思想境界和道德情操,给予很高的评价。根据中央指示,溥仪的骨灰盒重新安放在八宝山革命公墓第一室副舍。

随着溥仪本人"盖棺论定",他的著作——《我的前半生》又走俏起来。这本从"内乱"未息的 1974 年即开始重印的奇书,迄今为止,已经印行 10 余次,累计印数已达 200 万册。香港文通书店和台湾金川出版社先后出版了该书的中文繁体字本。同时,由外文出版社翻译的英文、德文、阿拉伯文、乌尔都文、印度文和孟加拉文版本陆续问世,日本、美国、匈牙利、意大利、德国和法国等,也纷纷自行翻译出版,从而在世界范围内产生了巨大的影响。

近年来,为了使溥仪的形象更加完整,作为北京市东城区政协委员,溥仪的遗孀李淑贤,与人合作撰写并出版了《溥仪的后半生》、《爱新觉罗·溥仪画传》、《爱新觉罗·溥仪日记》等著作。

中外剧作家们又以《我的前半生》和溥仪的后半生生活以及溥仪的后、妃、贵人等新披露的资料为基本素材,进行再创造,把溥仪搬上银幕、荧屏和戏剧舞台,从而在影、视、剧的艺术观赏圈儿内,形成一股"中国末代皇帝热"。

随之,溥仪其人的价值,《我的前半生》其书的价值,也愈来愈被人们认识和理解了。

是毛泽东和周恩来,把溥仪写进了永生的历史篇章。

毛泽东、周恩来与
溥仪交往史实简记

（1919—1967 年）

1919 年　溥仪 14 岁

　　7 月 21 日　《湘江评论》第二号出版，所刊毛泽东的文章中，直斥"伏处北京的溥仪""早晚还是一个祸根"。

　　8 月 4 日　《湘江评论》第四号出版，毛泽东撰文论及辛亥革命中被打倒的宣统皇帝。

1936 年　溥仪 31 岁

　　8 月 14 日　毛泽东致函傅作义，言及日本帝国主义的傀儡人物溥仪。

1944 年　溥仪 39 岁

　　3 月 3 日至 4 日　周恩来在延安中央党校作报告，以历史唯物主义的观点，论及处于最反动位置上的溥仪。

1945 年　溥仪 40 岁

　　9 月　毛泽东和周恩来下达命令，要求进军东北的人民军队"妥善保护"爱新觉罗家族。

1946 年　溥仪 41 岁

　　12 月　苏联伯力收容所所长捷尼索夫劝说溥仪给毛泽东写信争取赦免，被拒绝。

1950 年　溥仪 45 岁

　　1 至 2 月　毛泽东、周恩来与斯大林会谈商定，把苏联在第二次世界大战中俘房的、在中国犯有战争罪行的溥仪和武部六藏等千余名伪满战犯和日本战犯，全部移交给中国政府。

　　3 月前后　周恩来委托司法部负责接收战犯的准备工作，并批准组建东北战犯管理所。

6月14日 毛泽东和周恩来特邀载涛列席全国政协一届二次会议,载涛向大会提交了"拟请改良马种,以利军用"的议案。

8月1日 奉周恩来之命,东北公安部派出代表,在绥芬河把溥仪等伪满战犯接收过来。

8月4日 奉周恩来之命,高岗、汪金祥等在沈阳与溥仪和张景惠等谈话,旨在稳定伪满战犯的思想情绪。

同日 溥仪等60余名伪满战犯押抵抚顺,根据毛泽东和周恩来的指示,放在东北战犯管理所内,与外界隔绝。

8月10日 毛泽东任命载涛为中国人民解放军炮兵司令部马政局顾问。

8月 周恩来指示,对在押的日、伪战犯,在生活标准方面要按国际惯例分级别管理,尊重他们的人格。管理所根据总理指示,对溥仪给予特殊照顾。

10月20日 根据周恩来的指示,东北战犯管理所从抚顺迁往哈尔滨,溥仪被关押在哈市公安局看守所。

1951年 溥仪46岁

年初 溥仪主动上缴身边秘藏的祖传国宝——乾隆田黄石印。

2月3日 载沣病逝。周恩来曾考虑过请载沣出来,担任一定的工作,因其瘫痪在床而未能做到。

10月 政务院决定,设立战罪调查委员会,搜集日、伪战犯的罪证,但因开展"三反"运动而搁浅。

本年 周恩来派员赴港,鉴别并购回了由溥仪携出宫外而散落的稀世瑰宝:王献之的《中秋帖》和王珣的《伯远帖》。

1952年 溥仪47岁

1月28日 周恩来批示,要求最高人民检察署与公安部研究战犯问题,限期提出处理战犯方案。

春 周恩来指示,对关押在哈尔滨的日、伪战犯进行悔罪教育。溥仪开始交代出关前后与日本军部勾结详情。

8月 根据周恩来的批示,最高人民检察署组成日籍战犯重点调查小组,开始侦讯战犯的试点工作。

11月初 邓小平安排组织战犯处理委员会事宜。

本年　毛泽东指示,要通过劳动改造罪犯。管理所遂开办了纸盒车间,溥仪参加劳动自此开始。

本年　中央指示东北战犯管理所,查找战犯的家属和地址,预为联系作准备。

1953 年　溥仪 48 岁

年初　李玉琴给毛泽东、周恩来和宋庆龄写信打听溥仪下落,均无回音。与此同时,嵯峨浩函询溥杰去处,亦无消息。

10 月 23 日　管理所根据中央指示,将溥仪等伪满战犯和仍关押在哈尔滨的将级以上日本战犯,全部迁回抚顺。

入冬　溥仪参加管理所医务室的卫生工作。

1954 年　溥仪 49 岁

1 月中旬　周恩来关于要对日本战犯进行侦讯的指示传达到东北战犯管理所。

3 月 4 日　周恩来指派谭政文为团长,亲自组建起近千人的最高人民检察署东北工作团,立即开赴抚顺,同时侦讯日、伪战犯。

3 月 21 日　罗荣桓签批对溥仪实行侦讯的《追究犯罪的处分书》。

7 月　东北工作团第 50 次团委会讨论对汉奸的处理问题,已有人提出把溥仪"放在应杀之列"。

9 月 15 日　载涛以全国人大代表的身份出席了全国人大一届一次会议。

9 月下旬　溥仪在管理所内学习周恩来在全国人大一届一次会议上所作的《政府工作报告》,自认为获益颇大。

12 月 21 日　载涛以全国政协委员的身份,出席了全国政协二届一次会议。

本年　毛泽东收到由章士钊转呈的韫颖的信和自传,周恩来根据主席嘱示,安排韫颖为北京市东四区政协委员,并在区政协机关工作。

1955 年　溥仪 50 岁

2 月 10 日　中央决定,首先允许日本战犯同其国内亲属通信。

3 月　遵周恩来嘱,贺龙和聂荣臻视察东北战犯管理所,并接见溥仪和溥杰。

春　周恩来收到慧生寄自东京的信,转给溥杰,并称赞慧生的中文水平。

4月21日　东北战犯管理所奉命改称"中国人民解放军沈阳军区战犯管理所"。

6月3日　最高人民检察院根据周恩来的指示决定：允许伪满战犯与家属通信和接见。溥仪随即与李玉琴通信并见面。

8月　周恩来亲自批准溥杰与在日本的家属通信。

9月　最高人民检察院在呈给中央的关于处理伪满战犯的请示报告中，对溥仪拟处无期徒刑。

年末　周恩来向东北工作团和抚顺战犯管理所负责人传达中央决定：宽大处理日本战犯，不判死刑和无期徒刑，极少数判有期徒刑。

1956年　溥仪51岁

1月10日　根据周恩来的指示，中央下达《关于组织战犯参观的具体安排》，公安部通知，从2月起分三批组织战犯到社会参观学习。

2月初　在全国政协二届二次会议期间，毛泽东当面建议载涛，携家属赴抚顺探望溥仪。

2月　东北工作团提出处理伪满战犯的初步意见，拟判溥杰有期徒刑15年，润麒有期徒刑12年。

3月5日至7日　溥仪等伪满战犯由管理所组织参观抚顺地区。

3月9日　由彭真具体安排，载涛率韫颖和韫馨到达抚顺，探望了溥仪、溥杰和爱新觉罗家族的其他成员。

3月14日至15日　周恩来主持全国政协二届常委会第19次会议，讨论战犯处理问题。

3月27日　全国政协二届常委会第20次会议，通过了《组织各界人士与战犯、战俘谈话的小组名单》。在此前后，毛泽东和周恩来亲自委托一些人与有代表性的重要战犯谈对话。其间，邓小平、李先念、班禅额尔德尼·确吉坚赞、刘亚楼、王平等中央领导，先后到抚顺看望过溥仪。

3月　周恩来批示，对免予起诉的日本战犯要分三批释放。据此，同年6至8月间，共有1017名职务较低的日本战犯获释回国。

4月25日　毛泽东在《论十大关系》的讲话中说，对溥仪、康泽这些人，"杀了不利"。

5月21日　黄炎培致函周恩来，并转呈周孝怀要求宽释溥仪的信和材料。总理批示:"即送主席、彭真阅"。彭真阅批后归档。

5 月　长春市委统战部根据上级指示为李玉琴安排了工作,使之成为国家干部。

6 月中旬　周恩来为草拟一份处理日本战犯问题的发言稿提出若干原则意见。

6 月　中国政府允许被判刑的日本战犯的家属来华探亲,并有条件地允许同居。

7 月 2 日　溥仪在沈阳为审判日本战犯出庭作证。自 6 月以来,最高人民法院特别军事法庭,对 45 名罪行严重的日本战犯,分别处以 8 至 20 年有期徒刑。

8 月 4 日　外交部亚洲司把前此收到的慧生致其父溥杰的信和 6 张照片,转给最高人民检察院处理,而属于溥仪的信函已直接转到抚顺战犯管理所去了。

8 月 18 日　英国路透社记者漆德卫第一个作为西方人获准采访溥仪,此后,法国记者、加拿大记者纷至沓来。

9 月　根据公安部指示,溥仪等伪满战犯和杜聿明等国民党战犯,由管理所组织参加国庆节和劳动节观礼活动。

11 月 15 日　毛泽东在中共八届二中全会上的讲话中说:"如宣统皇帝、王耀武、杜聿明那些人,我们一个不杀。"

12 月 25 日　管理所就李玉琴向溥仪提出离婚一事向上级请示,罗瑞卿答复:可以破例让溥仪和李玉琴在所内同房,以恢复他们的感情。

1957 年　溥仪 52 岁

5 月 21 日至 27 日　溥仪等伪满战犯由管理所组织参观沈阳地区。

6 月 3 日至 13 日　溥仪等伪满战犯由管理所组织参观哈尔滨、长春和鞍山。

8 月 28 日至 30 日　溥仪等伪满战犯由管理所组织参观沈阳市。

下半年　溥仪开始撰写长篇自传,到 1958 年底,完成一部 45 万字的稿本。

1958 年　溥仪 53 岁

春　载涛和罗常培约老舍晋见毛泽东,保释溥仪,老舍拒绝。

本年　管理所成立工厂、农场,组织战犯参加劳动。

本年　溥仪主动要求政府收下自己上缴的稀世珍宝 468 件。

1959 年　溥仪 54 岁

4 月 29 日　周恩来邀请 60 岁以上的全国政协委员出席茶话会,提出"把亲身经历记录下来传之后代"的号召。

春夏之际　日本战犯中的古海忠之和伪满战犯中的溥仪,常常作为改造较好的典型,在管理所内巡回报告。

夏　毛泽东、周恩来听取了关于伪满战犯的学习和改造情况汇报后很满意,随即召开中央会议,研究释放战犯的问题,毛泽东提出第一个特赦溥仪。

7 月 20 日　全国政协文史资料研究委员会在周恩来的直接指导下宣告成立。

8 月 31 日　嵯峨浩致函溥杰,说她已经投身中日友好的工作,拟就接受留日学生的办法问题,向周恩来汇报并听取意见。

9 月 14 日　毛泽东代表中共中央提出了在新中国成立 10 周年之际特赦战犯的建议。

9 月 15 日　毛泽东邀集各民主党派负责人及社会知名人士座谈,通报特赦有关情况。

9 月 17 日　全国人大二届九次常委会通过了关于特赦战犯的决定。

同日　刘少奇发布特赦令。

10 月 14 日　嵯峨浩致函溥杰,说她已经成立了以日中文化交流为目的的法人,不久将会见日本前首相石桥湛山。

12 月 4 日　溥仪成为国内第一名获得特赦的战犯。

12 月 14 日　周恩来在中南海西花厅接见溥仪和杜聿明等在京的第一批特赦人员。

12 月 23 日　溥仪接受了周恩来的建议,从韫馨家中搬入崇内旅馆,与杜聿明等共度集体生活。

12 月 29 日　溥仪致信金源,谈到周恩来重视并可能调阅他在抚顺写的长篇自传原稿。

1960 年　溥仪 55 岁

1 月 9 日　周恩来给马正信打电话,询问溥仪等特赦人员有没有肥皂用,并希望给每人添置一件大衣。

1月12日　平杰三、贺一平、马正信、廖沫沙、申伯纯、史永、连以农等,设午宴招待溥仪和杜聿明等11位特赦人员,就工作安排问题征询意见。

1月中旬　有两位清朝遗老带着请安红帖叩见溥仪,被轰走。周恩来获悉此事,深感有必要帮助溥仪巩固改造成果。

1月26日　周恩来在全国政协礼堂接见并宴请溥仪及其亲属载涛、溥任、韫和、韫颖、韫馨、韫娱和韫欢,面商溥仪的工作安排问题。

1月27日　溥仪就周恩来接见在崇内旅馆谈感想。

1月　供领导审阅的《我的前半生》大字本和内部征求意见的"灰皮本"先后印出,毛泽东、周恩来和彭真等中央领导人都阅读了。

2月3日　嵯峨浩致函溥杰,说从事中日文化交流的事业颇为顺利,还说她希望早日到中国来,但尚未得到中国方面的许可。

2月上旬　在周恩来的建议之下,由溥仪任导游,杜聿明、宋希濂等人尽兴游览了故宫博物院。

2月16日　经周恩来决定以后,溥仪前往北京植物园报到。

2月19日　溥仪致信金源,述及周恩来对他的关怀与鼓励。特别谈到修改自传文稿问题。

3月29日　全国政协三届二次会议开幕,溥仪应邀以列席代表资格与会。

5月9日　毛泽东向伊拉克、伊朗和塞浦路斯外宾介绍中国的经验时,向他们推荐了溥仪。

5月26日上午　根据毛泽东的建议,智利、阿根廷和秘鲁等拉丁美洲客人,前往植物园会见了溥仪。

5月26日下午　周恩来在人民大会堂宴请蒙哥马利,溥仪应邀陪席。

5月　周恩来在中南海西花厅接见溥仪、载涛、溥任夫妇、韫和夫妇、韫颖夫妇、韫娴、韫馨夫妇、韫娱夫妇和韫欢,就嵯峨浩要求在溥杰获赦后来华定居的呈文征询亲属意见。

8月18日　溥仪致函毓嶦,述及周恩来几次接见他的情形。

10月19日　周恩来、邓颖超在颐和园接见黄埔军校师生,并勉励其中的特赦人员,要做改造的标兵。

10 月 29 日　溥仪出席在国际俱乐部欢送埃德加·斯诺的酒会，与毛泽东、周恩来的朋友斯诺以及安娜·路易斯·斯特朗、西园寺公一等人会面谈话。

10 月　国务院总理办公室就溥仪是否拥有选举权和被选举权的问题，作出了明确而肯定的答复。

11 月 28 日　溥杰获得特赦。

12 月中旬　周恩来指示，让溥杰从五妹家搬入崇内旅馆，与范汉杰等人共度集体生活。

12 月下旬　周恩来在中南海西花厅接见溥仪和溥杰弟兄，就溥杰特赦后的工作安排找本人面商。同时，也谈到溥杰的家庭团聚问题。

本年　周恩来提出解决特赦人员眷属问题的三条原则，以促进他们重建家庭。

1961 年　溥仪 56 岁

1 月　在植物园生活即将结束的时候，溥仪以周恩来的"四训"讲话为标准，对照检查一年的工作实践，写了一篇感情真挚的思想总结。

2 月 3 日　周恩来委托廖沫沙，召集溥仪及其亲属座谈，商定分别以溥仪率家族成员和溥杰本人的名义，写两封邀请嵯峨浩前来北京团聚的信。

2 月 10 日前后　周恩来关于特赦人员工作安排的总体方案内定：劳动以一年为期，然后转入撰写或编辑文史资料。

2 月 14 日　周恩来和邓颖超邀请溥仪、载涛、溥杰、溥任、韫和与郑广渊、韫颖与润麒、韫娴、韫馨与万嘉熙、韫娱与王爱兰、韫欢等，在中南海家中吃饺子，度年宵。总理说，有关部门已批准嵯峨浩来华定居。

2 月 14 日晚 8 时　周恩来委托廖沫沙与王旭东向溥仪转达"要紧的话"。

2 月 18 日　中央统战部宴请两批特赦人员，李维汉宣布，溥仪等 7 人已派定在全国政协工作。

2 月 19 日　周恩来在全国政协文史资料座谈会上，勉励大家努力工作，总理还就溥仪转变对嵯峨浩的态度，当面对他表示满意。

2 月 20 日　周恩来单独接见第二批特赦人员时，勉励大家放下包袱，还称赞溥杰给嵯峨浩的邀请信写得很好。

2 月 23 日　根据周恩来的指示，全国政协秘书长办公会议，研究了溥仪等7人的工作、学习和生活安排问题,决定给予文史资料研究委员会专员的名义。

2月28日　周恩来会见山本熊一率领的日本经济友好访华代表团时,谈到嵯峨浩回国问题。

3月1日　在周恩来的安排下,溥仪到全国政协机关报到,溥杰到景山公园园林管理处报到。

3月中旬　嵯峨浩收到由许广平捎到东京的周恩来的礼品——"双鸟栖樱"贝雕画。

4月初　毛泽东接见古巴青年代表团时,介绍了溥仪的传奇经历和性格特点,说他是改造得比较好的一个,证明旧阶级可以改造。

4月上旬　周恩来嘱示廖承志,请他趁着赴日的机会,把溥杰的亲情捎给嵯峨浩。

4月中旬　周恩来宴请西园寺公一全家,特邀溥杰作陪。总理还拜托公一先生帮助实现嵯峨浩来华。

5月上旬　周恩来收到嵯峨浩启程的电报,立即通知溥杰赶赴广州迎接,同时指示北京市民政局,紧急维修溥杰和嵯峨浩的住房。

5月17日　嵯峨浩一行到京,北京市民政局转告:周恩来赴外地视察离京前留话,要尽最大努力满足浩夫人的要求。

5月24日　申伯纯在全国政协设宴,为嵯峨浩接风洗尘。

5月下旬　周恩来视察归来,让秘书打电话,祝贺嵯峨浩平安抵京。

5月　周恩来曾就兄弟合居护国寺住宅一事向溥仪征询意见,溥仪因思想芥蒂未能同意。

6月上旬　廖承志在新侨饭店宴请嵯峨浩一行,溥仪应邀与席。

6月10日　周恩来在中南海西花厅举行午餐会,招待嵯峨浩一行、溥仪为首的爱新觉罗家族成员、老舍夫妇、程砚秋的遗孀、西园寺公一夫妇和廖承志等。中日友好是总理这次谈话的中心内容,他还谈及历史和政策方面的问题。

6月13日　日本《每日新闻》发表宫下明治发自北京的报道《中共周恩来总理谈"日本与中国"》。

6月14日　刘少奇、周恩来设国宴招待苏加诺,溥仪、溥杰、嵯峨浩等应邀陪席。

6 月 15 日前后　周恩来在人民大会堂剧场举行文艺晚会,招待范文同率领的越南政府代表团,溥仪及家族的一些人应邀出席。

6 月 19 日　周恩来在文艺工作座谈会和故事片创作会议上发表讲话,认为改造末代皇帝是社会主义制度的优越性。

上半年　周恩来与溥仪闲谈处在经济困难时期应有的生活态度等问题。

9 月 30 日　在盛大国庆招待会上,周恩来介绍溥仪与古巴总统和尼泊尔国王及王后见面。

1962 年　溥仪 57 岁

1 月 30 日　毛泽东在扩大的中央工作会议即"七千人大会"上,发表长篇讲话,强调"不要轻易杀人"。

1 月 31 日　毛泽东在中南海颐年堂设家宴款待溥仪、章士钊、程潜、仇鳌、王季范等"五老"。席间,毛泽东劝溥仪慎重考虑,解决再婚问题。

3 月初　全国政协在一份报告中说,帮助特赦人员安家,是促使他们安下心来的重要问题。报告还谈及"溥仪正在找合意的对象"。

3 月 2 日　周恩来在广州发表《论知识分子问题》的讲话,谈到溥杰和载涛,说他们在旧社会没有前途,不如在新中国可以为人民服务。

3 月 23 日至 4 月 18 日　溥仪应邀列席全国政协三届三次会议,其间还曾列席全国人大二届三次会议。溥仪在发言中表示,"衷心拥护周总理的政府工作报告"。

4 月 30 日　溥仪与李淑贤经自由恋爱结婚。

5 月 1 日　国务院副秘书长、总理办公室主任童小鹏,到溥仪家中,向新郎和新娘转达周恩来的祝贺。

5 月　《文史资料选辑》第 26 辑刊出溥仪的文章《复辟的形形色色》,得到毛泽东的关注。

9 月 24 日　毛泽东在八届十中全会上,再次谈到"杀戒不可开",而且又举出溥仪为例。

9 月 30 日　受到周恩来的邀请,溥仪出席国庆招待会。

秋冬　老舍为溥仪润色书稿。

1963 年　溥仪 58 岁

2 月 28 日　溥仪应邀在全国政协副主席办公室,听取政协领导人传达周恩来在上海科技工作会议上的讲话。

8 月 3 日　溥仪在全国政协礼堂,听取周恩来对大、高、中学生的讲话录音。

9 月 30 日　应周恩来之邀,溥仪出席国庆招待会。

11 月 10 日　周恩来在人民大会堂福建厅,接见前四批特赦留京人员及眷属,并在新疆厅宴请了他们。总理谈到将组织特赦人员赴全国各地参观,并对溥仪和李淑贤的婚后生活表示关心。

11 月 11 日　溥仪在专员学习会上发言,联系周恩来的多次接见,表达感激之情。

11 月 15 日　毛泽东会见阿尔巴尼亚总检察长阿拉尼特·切拉一行,谈到溥仪时,公允评价他的历史,并客观对待他的未来。

11 月 26 日　毛泽东会见古巴诗人比达·罗德里格斯,再次谈到溥仪,说他很不满意当皇帝时"不自由的生活"。

12 月 16 日　溥仪参加专员学习,听取覃异之和郑洞国传达周恩来、贺龙在全国人大二届四次会议上所作关于国内外形势和方针政策的讲话。

1964 年　溥仪 59 岁

2 月 13 日　毛泽东在春节教育座谈会上说"对宣统要好好团结",要照顾他的生活,还从稿费中拿出 2000 元资助载涛修房。

2 月 29 日　在中央统战部主持的会议上,溥仪等文史资料专员讨论了周恩来提出的参观计划,决定三四月间到江南六省一市,下半年赴西北两省四市。

2 月　毛泽东与亲属中的一位晚辈谈话,再度提及溥仪,说"这样的人也改造过来了"。

3 月　在毛泽东和周恩来的关怀下,《我的前半生》一书出版。

4 月 7 日　据溥仪日记记载,周恩来让特赦人员赴各地参观,目的是接受现实的教育。

4 月 9 日　溥仪在南昌参观"八一"起义指挥部和周恩来主持会议的地方。

4月12日至13日　溥仪在井冈山参观毛泽东领导革命斗争的许多旧址。

4月18日至19日　溥仪在长沙和韶山参观毛泽东青少年时代生活、学习和从事革命活动的许多旧址。

3月10日至4月29日　溥仪夫妇随全国政协参观团,参观游览了江苏、浙江、安徽、江西、湖南、湖北六省和上海市。

4月24日　毛泽东总结改造罪犯的经验说,人是可以改造的,但要有正确的政策和方法。

4月30日　在庆祝五一招待会上,溥仪会见了刘少奇,周恩来又介绍他与布隆迪王国国民议会议长塔德·西里乌尤蒙西见面。

5月7日　由郑庭笈和杨伯涛提议,赴江南参观的文史资料专员集体写了致周恩来的书面报告,溥仪提供许多积极建议。

5月12日　溥仪在人民大会堂听陈毅报告随周恩来访问亚非14国并出席亚非会议筹备会的情况。

6月23日　毛泽东会见智利新闻工作者代表团时,又以溥仪为例,说"人是可以改变的"。

8月5日至28日　溥仪夫妇随全国政协参观团,参观访问了西安、延安、洛阳和郑州。

9月30日至10月4日　溥仪出席国庆招待会、观礼以及欢迎归国华侨、港澳同胞、少数民族观礼团的盛大酒会。

11月18日　中央统战部根据周恩来的指示,特邀溥仪、杜聿明、宋希濂、范汉杰、王耀武、廖耀湘等6人为全国政协委员。

11月下旬　周恩来获悉溥仪尿血住院,亲自安排专家会诊,为结束长期误诊状态创造了条件。

12月20日　溥仪以全国政协委员的身份,出席了由周恩来主持的为期半月的全国政协四届一次会议。其间,列席了全国人大三届一次会议,听取了周恩来所作的《政府工作报告》,溥仪还在12月30日大会上发了言。

1965年　溥仪60岁

3月初　经临床检查,疑溥仪膀胱内的瘤子为恶性,周恩来指示立即把溥仪转到协和医院高干病房,并要求随时报告病情,一定要治好。

3月12日　溥仪转入协和医院高干病房,准备手术。

3月17日　溥仪把周恩来首次接见自己(1959.12.14)时谈话中的若干警句恭笔录入日记,作为座右铭。

3月18日　周恩来在全国政协四届一次常委会上发表讲话,总结文史资料工作的成绩和不足,溥仪在医院很快听到传达。

3月19日　协和医院首次向国务院总理办公室呈递《关于溥仪的病情报告》。

3月23日　协和医院为溥仪施行火疗手术成功,溥仪视为党又一次给了他新生命。

4月14日　溥仪把周恩来关心其改造与进步的几次谈话指示写入日记。

4月20日　溥仪写下长篇日记,详细记述了周恩来在思想方面对他的教育和在身体方面对他的关怀。

5月6日　溥仪把周恩来总结文史资料工作的讲话内容全部抄入日记,并在重要段落下面,划了醒目的粗杠。

5月28日　溥仪的病被确诊为左肾癌,周恩来指示,是否施行手术,要征求家属意见。

6月4日　鉴于溥仪的要求,前来探病的李以劻向他传达了周恩来关于形势的报告。

6月7日　协和医院为溥仪制定的手术方案,经周恩来亲自审阅批准实行。

7月20日上午　在首都机场,周恩来介绍溥仪与从海外归来的李宗仁握手。

同日晚　周恩来设宴招待李宗仁及夫人郭德洁,溥仪与李淑贤夫妇应邀陪席。

8月6日　周恩来主持全国政协招待李宗仁的茶会,溥仪应邀出席。

8月8日　毛泽东会见贡代·塞杜为首的几内亚教育代表团和几内亚总检察长法迪亚拉及夫人时发表的谈话,能够说明为何在新中国才能找到溥仪的出路。

9月28日　溥仪应邀出席第二届全国运动会闭幕式,并把刘少奇、周恩来等人的活动写入当天日记。

9 月 30 日　应周恩来的邀请,溥仪出席国庆招待会。

12 月 20 日　溥仪因施行阑尾手术并发尿毒症,周恩来获悉,当即指示召集名医会诊抢救。

12 月 21 日　毛泽东在杭州讲分析与综合的道理,从哲学的高度来认识溥仪和杜聿明等人的改造实践。

12 月下旬　溥仪被确诊为"双侧肾脏性癌瘤",协和医院发出致国务院总理办公室和全国政协的《关于溥仪病情的报告》。

12 月下旬　周恩来指示,由全国政协与协和医院协商溥仪的治疗方案。

12 月下旬　平杰三到医院看望溥仪,转达周恩来和彭真的问候。

1966 年　溥仪 61 岁

1 月 5 日　根据周恩来的指示,吴阶平、吴恒兴等再度给溥仪会诊,确定采取放射治疗,辅以药物治疗,控制病情发展。

同日　周恩来在专家为溥仪会诊的病情报告上批示:"请平杰三同志注意。"

1 月 7 日　童小鹏代表周恩来到医院探望溥仪。

1 月 22 日　沈醉到医院看望溥仪,两人长谈周恩来的恩泽,溥仪带着无限感激之情,把谈话内容一一录入日记。

2 月 10 日　第二次全国文史资料工作会议开幕,刚出院的溥仪出席了第一次会议,与会议代表一起受到刘少奇、周恩来和邓小平的接见。

3 月 9 日　溥仪与全国政协常委们一起观看《中国末代皇帝——溥仪》的样片,他还在日记中详细记载了以赴江南和西北两次参观为重点的影片内容,并说:"参观是总理的号召"。

4 月 14 日　查尿已无癌细胞,溥仪的病情进入稳定期,放躬治疗初见成效。

4 月中旬　溥仪要求上班,全国政协领导表示要照顾他的身体,并对他说,"总理很惦念你"。

8 月末　章士钊被红卫兵抄家,毛泽东嘱示周恩来予以保护,总理则趁机提出了一批又一批的保护名单。

9 月中旬　周恩来保护溥仪及其家庭不受批斗和冲击的指示,传达到福绥境派出所。

9 月中旬 周恩来保护溥杰、嵯峨浩不受批斗,保护其家庭不受冲击的指示,传达到有关的执行部门。

9 月中旬 周恩来关于"不许扣发民主人士和特赦人员工资"的指示,传达到全国政协机关。

9 月中旬 粮店恢复了对溥仪全家的细粮供应。

9 月 24 日 福绥境派出所所长找溥仪谈话,开始采取保护措施。

9 月 29 日 溥仪领取 10 月份工资时发现,已经恢复月薪 200 元原数。

9 月 30 日 溥仪应邀出席周恩来主持的国庆招待会。

10 月 1 日 溥仪应邀出席国庆观礼活动和焰火晚会。

10 月 3 日 溥仪写下长篇日记,抒发对毛泽东的怀念和敬仰之情。

10 月 14 日 红卫兵再度闯进溥仪的家,立即被福绥境派出所民警劝退。

11 月 12 日 溥仪应邀以孙中山先生诞辰百周年纪念筹备委员的身份出席纪念大会。

12 月 27 日 溥仪因尿毒症突发住院,周恩来指示:要让溥仪继续住在高干病房,要给予积极治疗。

12 月 29 日 周恩来委托蒲辅周给溥仪诊病并致问候。

12 月底 协和医院第 12 次向国务院总理办公室、全国政协、中央统战部和卫生部发出了《溥仪病情报告》,说明溥仪病情危重。

本年 造反派取消了周恩来早年的规定:全国政协文史资料专员的医疗按高干待遇。

1967 年 溥仪 62 岁

1 月初 毛泽东 1964 年 8 月与一位亲属谈话的内容,借助红卫兵的传单流传出来,其中有肯定溥仪"改造过来了"的内容,在浩劫年代对溥仪起了重大保护作用。

1 月 30 日 李玉琴来到协和医院病房,与溥仪夫归发生辩论,李淑贤拟写信向周恩来汇报,溥仪拒绝,不愿让总理操心。

2 月 10 日 因李玉琴又来病房批判溥仪,李淑贤和载涛等重提向周恩来汇报情况,仍被溥仪拒绝。

2 月中旬 周恩来的最新讲话再度肯定溥仪其人其书,有关内容还通过一篇文章的摘引而广泛流传。

3月4日　沈醉与董益三闲谈时传出中央对溥仪加以保护的有关指示的内容。

4月下旬　溥仪出院。此后5个月内,受托于周恩来的蒲辅周,不断为溥仪诊治开方,以延长他的生命。

7月8日　溥仪获悉有人贴出大字报,无端指责《中国末代皇帝——溥仪》是《清宫秘史》的续集,遂撰写长篇日记,一一批驳,挺身捍卫周恩来的号召和决定。

10月4日　溥仪突然病重,经周恩来批示"特殊照顾"而得以住院治疗。

10月4日至12日　受托于周恩来,蒲辅周三次为溥仪诊治开方。

10月16日夜至17日凌晨　溥仪留下怀念毛泽东和周恩来的最后的声音。

10月17日凌晨2时15分　溥仪病逝。

[爱新觉罗·溥仪后事]

1967年　溥仪去世当年

10月17日上午　国务院总理办公室呈递关于溥仪病逝的报告,周恩来要求全国政协提出处理后事方案。

同日　周恩来派人向李淑贤表示慰问,并询问溥仪病逝前后的详细情况。

10月20日　《人民日报》根据周恩来的明确指示,刊出溥仪逝世的简讯。

同日　周恩来就溥仪的骨灰安放问题作出指示:可以选择寄存于八宝山革命公墓、万安群众公墓或修建漂亮的陵墓,应由爱新觉罗家族的人自己决定。

10月21日　李淑贤、载涛和溥杰等,出于对周恩来的爱护,一致商定把溥仪的骨灰存放在八宝山人民公墓骨灰堂。

12月中旬　周恩来批准爱新觉罗家族关于溥仪骨灰存放的意见,同时指示全国政协机关,照顾李淑贤的生活,除按规定发放抚恤金,还要立即发还溥仪上缴的《我的前半生》一书稿酬。

1970年　溥仪去世后第3年

9月2日　载涛病逝的当天,全国人大常委会提出处理后事方案,周恩来批示照办。由国家民委按对待少数民族领袖人物的规格主办丧仪,骨灰安放在八宝山革命公墓。

1971 年　溥仪去世后第 4 年

7 月初　周恩来收到李淑贤的上书,立即派人到李淑贤家了解情况。

7 月　周恩来亲自安排,解决了李淑贤的生活困难问题。

10 月 8 日　毛泽东会见埃塞俄比亚皇帝海尔·塞拉西一世时,国宾提出要见溥仪。

秋冬　周恩来在招待美国《纽约时报》助理总编辑威廉·托平的宴会上,谈到溥仪生前在北京的生活。

秋冬　周恩来会见日本《朝日新闻》编辑局长后藤基夫时,对溥仪其人其书做出"盖棺定论"的评价。

1974 年　溥仪去世后第 7 年

4 月　由中国外文出版社翻译出版的《我的前半生》,再度印刷发行。

12 月　溥杰和嵯峨浩赴日本探亲访友的申请因周恩来的特别关照而获准,随即成行。

1975 年　溥仪去世后第 8 年

2 月 27 日　毛泽东就释放全部在押战犯作出明确指示。

3 月 17 日　全国人大四届二次常委会讨论并通过了周恩来关于特赦全部在押战犯的建议。

3 月 19 日　最高人民法院宣布特赦释放全部在押战犯,共 293 名。

3 月　溥杰和嵯峨浩返回北京,给周恩来带来一束鲜艳的玉兰花和一扇富士山屏风作为礼品。

3 月　周恩来收下玉兰花,退回屏风,称赞溥杰夫妇的日本之行影响是好的。

1976 年　溥仪去世后第 9 年

1 月 8 日　周恩来病逝。溥杰泣书挽诗,并致函邓颖超。

9 月 9 日　毛泽东病逝。

1977 年　溥仪去世后第 10 年

本年　《我的前半生》开始在国内外大量印刷发行。

本年　韫娱开始多次举办画展,并把根据毛泽东的《咏梅》词意绘制的一幅画送给邓颖超,邓颖超回赠周恩来遗物——古墨三方。

1982 年　溥仪去世以后第 15 年

4 月末　韫娴的丈夫赵琪璠,在周恩来爱护爱新觉罗家族的事实的感召下,毅然从台湾返回大陆定居。

1987 年　溥仪去世以后第 20 年

6 月 20 日　嵯峨浩病逝。邓颖超送了花圈,还亲自出面慰问溥杰。

1988 年　溥仪去世以后第 21 年

本年　中意合拍的电影《末代皇帝》和中央电视台摄制的多集电视连续剧《末代皇帝》出台,标志"中国末代皇帝热"已经形成高潮。自 20 世纪 80 年代以来,有关溥仪的著作和影视作品纷纷问世,这是以毛泽东和周恩来为代表的中国共产党赋予溥仪不灭的价值,令其能以新的姿态走向世界。

附录二

中华人民共和国政府
特赦释放战犯、战俘、特务史实简记

（1956—1975 年）

1956 年

6 月 21 日　最高人民检察院检察长张鼎丞宣布：对上中正高等在押日本战犯第一批 335 名从宽处理，免予起诉，即行释放。释放名单如下：上中正高、大矢正春、川田敏夫、丸田善市、山崎智良、中井利夫、中井勋、中岛京子、中岛寿男、田川胜三、寺本秀则、池田秋一、安达千代吉、露木清作、稻叶绩、泽口良明、佐藤荣作、金森弥太郎、近田良造、冈田新吾、高木仪平、高木应悦、高田博、鹿又秀一、黑田一一、住田丰、森原一、石川太郎、杉下兼藏、斋藤幸成、儿玉华子、系长丰、吉居敏夫、安田勇造、皆川准一郎、汤浅谦、梶岛秀雄、铃木清、铁村豪、上田弥太郎、一宫精一、二宫正三、八木熙四郎、又川春义、入户野梅男、三浦重光、三浦芳男、三浦春夫、三神高、三户善造、三村法明、三轮元彦、三井成美、三木荣一、山口光夫、山口元以、山口定吉、山口忠茂、山口伊藏、山田三郎、田神惠龙、山田贤治、山田和、山本邦彦、山上竹司、山村几马、山代威都次、山本治、山根秀男、山中盛之助、川本一人、川口孝司、川岛武俊、川原阳市、大木国夫、大木仲治、大村悦三、大村胜、大村作藏、大和清一、大竹幸二、大野贞美、渡部信一、大野重司、大泽刚、大井健太郎、大友亮治、大河内文雄、大石熊二郎、大山正明、大枝岩德、大泽计三、大门建治、大坪松雄、大崎信三、大塚荣作、大槻市郎、大洼武夫、大薮武雄、小川二郎、小川司郎、小川长吉、小林实、小林繁、小林荣治、小林武司、小林健三、小林重藏、小泉重雄、小岛延年、小野武次、小野淳六郎、小原猛、小山一、小松义美、小田春一、小泽又藏、上田胜善、上凤吕五三、上冈福夫、下山静夫、下坂清、千田谦三郎、千千松忠治、久保寺尚雄、久保谷幸作、久保俊夫、久保田哲二、久保田源次郎、久松荣、工藤二郎、工藤数幸、土田一美、丸谷忠三、中川利行、中川胜、中山留市、中泽唯雄、中尾邦广、中间清、中部知若、中岛勇、中岛宗一、中岛高义、川俣健吾、大重喜基、小川仁夫、小野寺广元、石野义男、加藤市郎、加藤周司、加藤宽二、古谷英雄、古贺正人、今村俊夫、今田实夫、今野清秀、今井专一、北冈勇、北泽藤一郎、片桐济三郎、片冈一信、白井群二、白井藤代、白须勇、西俣敬藏、池尻国雄、池谷晴男、池田义三郎、向井初一、有山彦次郎、有田香、江先光、寺田刚、米泽芳夫、合野京助、臼井幸雄、羽山正丰、成井升、志村道明、小贺珍平、上古正树、中园秀雄、太田寿男、五十岚勇、加川岩、加茂炽、田中三治、永松增朗、安达诚太郎、吉田一盛、吉屋治郎吉、伊东恒、竹林凡夫、宇波彦次郎、中野治、金泽武文、松尾孝行、野泽孝司、渡边兵治、远藤政一、关根升、中原数雄、井手茂、金子克己、平中清一、林一马、林下年一、林正、金子安次、金泽一江、金泽裕明、金泽正夫、松浦照安、松原弘、松井芳一、松井文三、松尾国夫、松村平太郎、松本寅三、松本国三、坪井真平、坪江博、长田政雄、长田友吉、沼田与三、和田一夫、和田外城生、冈野金吾、冈本铁四郎、冈田丰、冈田英雄、冈田袈裟二、冈田武正、冈春美、冈部利一、冈崎武夫、东一兵、柏木兴作、香川鹤一、美村美吉、南云与三郎、柿沼龙吉、若月金治、马场义隆、宫田正治、宫田留吉、宫田茂、宫岛司、宫本升、宫本京藏、宫下胜弥、宫下喜门、宫崎敏夫、宫川三郎、高木忠、高松春雄、高桥勇市、高桥哲郎、高桥政义、高桥五一、高桥正三、高桥正锐、根上民夫、畠本春登、畠山俊男、能登胜造、荒木秀雄、荒川春香、栗栖龟人、阴地茂一、桂原胜信、岛田国吉、岛津西二良、益田龟一、浪花谦治、时川新八郎、胁本清、柴田贤吉、柴山喜八郎、神作勇、神贺信之、原田左中、笹岛松夫、深泽美芳、深石熏、笠井喜八郎、浅野宗吉、船生退助、清木良美、清水勇吉、清水克美、清野睿、间义雄、梅崎光雄、野泽文平、野泽秀夫、野口作次郎、野田正次、野上今朝雄、盛合忠平、隅山芳人、带刀强一、细田忠与、国冈末武、国友俊太郎、梶谷浅义、塚越政男、塚越荣、塚越达之助、塚本一登、森谷市五郎、森川孝平、森冈重夫、森胁政寿、须子达也、黑川幸敏、黑川靖治、黑川富治、堀保太郎、田村铁一、中村五郎、山本繁雄、远藤为吉、佐藤明夫、松户亮、木村繁雄、远藤洲治、伊藤玉男、伊藤邦夫、小林正、佐藤福次、石田传郎、佐野一、开本德正。

7月15日 最高人民检察院检察长张鼎丞宣布：对小羽根建治等在押日

本战犯第二批 328 名从宽处理,免予起诉,即行释放。释放名单如下:小羽根建治、小宫正香、上田秀正、日里哲二郎、太田敏雄、平野岭夫、田边秀一、羽鸟猛次、村田七郎、杉山安太、佐藤平、尾崎修三、岩屋勇、金子传、冈田宪三、星达二郎、相泽养三、高桥畅、破魔丰侯、栗田保、柴本与吉、梶田充、渡边楠之、远谷文雄、远山哲夫、福田佐平、洼田治定、桥本重延、桥本三朗、织田又藏、竹内丰、村山隼人、一濑西男、小山一郎、小安金藏、小林芳郎、小美野义利、小岛强、小野寺留吉、久保田辰美、土屋芳雄、土屋登、土屋丰治、上田敬夫、下川岩、千村键三、工藤一镜、三品彦八、山下市助、山本长三郎、山田秀利、川口保、太田一三、太田正五、太田秀清、太田寻久、太田宪一、日下宽丈、日野需、木下三次郎、木下政春、木下万寿一、木内幸雄、木田义治、木村正二、木村米之亟、木村初雄、木津海吉、井上重平、井上政文、井之上孝志、内山繁、内田富男、内音坊义男、内藤一男、内藤米藏、五十岚彦太郎、五十岚基久、五味渊清、水田秀、水垫公治、丹野武雄、中井义雄、中安长造、中村久、中岛胜美、中村正则、中村贤一、中谷里美、中谷勇、中岛三则、中原秀夫、中野忠之寿、中滨俊夫、月崎达三郎、元山胜美、比本定一、石川一雄、石川六一、石川利雄、石川升治、石井元治、石井由次郎、石井伊三郎、石井美登、石井义三郎、石井义秋、石田太市、石田正一、石田松雄、石田俊太郎、石原健一、石本正男、石神好平、石神泷造、石桥忠雄、平田日出雄、平林茂树、田上末之助、田上末藏、田上惟敏、田子仁郎、田中虎男、田中重正、田中胜、田村良雄、田房土造、田宫八郎、田原新治、田野岛友男、田渊尚、立元嘉太郎、立花孝嘉、立野健次郎、矢花仓治、矢崎贤三、矢野荣治、生田峰雄、永冈茂、市川隆司、市毛高友、市原利行、本土吉五郎、本田博英、本行武夫、本馆武、北村伊助、白土五郎、白井完夫、吉田兴次、吉良熏、吉冈重美、吉原圭一、羽田尽、伊桥彰一、伊藤长三郎、伊藤金吾、伊藤泰江、伊藤阳、伊藤福松、伊藤德治、西山末雄、西口政一、西田善一、西田喜一、西村茂、西村留吉、西谷稔、西尾克巳、西尾昭信、西定二、西居荣造、米田寿春、米泽正生、行木诚、竹内芳、池田安之助、池田良人、池田升、池田丰、池谷丰治、江头幸、志田己一郎、舛田安登、有马虎雄、安井清、安井田国雄、系满盛信、杉山正久、杉村清元、杉浦宪一、村上信一、村上敏夫、村上勇二、村山一雄、村田忠延、村田贞治、佐山外吉、佐佐木功惠、佐佐木次男、佐佐木竹三郎、佐佐木勉、佐和繁人、佐野英一郎、佐野勋、佐藤正一郎、佐藤贞人、佐藤勉、佐藤高治、佐藤勇四郎、佐藤勇次、佐藤耕一、佐藤满男、佐藤静雄、坂田久夫、坂尾富藏、冲野一行、角田治男、角良市、角唱韵、谷口秀雄、谷藤义雄、尾形保之助、伴野堪平、岩川辉男、岩井清太郎、岩田十志男、岩田坚治、岩切辰哉、岩崎贤吉、岩濑四郎、冈户和三郎、冈本一平、冈田秀雄、冈烟光治、冈岛弘明、冈野一人、林知成、林茂美、林喜作、林福美、板垣友吉、怡土友繁、阿部米吉、阿部忠次、阿部清二、阿部盛二、芝原秀夫、东口义一、东守、青山亲光、青木好一、青木益夫、波玉幸雄、武一文、河上末义、河本七三郎、河西锦二、河原林真一、松原俊三郎、松田本二、松浦信行、松桥正治郎、浅井仙一、金田珠寿、金泽胜雄、妻木一郎、近野正、星原稔、星野幸作、星野喜一、星野源之助、烟佐太郎、秋山勉、秋田松吉、秋本宪嗣、秋原隆、秋叶石太郎、前川一治、重永悦美、重村德治、重富唯介、相原功彦、相贺善雄、狩谷英男、春日雅夫、津丹二、品川吉郎、则松梦吉、持馆义雄、泉毅一、室田震策、飞松五男、后口笃文、高木贞次郎、高见忠夫、高柳康一郎、高泽健儿、高桥茂、高桥政雄、高桥节夫、高桥宪太郎、宫内光芳、宫崎弘、逆井利之助、挂觉义、富冈平八郎、富泽明、望月八十九、菊岛达二、渡边卯一郎、渡边健弥、渡边国义、饭守重任、满保健三、绫真喜雄、森山精二、岛口信重、福田健二、桥本喜市、藏田功、阿部源三郎、长岛玉次郎、林竹次、大美贺好一、真锅信义、长谷川辰太郎、森三吾。

　　7月21日　刚于前一日被判处徒刑20年的伪满洲国国务院总务长官武部六藏,因身患重症,且在关押期间表现尚好,经最高人民法院特别军事法庭裁定,准予假释,俾能归国返家养病。

　　8月21日　最高人民检察院检察长张鼎丞指定检察员井助国宣布:对在押的三轮敬一等日本战犯第三批354名从宽处理,免予起诉,立即释放。释放名单未公布。

1957年

　　1月24日　最高人民检察院检察长张鼎丞指定检察员冯荣昌宣布:对在押的李国雄(溥仪的随侍)、爱新觉罗·毓嵒(溥仪的族侄)、爱新觉罗·毓嶦(溥仪的族侄)、爱新觉罗·毓嵣(溥仪的族侄)、严元仁、王永晋、周冠南、程忠猷、张文英、吴兰如、初铭溥、郑春成、穆绪根等13名犯罪分子从宽处理,免予起诉,即行释放。《免于起诉书》中说,他们虽"在参加伪满洲国或汪精卫伪政权期间背叛国家和民族利益","犯有不同程度的罪行",但"罪行较轻",且

"有悔罪表现",故不予起诉。

4月12日　最高人民检察院再度发出《免于起诉书》。在第二批获释的国内战犯中,有溥仪的三妹夫郭布罗·润麒和五妹夫万嘉熙。

4月　判处8年徒刑的国民党大同保安总队少校队附、情报主任神野久吉刑满出狱。

5月　判处16年徒刑的伪满洲国齐齐哈尔市警察局特务科科长田井久二郎、判处16年徒刑的日本关东军第三特别警备队少佐队副木村光明、判处14年徒刑的日本关东宪兵队司令部中佐高级副官吉房虎雄、判处14年徒刑的日军第39师团375联队大佐联队长船木健次郎、判处13年徒刑的日本关东军第731部队第162支队少佐支队长榊原秀夫等,均获提前释放。

8月　判处12年徒刑的伪满洲国四平日本宪兵队中佐队长土坪铁一、伪满洲国锦州日本宪兵队中佐队长堀口正雄、日本关东军警备队教育队中佐队长志村行雄、伪满洲国兴安日本宪兵队少佐队长小林喜一等4人刑满出狱。

9月　判处18年徒刑的日军第59师团中将师团长藤田茂、判处16年徒刑的伪满洲国铁路警护军少将参谋长原弘志获提前释放;判处12年徒刑的伪满洲国奉天铁路警护团上校团长蜂须贺重雄、伪满洲国哈尔滨道里日本宪兵分队少佐分队长西永彰治刑满出狱。

1958年

8月　判处13年徒刑的日军第232联队本部中尉俘虏监督军官兼情报宣抚主任鹈野晋太郎刑满出狱。

12月　判处13年徒刑的伪满洲国佳木斯日本宪兵队中佐队长宇津木孟雄刑满出狱。

1959年

8月　判处14年徒刑的伪满洲国新京日本宪兵分队少佐分队长藤原广之进刑满出狱。

12月4日　根据第二届全国人民代表大会常务委员会第九次会议的决定和1959年9月17日发布的中华人民共和国主席特赦令,最高人民法院宣布:首批特赦释放国内战犯33名,其中国民党人员30名、伪满洲国人员2名、伪蒙疆自治政府人员1名。名单如下:国民党东北保安长官司令部中将司令、徐州"剿总"中将副司令杜聿明;国民党第二绥靖区中将司令兼山东省政府主席王耀武；国民党四川省党部主任委员曾扩情；国民党第四十九军中将军长郑庭笈；国民党川湘鄂边区绥靖公署中将主任宋希濂；国民党第十八军少将军长杨伯涛；国民党天津警备司令部中将司令陈长捷；国民党青年军二〇六师少将师长兼洛阳警备司令邱行湘；国民党浙西师管区中将司令兼金华城防指挥周振强；国民党第六兵团中将司令卢浚泉；国民党第三绥靖区上校参谋赵金鹏；国民党徐州"剿总"定国部队中校副支队长周震东；国民党第二十五军四十师上校副师长杜聚政；国民党第七十二军二三三师六九八团上校团长业杰强；国民党第七十军参谋处二科少校科长唐曦；国民党太原绥靖公署建军会少将课长白玉昆；国民党晋冀区铁路局总务处长贺敏；国民党北平警备司令部少将参议孟昭楹；国民党内调局西南办事处代主任廖绪清；国民党山西省新闻处处长杨怀丰；国民党天津市民政局局长曹钟鳞；国民党南京中央训练团少将团员徐以智；国民党第九十九军少将高参代二六八师参谋长甄肇麟；国民党北平行营少将参议刘化南；国民党第六兵团四处少将处长罗祖良；国民党第七十七军三十七师少将师长李宝善；国民党第十二军上校高参陈启銮；国民党闽南暂编纵队一支队上校副司令董世理；国民党第六十四军一五六师四六八团上校团长王中安；国民党第一一六军二八七师政工处上校处长蔡射受。伪满洲国皇帝爱新觉罗·溥仪；伪满洲国第十军管区司令官郭文林。伪锡察盟全军副司令雄努敦都布。

12 月　判处 16 年徒刑的日军第 54 旅团少将旅团长兼济南防卫司令官长岛勤、判处 15 年徒刑的伪满洲国厚生会理事长岐部与平、伪满洲国三江省警务总局特务处调查科科长岛村三郎、伪满洲国哈尔滨高等检察厅检察官沟口嘉夫等，获提前释放。判处 11 年徒刑的日本步兵 244 大队大尉中队长、阎锡山部上校团长住冈义一刑满出狱。

1960 年

1 月　判处 14 年徒刑的伪满洲国怀德县警务科科长野崎茂作刑满出狱。

7 月　判处 15 年徒刑的伪满洲国锦州市警察局警务科科长鹿毛繁太、伪满洲国滨江省警务厅司法股股长兼"搜查班"主任筑谷章造、伪满洲国抚顺市警察局局长柏叶勇一等，获提前释放。

11 月 28 日　根据第二届全国人民代表大会常务委员会第 32 次会议的决定和 1960 年 11 月 19 日发布的中华人民共和国主席特赦令，最高人民法院宣布:第二批特赦释放国内战犯 50 名,其中国民党人员 45 名,伪满洲国人员 4 名,伪蒙疆自治政府人员 1 名。名单如下:国民党第二绥靖区中将副司令李仙洲;国民党东北"剿总"中将副司令兼锦州指挥所主任范汉杰;国民党第三军中将军长罗历戎;国民党第四十一军中将军长胡临聪;国民党第九十六军中将军长陈金城;国民党第五军中将副军长兼独立第五师师长李以劻;国民党第六十六军中将军长宋瑞珂;国民党中央执委兼山东省党部主任委员庞镜塘;国民党保密局云南站少将站长沈醉;国民党第七十七军少将副军长许长林;国民党第八十四军少将副军长杨团一;国民党第六十军暂编五十二师少将副师长欧阳午;国民党第七十二军二三三师少将副师长杜永鑫;国民党第五十五军四十四师少将参谋长许文庆;国民党第十五绥靖区司令部二处少将处长董益三;国民党第一一四师上校师长夏建勋;国民党第一〇五军一八〇师上校代师长陈芳芝;国民党第六十四军一五六师上校副师长陈庆斌;国民党西安市市长王友直;国民党重庆《中央日报》总编辑王抡楦;国民党第五十五军四十四师少将参谋长马保民;国民党第五十二军二九六师中校附员廖光武;国民党浙江省镇海县自卫总队中校附员刘伯华;国民党徐州"剿总"定国部队少校监印员刘冠生;国民党第八军一七〇师五〇八团上校团长庞铮;国民党第四十四军一六二师四八四团上校团长冯国典;国民党江苏省保安第五团上校团长冯志修;国民党广西十二区行政督察专员兼保安司令阳丽天;国民党江苏前进指挥部上校科长应昂;国民党第四军五十九师一七七团上校团长李绍汤;国民党第六十四军一五九师四七六团上校团长李清源;国民党国防部绥靖总队五大队少校督察主任邹德裕;国民党第五十四军二师二十四团三营少校营长姜士珩;国民党第九十九军二六八师八〇二团上校团长张普林;国民党荣八师少校代主任张应中;国民党第三二四师政工处上校处长张静山;国民党第十二军军官队上校团员徐玉璞;国民党陕西省商会联合会秘书长韩光琦;国民党暂编第一纵队十团上校团长袁政;国民党第二十五军一〇八师三二三团上校团长高广荣;国民党陆军迫击炮十四团政工室上校主任贺清源;国民党第四十八军八十一师二四三团中校团长盛正林;国民党湖南江华义务劳动服务团少校督察蒋植五;国民党青年军二〇二师上校参谋长戴霖;国民党第六十四军一五九师四七五团上校团长丛潜滋。伪满洲国宫内府侍从武官中校爱新觉罗·溥杰,伪满洲国滨江省省长王子衡;伪满洲国厚生部大臣金名世；伪满洲国第十军管区少将参谋长正珠尔扎布。伪蒙疆自治政府国防部二厅少将额外专员陈绍武。

最高人民法院和各地高级人民法院还同时宣布了一批悔改较好的被刑的战争罪犯名单，这批被减刑的战犯共 21 名。

1961 年

8 月　判处 18 年徒刑的伪满洲国吉林、牡丹江铁路警护旅少将旅长佐古龙枯，判处 16 年徒刑的伪满洲国哈尔滨高等法院次长兼特别治安庭庭长横山光彦、伪满洲国警务总局警务处处长今吉均等，获提前释放。

12 月 25 日　根据第二届全国人民代表大会常务委员会第 47 次会议的决定和 1961 年 12 月 16 日发布的中华人民共和国主席特赦令，最高人民法院宣布：第三批特赦释放国内战犯 68 名，其中国民党人员 61 名，伪满洲国人员 7 名。名单如下：国民党第九兵团中将司令廖耀湘；国民党第六十二军中将军长兼天津防守副司令林伟俦；国民党第七兵团中将副司令何文鼎；国民党第十三兵团第九军中将军长黄淑；国民党第七十三军中将军长韩浚；国民党河南第一路挺进军中将总指挥王凌云；国民党太原绥靖公署中将副主任孙楚；国民党云南绥靖公署中将副司令马瑛；国民党天津市市长杜建时；国民党第四十八军中将军长兼滇桂边区绥靖司令部副司令张鸿文；国民党西康省党部主任委员李猷龙；国民党新疆省党部代理书记长李帆群；国民党保密局少将经理处处长郭旭；国民党第十军少将军长覃道善；国民党第六十一军少将副军长兼第十兵团司令部代参谋长娄福生；国民党湖南省财政厅厅长苏本善；国民党湖北省保安司令部少将参谋长公秉藩；国民党河南第一路绥靖总指挥部少将高参娄渊泉；国民党第三十九师少将师长贾宣宗；国民党第五十二师少将副师长彭斌；国民党第十二军一一二师少将师长于一凡；国民党华中区桂北军政区少将副司令霍冠南；国民党国防部工程署少将副署长丘士深；国民党吉林师管区少将司令李寓春；国民党后勤部二兵站总监部少将副总监杨彬；国民党第三十三军少将副军长陈振东；国民党国防部第七视察组少将视察官陈中和；国民党国防部青年救国团沪浦义勇总队少将总队长徐中平；国民党暂二总队干训班少将教育长兼暂三师代师长陶子贞；国民党国防部少将部员王御之；国民党第三绥靖区少将参议马润昌；国民党第八十五军一一〇师少将副师长董绍周；国民党军统局热察站副站长康健东；国民党第一五四

师上校参谋长曾传坦;国民党热河省保安第五团上校团长亢凤翔;国民党第
二十军一三四师上校参谋长吴文光;国民党第六十三军一四三师四二八团上
校团长杨功臣;国民党第九军二五三师四九八团上校团长郭振疆;国民党国
防部总验督导第二组上校组长王志贵(王中一);国民党第五十五军七十四师
二一一团上校团长马伏勋;国民党江西玉山县自卫总队上校副总队长厉建
华;国民党第二绥靖区第七十三军十五师上校团长冉启前;国民党第九军二
五三师一七九团上校团长石渭崇;国民党冀中清剿指挥部上校团长刘建庭;
国民党第二十军炮兵团上校团长刘润珊;国民党暂一军突击总队上校总队长
全裕谦;国民党南京卫戍总司令部第八团一营少校营长孙考良;国民党青年
军二○四师六一一团政工室中校主任何治洪;国民党交警九纵队一大队上校
大队长严桐岗;国民党第九军政工处上校处长陈枢;国民党第九军一六六师
四九八团上校团长陈剑声;国民党交警六总队上校副总队长庞进科;国民党
海军总部电台二十一分台少校台长欧阳浩;国民党交警六总队通讯队少校分
队长黄毓源;国民党上海交警总局侦缉科少校科员常铁生;国民党第七十七
军三十七师一○九团上校团长程立志;国民党交警十二总队二大队中校副大
队长巩兴加;国民党第十六兵团上校办公室主任崔言复;国民党第五十九军
一八○师上校副师长霍静斋;国民党联勤总部南昌运输司令部上校副组长蒋
开庚;国民党国防部青年救国团两浙指挥部上校代参谋蔡培元。伪满洲国外
交部大臣阮振铎;伪满洲国第一军管区上将司令官王之佑;伪满洲国第八军
管区中将司令官周大鲁;伪满洲国第八军管区少将参谋长赵玮;伪满洲国步
兵第十七旅少将旅长刘显良;伪满洲国第三军管区少将参谋长任广福;伪满
洲国第三军管区上校副官处长满丰昌。

　　在特赦释放这批战犯的同时,最高人民法院和有关地方高级人民法院还
宣布了一批悔改较好的被减刑宽大处理的战争罪犯共 16 名。最高人民法院
还宣布批准重要战犯——国民党特务头目康泽监外就医。

　　12 月　判处 11 年徒刑的国民党壶关县政府顾问、阎锡山部少校军需笠
实刑满出狱。

1962 年

　　2 月　判处 13 年徒刑的国民党太原绥靖公署教导总队少将参谋长、炮兵
团长菊地修一,获提前释放。

12 月　中国西藏地方边防部队,在邦迪拉、梅楚卡、德让宗、瓦弄、江(让)等地,先后释放 716 名被俘印军伤病人员,13 名死亡印军的尸体也同时交给印方。还有 15 名被俘印军人员,被派往协助看管中国方面交还给印度的军用物资,并随同这些物资的移交返回印度。

1963 年

2 月　判处 18 年徒刑的伪满洲国国务院总务厅次长古海忠之,获提前释放。

4 月 9 日　根据第二届全国人民代表大会常务委员会第 91 次会议的决定和 1963 年 3 月 30 日发布的中华人民共和国主席特赦令,最高人民法院宣布第四批特赦释放国内战犯 35 名,其中国民党人员 30 名,伪满洲国人员 4 名,伪蒙疆自治政府人员 1 名。名单如下:国民党第十五绥靖区中将司令康泽;国民党第四十七军中将军长严翊;国民党第八兵团第五十五军七十四师中将师长李益智;国民党西南军政长官公署中将副长官孙渡;国民党第二十四军军官总队中将总队长高建白;国民党第四十三军少将副军长兼迫击炮师师长贾毓芝;国民党第二兵团第七十军少将代军长邓军林;国民党第七十六军少将副军长兼二十师师长褚静亚;国民党第六十四军一五九师少将师长黄志圣;国民党第四十一军一二四师少将师长蔡钲;国民党中央军官训练团少将团员杨焕彩;国民党湖北绥靖总司令部二处少将处长刘庄如;国民党第六十四军一五九师少将副师长姚轻耘;国民党华中长官公署少将部员余耀龙;国民党中统局鄂汉区情报组副组长舒靖南;国民党川湘鄂绥靖公署第七绥靖区少将司令周上凡;国民党山西青年军官教导团少将教务处处长谷文化;国民党军需署储备司令部少将专员陈维忠;国民党江苏省保安第二总队中校代参谋长石建中;国民党卫戍总司令部稽查处总务科中校副科长余用明;国民党第七十军三七二师四十九团上校团长肖佛南;国民党第二十八军八十师二三八团政工室中校主任陈卧云;国民党国防部上校(少校薪)部员陈应瑞;国民党财政部田粮处处长陈开国;国民党交警十八总队中校督察主任吴克信;国民党交警总局上校参谋吴靖洲;国民党第七绥靖区工兵营少校副营长项其科;国民党交警十八总队三大队上校大队长屈能伸;国民党交警十五总队三大队少校副大队长谢涵三;国民党第二○四师政工室少校主任李建白。伪满洲国交通部大臣谷次亨;伪满洲国第三军管区中将司令官赵秋航;伪满洲国第二军管区少将军法处长王光寅;伪满洲国国务院总务厅次长王贤讳。伪蒙疆自治政府主席、伪蒙古军总司令德穆楚克栋鲁普。

最高人民法院和各地高级人民法院,还同时宣布一批悔改较好的被减刑的战争罪犯名单,这批受到减刑宽大处理的战犯共有 27 名。

4 月　判处 20 年徒刑的日军第一一七师团中将师团长铃木启久,判处 18 年徒刑的伪满洲国奉天省警务厅厅长兼保安局局长三宅秀也,获提前释放。

4 月 10 日至 5 月 25 日　中国边防部队在中国红十字会协助下,先后分批在巴底通、棒山口北侧、西路曲西岸、斯潘古冰湖以西和昆明等地,释放了包括准将 1 名、校级军官 26 名、尉级军官 29 名在内的全部被俘的印度军事人员 3211 名。另有死亡的 13 名被俘印军人员的尸骨,也同时交还印方。释放之前,中国方面还曾组织被俘的 20 多名军官到中国一些大城市参观,然后用专机送他们返回印度。这件事与中国政府把全部武器军火等战利品归还印度一样,在国际上也引起极大兴趣。

8 月　判处 18 年徒刑的日军第 53 旅团少将旅团长上坂胜刑满出狱。

9 月　判处 18 年徒刑的伪满洲国锦州司法矫正局局长中井久二、伪满洲国新京高等检察厅次长杉原一策,判处 15 年徒刑的国民党太原绥靖公署教导总队少将团长柏乐圭二,判处 13 年徒刑的国民党太原绥靖公署教导总队上校团长永富博之、国民党太原绥靖公署中校教官大野泰治,均获提前释放。

1964 年

3 月　判处 20 年徒刑的伪满洲国宪兵训练处少将处长斋藤美夫、日特"富士机关"主事及国民党国防部中校副队长富永顺太郎,判处 18 年徒刑的国民党太原绥靖公署教导总队少将总队附兼政工处处长城野宏,获提前释放。至此,除判处 16 年徒刑的日军第 39 师团中将师团长佐佐真之助,于 1959 年 6 月 21 日因患胃癌病亡外,被判刑的 45 名日本战犯业已全部释放回国。

12 月 28 日　根据第二届全国人民代表大会常务委员会第 135 次会议的决定和 1964 年 12 月 12 日公布的中华人民共和国主席特赦令,最高人民法院宣布特赦第五批确实改恶从善的战犯共 53 名。其中国民党人员 45 名,伪满洲国人员 7 名,伪蒙疆自治政府人员 1 名。名单如下:国民党四川省政府主席王陵基;国民党第七十四军五十师一五一团上校团长王克己;国民党西康省政府委员兼保安司令部中将副司令王靖宇;国民党第七十四军政工处中校副处长王晋;国民党第一〇〇军四十四师一三〇团中校副团长王毅夫;国民党第一二五军一八三师少将师长王光伦;国民党山东省龙口市筹备处主任王经武;国民党湘鄂川黔绥靖公署暂二军七师少将师长石玉湘;国民党上海第一守备兵团浦东沿海支队司令部政工处中校处长厉伯侯;国民党暂二十四军五旅中校参谋孙家骥;国民党江苏省保安一旅少将旅长孙宗玖;国民党第一〇七军二六一师少将师长孙玉田;国民党第九绥靖区上校(少将薪)总务处长刘雪门;国民党第二十八军五十二师一五五团上校团长刘亚东;国民党暂六军十六师少将师长刘耀寰;国民党暂九军二十五师少将师长宋少华;国民党第五十四军二九一师八七三团上校团长何轩叶;国民党国防部第二厅技术研究室军荐二级秘书吴龙田;国民党第七十三军军部少校附员吴可庄;国民党新民团管区少将副司令依和普;国民党第七十五军一〇二师上校副参谋长林得标;国民党第九军一六六师上校副师长陈志刚;国民党第八军四十二师一二五团上校团长陈纯武;国民党第九十六军二八一师上校副师长吴志成;国民党江宁要塞第一总台二大台少将副大台长李祥麟;国民党第三兵团暂九军少将高参李国齐;国民党浙江省保安司令部少校部员郑吉树;国民党第六十八军少将代参谋长孟恒昌;国民党徐州"剿总"前进指挥部上校课长张干樵;国民党第二十一军一四六师四三八团政工室军荐二级主任张玉璞;国民党国防部政工局徐州新闻社中校主任张兆华;国民党国防部二厅华东督导组中校督导员张文豪(张霖生),国民党国防部少将部员、暂八军二十四师少将师长张整军;国民党第八十八军少将副师长欧阳秉炎;国民党陕西省保安司令部少将参议徐稚;当国民党第二集团军中将副司令梁培璜;国民党国防部二厅少将部员郭树人;国民党第六编练司令部中将高参袁鸿逵;国民党第八兵团中将副司令曹天戈;国民党第二兵团司令部中校科长黄志超;国民党徐州"巢必"前进指挥部少将总务处处长黄铁民;国民党国防部第二视察组少将组长贺铖芳;国民党浙江省第二专员公署专员葛天;国民党湖南绥靖第一师少将师长傅锡章;国民党第九绥靖区少将总务处处长濮云龙。伪满汾闻尚书府大臣吉兴等7名(其余6名名单未公布)。伪蒙疆自治政府副主席、伪蒙古军上将副总司令兼第一军军长李守信。

最高人民法院和各地高级人民法院,还同时宣布一批悔改较好的被减刑的战争罪犯名单。这批受到减刑宽大处理的战犯共 11 名。

1966 年

　　4 月 16 日　　根据第三届全国人民代表大会常务委员会第 29 次会议的决定和 1966 年 3 月 29 日公布的中华人民共和国主席特赦令,最高人民法院宣布特赦第六批确实改恶从善的战犯共 57 名。其中国民党人员 52 名,伪满洲国人员 5 名。名单如下:国民党第七十九军中将军长方靖;国民党江阴要塞中将司令孔庆桂;国民党第一七〇军三十二师九十六团上校团长叶佛佑;国民党后勤部独立第三补给分区少将副司令叶芳华;国民党第八兵团司令部上校副参谋长田兴翔;国民党北平市政府新闻处处长田文奎;国民党第五十四军补充团上校团长毛再逐;国民党国防部服务总队八大队上校大队长邓汉雄;国民党第二兵团独立旅少将副旅长孙继周;国民党宪兵二十七团中校副团长刘柏立;国民党太原绥靖公署少将处长刘佩玺;国民党第一二四军少将副军长伍重严;国民党徐州"剿总"前进指挥部办公室上校副主任冯石如;国民党第二绥靖区司令部中将副司令牟中珩;国民党第八军四十二师一二五团中校团长汪剑雄;国民党第五军军部情报队少校队长肖桂国;国民党交警十二总队中校总队副何飞峰(何鹏章);国民党第三军中将副军长杨光钰;国民党第七十七军三十七师上校参谋长杨国桢;国民党国防部中将部员杨安铭;国民党安徽省财政厅厅长杨中明;国民党平绥路特别党部主任委员杨集贤;国民党联勤总部副官学校上校队长留光中;国民党河南省党部书记长李佩青;国民党第二兵团少将参谋长李汉平;国民党第一二七军少将副军长李德生;国民党天津市警备司令部稽查处处长李俊才;国民党第六十四军一五六师四六七团上校团长李汝章;国民党第二十一军一四六师四三六团政工室少校主任南天贞;国民党交警第九总队上校总队长姜溢三;国民党第一〇六军司令部上校附员赵秉文;国民党湖北绥靖总队少将处长柯竹;国民党川鄂边区绥靖公署中将高参徐钟瑞;国民党国防部少将部员徐云台;国民党第六十八军少将参谋长张星伯;国民党第七十四军五十一师政工室上校主任张襄平;国民党第一〇〇军政工处上校处长张植民;国民党牡丹江铁路党部执行委员张大光;国民党第十三兵团第八军少将参谋长袁剑飞;国民党四平市市长高青山;国民党第七十四军军法处上校处长凌发泉;国民党第七十六军新闻处少将处长曹锡武;国民党第九军一六六师政工室上校主任曹波僧;国民党甘肃师管

区少将副司令曹鼎;国民党国防部青年救国团上校大队长董南辕;国民党第
一二四军少将参谋长傅立贤;国民党保密局贵州站长潘澄清;国民党军统局
策反专员熊武琪;国民党江苏省建设厅厅长董赞尧;国民党交警第十一总队
上校政工主任崔国藩;国民党第五十六军三二九师少将师长覃戈鸣;国民党
交警第八总队上校大队长谢异炎。伪满洲国第九军管区中将司令官甘珠尔
扎布;伪满洲国江上军中将司令官曹秉森;伪满洲国经济部大臣于静远;伪满
洲国勤劳部大臣于镜涛。伪蒙古军总司令部少将司令官宝贵廷。

　　最高人民法院和各地高级人民法院,还同时宣布了一批悔改较好的被减
刑的战争罪犯名单,这次受到减刑宽大处理的战犯共15名。

1974 年

　　1 月 15 日至 20 日　南越西贡当局悍然出动海空军入侵中国西沙群岛中
的永乐群岛,继而派遣武装部队强占我国甘泉岛和金银岛,并向琛航岛发动
进攻。同时,西贡当局以军舰撞坏我国渔轮,对我国岛屿施以野蛮的炮击和
轰炸,还向正在执行巡逻任务的我国舰艇首先开炮袭击。在忍无可忍的情况
下,我国舰艇部队、渔民、民兵,进行了自卫还击,迅速击败西贡阮文绍的军
队。其间捕获的战俘,随即全部释放。

1975 年

　　3 月 19 日　根据第四届全国人民代表大会常务委员会第二次会议于
1975 年 3 月 17 日通过的关于特赦释放全部在押战争罪犯的建议,最高人民
法院宣布特赦第七批,亦即最后一批战犯,共 293 名。其中国民党人员 290
名,伪满洲国人员 2 名,伪蒙疆自治政府人员 1 名。至此,在押的战犯全部处
理完毕。以下是正式公布及陆续透露的部分名单:国民党第十二兵团中将司
令黄维;国民党第十三兵团中将副司令李九思;国民党豫鄂皖边区绥靖总司
令部中将总司令庄村夫;国民党晋陕边区挺进纵队中将司令宋清轩;国民党
华中"剿总"豫鄂皖边区自卫军中将司令汪宪;国民党第六编练部新兵纵队
中将司令王绪镒;国民党徐州"剿总"办公室中将主任郭一予;国民党第二十五
军中将军长陈士章;国民党第五十一军中将军长王秉钺;国民党第六十四军
中将军长刘镇湘;国民党徐州"剿总"前进指挥部中将副参谋长、军统局北方
区区长文强;国民党国防部保密局中将设计委员胡靖安;国民党第十二兵团
少将代参谋长文文修;国民党第一四军少将军长沈策;国民党第八军少将军

长周开成;国民党第六十四军少将军长李芟萱;国民党青年救国团赣东青年
服务总队少将总队长蔡省三;国民党第四十一军少将副军长陈远湘;国民党
第四军少将副军长李子亮;国民党第四十九军少将副军长刘德溥;国民党第
五军少将副军长郭吉谦;国民党第二十五军少将参谋长武之棻;国民党第三
十七军少将参谋长刘剑石;国民党第六十三军少将参谋长陈燕茂;国民党第
九十九军二六八师少将师长李慎言;国民党第一一八师少将师长尹钟辙;国
民党第二十一军二三〇师少将师长骆周能;国民党第二十军一三四师少将师
长李介立;国民党第七十军三十二师少将师长龚时英;国民党第二三四师少
将师长王学臣;国民党第四十七军一二七师少将师长张光汉;国民党第四军
第九十师少将师长唐连;国民党暂编第三十二军教导三师少将师长李贯一;
国民党江西省党部书记长胡运鸿;国民党吉林省民政厅厅长兼长春市市长尚
传道;国民党天津市社会局局长胡梦华;国民党军统局东北区少将副区长陈
旭求;国民党军统局西南特区少将副区长周养浩;国民党军统局一处少将处
长鲍志鸿;国民党军统局本部训练处处长郑锡麟;国民党军统局少将专员段
克文;国民党军统局河南站站长岳烛远;国民党军统局广东站站长何崇校;国
民党军统局广西站站长谢代生;国民党国防部保密局湖南站少将站长黄康
永;国民党国防部保密局浙江站站长章微寒;国民党国防部第二厅少将副厅
长沈蕴存;国民党国防部第二厅通讯总所少将所长邱沈钧;国民党中统局本
部秘书兼重庆区区长张文(张国栋),国民党中统局西北区副区长王从先;国
民党中统局蒙藏调查室主任刘桂楠;国民党中统局四川调统室主任邵平;国
民党中统局四川调统室书记胡涛;国民党中统局西康调统室主任吴汝成;国
民党内政部调查局四川调查处处长先大启;国民党内政部调查局云南调查处
处长孙秉礼;国民党天津市警察局局长李汉元;国民党军统局厦门站站长兼
厦门市警察局局长沈觐康;国民党中统局北平区代副区长李素心;国民党内
政部调查局广东省调查处副处长万大庸;国民党军统局交警某总队副总队长
祁缉光;国民党军统局成都站副站长饶琳;国民党军统局江西站副站长陈达;
国民党中统局专员李约勒;国民党淞沪警备司令部稽查处少将处长郑重为;
国民党四川省特委会主任秘书李文孚;国民党军统局东方经济研究所专员徐
健平;国民党军统局重庆区代区长刘介鲁;国民党青年救国团浙东义勇总队
少将副总队长董南辕;国民党青年救国团江南第二义勇总队少将总队长梁一

川;国民党第三集团军少将参谋处长温世程;国民党淞沪警备司令部少将副参谋长杨若济;国民党闽南赣边纵队第一支队少将司令吴宏文;国民党云南第三联防指挥部少将指挥长刘国举;国民党中条山挺进军少将司令张钧;国民党总统府少将高参黄闲道;国民党第八绥靖区司令部战地少将视察官金柱林;国民党国防部少将专员方舟;国民党第八兵团少将政工处长王维绩;国民党浙江省保安处少将处长王云沛。伪满洲国第十一军区中将司令郭若霖;伪满洲国首都警察总监齐知政。国民党绥蒙党部书记长、调统室主任乌云毕利格(赵城壁)。

　　这批获得特赦的国民党人员中,有王秉钺等10人申请回台湾,当即获准。他们取道香港返台,不料受阻滞港,酿成张铁石死于非命,引发一场风波,以致中外舆论哗然。

　　9月22日　司法机关决定对在押的95名台湾武装特务和49名武装特务船船员,全部宽大释放。至此,自1962年10月至1965年9月间捕获的台湾武装特务及武装特务船船员,全部处理完毕。对被宽大释放的人员,每人都给公民权。并根据他们的具体情况安排就业。愿意回台湾的可以回去,并给足路费提供方便。释放时每人还发了新制服装、被褥和零用钱,并由有关部门组织他们参观学习。

　　被宽大释放的还有1965年捕获的台湾国防部情报局特务船船员日本人2人、南朝鲜人2人。

　　在被宽大释放的台湾武装特务和特务船船员中,有的人要求回台湾同家人团聚,人民政府批准了他们的申请。这批人员于9月25日到达北京,隔日即受到公安部负责人的接见并宴请。他们还在北京参观了工厂和郊区农村,参加了第三届全运会闭幕式。10月8日,这批人员中的60人,从福建厦门港乘船驶往台湾当局控制的金门岛;另外5人离开深圳,经香港回台湾。

后　记

　　一位曾经御临天下的帝王,到后来心甘情愿当一名普通公民,这实在是难以理解的人生经历。因为发生在溥仪身上,他也就成了全世界都感兴趣的传奇人物。显而易见,改造是溥仪一生的关键,也是他后半生的基础。理解溥仪必须从这儿开始,研究溥仪也应由此深入。

　　当影片《末代皇帝》一举获得七项奥斯卡金像奖的时候,法共《人道报》记者曾采访创造了这一巨大荣誉的世界级大导演贝尔托鲁奇,他这样表述对影片、实际是对溥仪一生经历的认识和理解:

　　　　我首先把这看作一个道德的故事,一个历史、政治、道德的寓言。起初最使我感兴趣的是清代宫廷触目惊心的衰败与腐朽。但是,当影片走向高潮,出现了所谓的教育者,故事逐渐转向明朗时,才进入了对我说来最艰难而又最使我入迷的部分:溥仪的改造。这一段也是西方观众最难“生吞”的。因为那个“洗脑”的幽灵总是阴魂不散。我在中国作了六七次旅行,见到了过去的囚犯、看守、审讯员、劳教工作人员,在此之后,我才感到自己有把握大胆地甩掉开始时的忧虑,叙述实际发生的事情。①

　　“洗脑”反映了西方人对中国政府改造罪犯政策的根深蒂固的成见,“洗脑”不同于改造,它是强制进行的,且仅改变对象的外观。经过实际考察,贝尔托鲁奇终于发现,“洗脑”二字不适于溥仪,因为在溥仪身上已经发生了内心的改变,或者叫做善良本性的回归。在他的影片的结尾,虽然溥仪走路和活动的姿势还是“皇帝式”的,但他却生平第一次成为自由的人,自由地骑自行车或乘公共汽车,自由地出去买一双和中国农民穿的一样的黑布鞋,说到底,就是已经变成了普通公民。正如贝尔托鲁奇所说,溥仪的一生是从黑暗

---

① 转引自孟湄:《贝尔托鲁奇谈〈末代皇帝〉》,载《当代电影》1988年第2期。

走向光明的一次旅行,他走出昏暗的、令人窒息的宣统皇宫,奔向每天早晨的光明,走向和每个公民一样的日常生活。对于溥仪的成功改造,贝尔托鲁奇先生从不相信到相信,这在西方人中间是很有代表性的。

为什么中外千千万万的人面对溥仪的改造会大惑不解? 并把"从皇帝到公民"这一溥仪现象看作是神秘的谜? 这是因为他们还不曾看到站在溥仪身后的两位举世皆知的伟人:毛泽东和周恩来。如果说思想转变恰是溥仪传奇性一生的关键的环节,那么,毛泽东和周恩来在溥仪身上所做的工作,则是促成这一转变的关键的因素。毫无疑问,毛泽东、周恩来与溥仪的实际交往,从一个角度说,是毛泽东和周恩来对自己提出的改造社会、改造人等一系列无产阶级政策的自我示范和自我说明,这显然是得天独厚的最佳视角;从另一个角度说,也是中国这位末代皇帝一生中最重要的经历,是为万千读者打开溥仪之谜的一把金钥匙。当我在长期的研究实践中这样思考的时候,本书据有的选题便自然而然地跳了出来,并带着强烈的研究欲望,挤入我的工作日程,这正是本书的缘起。

我写这本书,侧重叙述毛泽东、周恩来与溥仪的实际交往,从中读者将会惊奇地发现,两位日理万机的伟大领袖为溥仪花费了那么多的精力,做了那么多细腻的工作。他们的交往证明:两位伟人是创造并执行统一战线政策和改造罪犯政策的光辉典范,他们有决心、也有信心,把一些罪犯改造成为对社会、国家和民族有益的新人,化消极因素为积极因素。同时,他们也是革命人道主义者,从革命利益出发,真诚关心被改造对象的工作、学习、生活以及身体健康等各个方面。这对于进一步扩大爱国统一战线具有重大意义,在国际上也产生了深远影响。

从清朝灭亡到伪满垮台,溥仪闹了30多年复辟,经过社会主义改造终于不闹了,他不但十分高兴地当了一名新中国的公民,还努力为人民的国家做出了贡献。这一切,不但是毛泽东和周恩来的改造和统战政策的实践的成功,也是他们的伟大的理论创造的胜利。他们根据马克思主义基本原理和长期的革命实践经验,从全民族和全人类最大的、长远的、根本的利益出发,制定出成为革命三大法宝之一的以民族统一战线、民主统一战线和爱国统一战线为基本内容的在不同历史时期采取不同形式的革命统一战线的理论和政策。不仅如此,他们还参照两次世界大战后逐渐形成的以革命人道主义对待战俘的国际惯例，总结国内长期革命斗争中优待俘虏和改造原来的压迫者、剥削者等历史经验，在溥仪的社会主义改造问题上，进一步作出理论的阐述和发挥，丰富了毛泽东思想的内容。撰写该书的时候，我利用已知的线索，着意揭示产生这一理论创造的基本环境和基础资料，并给予相应的评述。如果没能做好这项工作，那只有敬请读者们批评了。

中共中央党史研究室顾问、我国党史学界老前辈廖盖隆同志的序文，联系党史，对溥仪的社会主义改造问题作了深刻的理论分析，有助于提高拙著的理论思想层次。尤其值得一提的是，廖老是在两年前住院的日子里，带病写就这篇理论性序文的，令人肃然而生敬意，感激发自肺腑。

我作两篇附录，力图能分别从纵的和横的两个角度，为毛泽东与周恩来改造被俘敌方人员的理论和实践，依年月简明勾勒出史实的轨迹，或许不能算作画蛇添足吧。

当本书付梓的时候，我还要向几位人士道一声感谢：吉林省党史研究室副主任周兴同志是鼓励并帮助我完成本书撰写工作的众多朋友中最值得称赞的一位，他是我的老领导，调离以后继续关心我的工作；还有一位是吉林省社会科学院已经退休的副研究员秦舒同志，他费时细看了书稿，不但高屋建瓴地提供了修改意见，连行文纰漏也一一指出。

作为吉林省社会科学"八五"规划资助项目研究成果，本书的撰写受到吉林省社会科学界、吉林省社会科学院和历史研究所等许多领导同志的关注，并得到他们的支持。在此一并表示衷心的感谢。

王　庆　祥

1992 年 6 月 8 日于长春南湖新村

责任编辑:于宏雷

封面设计:曹　春

图书在版编目(CIP)数据

毛泽东、周恩来与溥仪/王庆祥 著. -北京:人民出版社,2012.5(2021.7 重印)

ISBN 978 - 7 - 01 - 010522 - 2

Ⅰ.①毛…　Ⅱ.①王…　Ⅲ.①毛泽东(1893～1976)-生平事迹

②周恩来(1898～1976)-生平事迹 ③溥仪(1906～1967)-生平事迹

Ⅳ.①A752 ②K827＝7

中国版本图书馆 CIP 数据核字(2011)第 268107 号

毛泽东、周恩来与溥仪

MAOZEDONG ZHOUENLAI YU PUYI

王庆祥　著

人民出版社 出版发行

(100706　北京朝阳门内大街 166 号)

中煤(北京)印务有限公司印刷　新华书店经销

2012 年 5 月第 1 版　2021 年 7 月北京第 3 次印刷

开本:710 毫米×1000 毫米 1/16　印张:22.75

字数:350 千字

ISBN 978 - 7 - 01 - 010522 - 2　定价:56.80 元

邮购地址 100706　北京朝阳门内大街 166 号

人民东方图书销售中心　电话 (010)65250042　65289539